生态学视域下
乡村幼儿园园本课程建设

The construction of kindergarten–based curriculum in rural kindergartens
from the perspective of ecology

李重阳 著

湘潭大学出版社
XIANGTAN UNIVERSITY PRESS

本书系湖南省哲学社会科学基金一般项目“幼儿园与小学课程科学衔接路径研究”（22YBA238）；校级课题校企合作课程“幼儿科学教育”（校教通〔2018〕84号）；课程研究性学习与非标准答案考试改革项目立项“幼儿科学教育活动设计与指导”（jy439220）；2020年本科课程教学案例库建设项目立项《幼儿科学教育活动》课程教学案例库（校教通〔2020〕45号）项目成果

前　言

作为一名从乡村走出来的教师，对于乡村，我有着非常深的情感。从小我们最大的愿望是走出乡村，“跳农门”，成为一名城市人，但当我们真正在城市中生活时，又发现自己对乡村生活有着深深的眷念，那青青的山峦、绿油油的草地、弯弯曲曲的田埂，以及那有着一盏盏温暖灯光的小房子，似乎成了我们心里对家的想望。乡村的孩子，身处大自然的怀抱，每天跟着父母出去劳动，对大自然是充满热爱的，但对稼穑知识不太熟悉，对于乡村社会的特点也似乎缺少认知。因为大部分人更重视对知识的追求，忽略了很多社会实践能力的培养，虽每天身处自然，但对周围自然和社会的研究少之又少。不禁自问，如果自己再上一次乡村幼儿园，希望学到什么呢？今天，再次回到家乡，我又能为乡村、家乡做点什么呢？

作为一名高校教师，我长期耕耘于学前教育领域，持续关注和研究乡村幼儿园课程，也常常带学生到幼儿园实习或者送教下乡。在一次次和乡村幼儿接触的过程中，我常常感受到他们的纯真、善良，当我们把学生设计的教具送到他们面前的时候，孩子们十分欣喜，我们临走之时，他们恋恋不舍，那种对玩具与适宜活动渴望的模样常常在我的心头萦绕。深入乡村幼儿园教育场景后，我发现乡村幼儿教育仍较为小学化，面对自然资源丰富的环境，老师们却心系书本，对周围的环境教育资源熟视无睹。有一些乡村幼儿园，因为班额较大，孩子们缺乏适宜的活动，教室常常有些嘈杂声，幼师只能采取不断敲击桌子的方式来维持纪律，有些孩子在老师“安静!”的喊声中压抑自己活泼的天性，服从纪律安排，静静地独坐一隅，但他们似乎并不快乐。

中国乡村幼儿教育该何去何从？乡村幼儿园课程应该是什么样的？难道乡村幼儿教育的高质量提升就是要变成城市幼儿教育的翻版吗？我国很多教育家对此做过一些探索。乡村教育家陶行知先生身体力行，提出“生活即教育、社会即学校、教学做合一”的理念，幼儿教育家陈鹤琴提出“大自然大社会都是活教材”的“活教育”理论，这些在今天仍然有着现实价值，他们的研究和实践在今天幼儿园课程改革中仍然有着深刻的意义，他们的教育精神有非常强的生态学意蕴，他们把人的全面发展放在环境中来研究，而不是片面地追求人的知识获得。

生态学作为一门年轻的学科，从系统的角度来研究人与环境的关系，对我国幼儿教育有着重要的启示。当我深入学习相关理论时，我认识到乡村幼儿园应该有自己的定位而非盲目向城市幼儿园学习或者随意进行其他课程的嫁接。从生态学的角度来研究乡村幼儿教育，发现乡村幼儿园应当把握自己的“生态位”，理解乡村幼儿园的发展实质和课程价值，才能够因地制宜地开展优质有特色的乡村幼儿园课程，开展富有自身特色的课程，这种课程，即我们当前比较热衷开发但又很难真正把握好的“园本课程”。从生态学视角来剖析乡村幼儿园的园本课程建设，能够使其推开迷思，真正回归乡村幼儿园园本课程的实质。

乡村幼儿园只有真正把握好自己园所的特点，着眼自己幼儿园的资源优势和幼儿发展的独特性，才能真正办好高质量的乡村幼儿教育。因此，笔者试图从生态学的角度，全面地分析乡村幼儿园园本课程开发的理念、目标、内容、实施、评价，以及在园本课程建设过程中遇到的困难和问题，以期帮助乡村幼儿园树立“文化自信”，培养出一批又一批亲近自然、热爱家乡、富有民族和时代精神以及创新和实践能力的新人。

在这本书的相关研究和撰写过程中，得到了很多人的帮助和支持。如湖南人文科技学院李国强教授、徐建东副教授、赵艳红副教授等人对本研究的帮助和支持，娄底市教育科学研究所王立群老师的帮助和支持，在幼儿园实践部分得到了相关幼儿园工作者如段铁园长、肖艳园长、施东城园长等的帮助和支持，以及部分学生如肖朝予、刘雨露同学对本研究的支持，在此一并表示感谢！

路漫漫其修远兮，我始终怀揣着对家乡的热爱，对自然的情怀，持续不断地关注乡村幼儿教育和乡村幼儿的成长。希望此作能够抛砖引玉，引起更多学者共同关注和探讨乡村幼儿园园本课程教育模式，还望各方学者和同仁们多多批评指正！

目　录

第一章　绪　论

第一节　生态学：一个新的幼儿园课程审视的视角

生态学思想在人类历史中由来已久。原始人类在生活中就积累着大量生物的习性知识和生态学知识。中国古代的生态思想源远流长，中华民族历来崇尚“天地人和”“天人合一”的观念，道家提出“天人一体”的人本生态思想，把热爱自然、保护自然融入这些观念当中，这些都是中华民族的传统生态智慧的体现。当今，生态学早已经发展成为一门较为成熟的学科，生态学思想也曾广泛地渗透在我国许多教育思想当中。乡村幼儿教育作为教育的重要组成部分，逐步受到生态学的影响，但在相当一段长时间内并没有被全面重视，在当前的乡村幼儿园课程建设中更是一个新的课题。

党的二十大报告强调：“全面建设社会主义现代化国家，最艰巨最繁重的任务仍然在农村。”生态是乡村最大和最具潜力的发展优势，推进乡村生态文明建设是实施乡村振兴战略的重要组成部分。习近平总书记发表了一系列关于推进乡村生态文明的重要论述，提出了一系列新思想和新理念，为新时代乡村振兴战略提供了重要的理论支撑。① 他提出“人与自然生命共同体”的理念，既是对中国传统生态思想的继承和发展，也是对马克思和恩格斯生态

① 魏锦涛，郑兴明. 习近平乡村生态文明观生成逻辑、理论意蕴与时代价值［J］. 淮北职业技术学院学报，2021.

思想的超越，对我国的乡村幼儿教育的发展具有重要的指导作用，为我们重新审视乡村幼儿园课程提供了新思路、新视野。

一、当前我国乡村幼儿园课程质量亟需提升

乡村幼儿教育振兴是乡村振兴重要的一环。党的二十大提出，全面推进乡村振兴，坚持农业农村优先发展。我国乡村幼儿占比大，振兴乡村幼儿教育是幼儿教育改革的重中之重，也是实现乡村振兴、教育公平的重要内容。①提升乡村幼儿园课程质量是乡村幼儿教育的核心，是实现高质量乡村幼儿教育的有力保障。

当前我国乡村幼儿教育质量仍然偏低，由于教材内容脱离农村幼儿生活实际，造成幼儿对其难以理解②，幼儿园课程设计脱离乡村幼儿园自身环境，幼儿园园长和教师对课程的理解和组织仍然较为“小学化”，与高质量乡村幼儿教育相差甚远。除了对乡村幼儿园周围的物质环境缺乏探究，乡村幼儿园周围环境中的精神文化也被忽略，在课程的理念上往往比较多地追随国外或者大城市的教育理念，对乡土文化、民间艺术等乡村自身精神内核缺乏分析和关注。学前教育质量的定义应确立文化适宜性。③ 乡村幼儿教育应该和其所处的环境结合起来，体现当地的环境特点、文化特色。但从现实情况来看，乡村幼儿教育的本土性不高，对中国传统文化的传承非常有限。再者，从幼儿园课程理念和课程评价来看，现代学前教育质量观具有明显的实证主义色彩与技术化倾向，幼儿园的课程实施只重视一些基本指标的达成度，却较为忽略幼儿成长的历史条件、过程及动态变化。乡村幼儿园园长课程领导力“有课程理念但课程建设方向不清，有课程实施但专业领导不够”④，广大乡村幼儿园教师更是对乡村幼儿园的课程特有的目标和方向缺乏自己独特的思考，大都按照幼儿园既有的课程模式和要求进行课程的开展，对乡村幼儿园的课程的目标、内容、实施及评价的历史性、独特性缺乏必要

---

① 雷和敏，曾彬. 乡村振兴视域下乡村幼儿园课程探究——基于发展互动课程模式的思考［J］. 豫章师范学院学报，2023.

② 廖莉，袁爱玲. 农村学前教育课程改革的路径选择——复杂性思维的视角［J］. 华南师范大学学报（社会科学版），2015.

③ 李召存. 何为“好的教育实践”：学前教育质量的文化性省思［J］. 全球教育展望，2014.

④ 王丽娟，任大成，付丽萍. 乡村振兴视域下幼儿园园长课程领导力现状与提升策略［J］. 甘肃高师学报，2023.

的认知。

（一）乡村幼儿园课程目标不清晰

目前，乡村幼儿园对于自身的课程目标的独特性缺乏清晰的认知。很多乡村幼儿园园长和教师的课程理念有了很大的提升，大部分幼儿园逐步开始关注幼儿本身的发展，重视保教结合，游戏与户外活动时间更加充足。幼儿为本、游戏贯穿等教育理念得到了较多的重视。但是，广大的乡村幼儿园园长和老师仍然很难从宏观角度把握乡村幼儿园课程目标的定位，也就是说对乡村幼儿园课程中“需要培养什么样的人、以什么样的方式培养这样的人”感到困惑，甚至很少思考过这样的问题。一些乡村幼儿园园长认为“城市幼儿园有的，乡村幼儿园都要有，这样才是好的乡村教育”，一味地向城市幼儿教育看齐，忽视了乡村幼儿培养目标的独特性。研究者们对西部农村地区幼儿园进行调查，发现一些农村幼儿园课程目标存在虚化和泛化现象①，课程目标大多从教材和成人的需求出发，偏重学科②，目标设定与幼儿需要、社会期待的契合度不高，看重家长期待③。部分乡村幼儿园园长对于课程的概念与内涵、课程建构的核心要素、园本课程建构的切入点、园本课程与国家课程的关系等问题还存在众多疑问，④ 缺乏课程的总体规划力。目前，部分乡村幼儿园还是将重点放在了幼儿知识和技能的学习上，忽视情感态度、价值观及能力等方面的发展⑤。

我国老一代教育家陶行知身体力行，曾进行了一系列乡村教育试验，探索中国乡村教育的出路，他提出“生活即教育”“社会即学校”“教学做合一”，我国幼儿教育家陈鹤琴先生提出要向“大自然、大社会”学习，为新时期乡村幼儿园课程目标的设定提出新的思考。如何做好乡村幼儿教育，是新

① 杨晓萍，何孔潮．西部农村公办小学附属幼儿园课程实施现状与变革［J］．学前教育研究，2014.

② 郝文武．乡村振兴战略中农村教育现代化的本质和目标［J］．南京师大学报（社会科学版），2021.

③ 雷和敏，曾彬．乡村振兴视域下乡村幼儿园课程探究——基于发展互动课程模式的思考［J］．豫章师范学院学报，2023.

④ 王丽娟，任大成，付丽萍．乡村振兴视域下幼儿园园长课程领导力现状与提升策略［J］．甘肃高师学报，2023.

⑤ 郝文武．乡村振兴战略中农村教育现代化的本质和目标［J］．南京师大学报（社会科学版），2021.

时代应该重新思考的问题。

（二）乡村幼儿园课程的内容适宜性低

从乡村幼儿园课程的内容来看，首先，乡村幼儿教育的内容和幼儿的生活关系疏离。“乡村幼儿园课程内容缺乏适宜性，课程资源过于依赖教材，资源开发不足”①，现有的一些乡村幼儿园课程的分科化、纸质化、抽象化，教育内容和幼儿本来需要的整合式、经验式和互动式的学习内容大相径庭，不能满足乡村幼儿真实发展的需要。同时，分科的教学教育形式让幼儿的学习内容分离，不能帮助幼儿将学习的内容和生活联系起来，也不能在知识经验之间进行很好的整合，致使乡村幼儿大量接受碎片化的知识，无法很好地整合自己的认知，幼儿虽吸收了一些知识但缺乏系统的思考能力，缺乏应对生活问题的能力。同时，有些知识并未使幼儿认知能力得到本质的提升，还可能损害了幼儿对学习的兴趣，长远看并不利于幼儿的身心发展。

其次，幼儿园教师对于乡村幼儿教育的内容设置也感到茫然。他们逐渐接受了幼儿园教育内容不同于小学这一事实，认识到应当多让孩子们做游戏，但对于幼儿教育课程的生活化认知不够，根据幼儿生活实际来设计课程的能力也相当有限。乡村幼儿园教师的内在的课程价值观仍然过度重视幼儿的知识获得，而对幼儿的能力发展、情感发展重视不够。乡村幼儿园教师在教育内容的选取上，往往对乡村极宝贵的环境教育资源熟视无睹，并不知道如何把乡村环境教育和本土文化纳入幼儿的学习内容当中。教师开发与建构本土课程的能力较低，影响着乡村幼儿园课程质量。②

（三）乡村幼儿园课程的实施方式过于单一

首先，乡村幼儿园环境设置总体比较单调。乡村幼儿园教师专业背景往往比较复杂，学前教育专业的教师少之又少，大部分的乡村幼儿园教师对于幼儿的学习方式和学习特点缺乏了解，以为学前儿童的学习就是提前进行小学内容的学习，对于游戏化、操作性的学习方式以及环境的创设都缺乏相应

① 曾彬．幼儿园课程［M］．北京：清华大学出版社，2017.

② 乔丽．农村幼儿园建设本土课程的意义与策略［J］．学前教育研究，2021.

的知识和能力，因此，乡村幼儿园的环境往往比较简单，除了一些玩具和一些书籍，幼儿园教师不知道该如何使用环境来增加儿童的学习机会，对户外环境的利用也非常有限。

同时，当前乡村幼儿园课程的实施方式仍然比较单一，课程实施形式以教学活动、讲授为主，游戏及其他教育活动没有得到充分重视①，教育组织形式也以集体活动为主②，小组教学和小组合作的方式基本上没有得到有效的发挥。户外活动的时间往往过少，有些乡村幼儿园甚至还停留在让幼儿看电视打发时间的方式上。不难发现，乡村幼儿园在课程实施过程中缺乏对乡村幼儿特点、乡村幼儿园教育独特的实施方法的探索，在乡村幼儿园拥有良好的自然资源的情况下，大量的教育活动与幼儿需要感知的大自然、社会是脱离的。乡村幼儿园教师课程知识和能力的缺乏，也体现在无法从生动活泼的大自然当中找到合适的方式来实现课程目标，或者对于区角的创设、游戏活动的组织能力不够等方面。

（四）乡村幼儿园课程的评价欠科学

乡村幼儿园的课程评价是乡村幼儿教育的生命线，决定着乡村幼儿园的走向。乡村幼儿园的评价主要体现在对幼儿的评价和对幼儿教育活动质量的评价。从对幼儿的评价来看，近年来随着《3-6 岁学习与发展指南》的普及，乡村幼儿园逐步对如何培养幼儿有了一定的概念，但是《3-6 岁学习与发展指南》也并非幼儿评价的唯一标准，乡村幼儿园课程的评价仍然需要进一步细化。评价的目的不是追求高水准的学业成就而是主张更宽泛的评价，既评价基本技能和学科知识又评价幼儿的态度和个性特征等。③ 家长更可能愿意看到孩子在幼儿园课程学习中获得具体的知识和技能，所以就较大可能出现乡村幼儿园教师比较关注幼儿学科知识掌握程度的评价，忽视对幼儿其他发展水平评价的情况。④

---

① 杨晓萍，何孔潮. 西部农村公办小学附属幼儿园课程实施现状与变革 [J]. 学前教育研究，2014.

② 郝文武. 乡村振兴战略中农村教育现代化的本质和目标 [J]. 南京师大学报（社会科学版），2021.

③ 刘文华. 美国几种幼教课程模式之比较 [J]. 山东教育学院学报，2009.

④ 郝文武. 乡村振兴战略中农村教育现代化的本质和目标 [J]. 南京师大学报（社会科学版），2021.

乡村幼儿园教育质量的评价目前主要从硬件和软件两个方面进行。《幼儿园保育教育质量评估指南》指出，应注重环境创设，注重过程评估，强化自我评估，聚焦班级观察。就是让我们的关注点从结果转移到过程上，严禁用直接测查幼儿能力和发展水平的方式评估幼儿园保育教育质量，避免小学化倾向。因此，幼儿与环境的互动与过程性评价将会成为乡村幼儿园课程评估的突破点，也是乡村幼儿园需要努力的重要方向。

二、生态学视野下乡村幼儿园课程的审视和重构

（一）从生态学思想重新审视乡村幼儿园课程

虽然生态学作为一门学科来说，其发展的历史并不长，但生态学思想却很早就已经作为一种重要的教育思想被提出，产生了很大的影响。如夸美纽斯提出“以自然为师”，卢梭提出要进行自然教育等。我国古代的教育思想中亦有体现，主要有道家和儒家的生态文明思想。道家提出了“道法自然”的生态民生观，这也是老子哲学的重要思想之一。老子认为道先于天地产生，并提出了“道生一，一生二，二生三，三生万物”和“人法地，地法天，天法道，道法自然”思想。在老子看来，道是世间万事万物的本源，一切事物的变化都有其独特的规律，人类必须尊重这些规律。道是自然而然的，这是世间万物的运动规律，因此要顺应自然。儒家的生态文明思想的核心理念就是“天人合一”，这里的“天”指的是自然界，“合一”的含义是人与自然、万物一体。儒家认为人与自然的和谐共存，主要表现在人与自然不可分离，融为一体。在《论语·述而》中记载了孔子“钓而不纲，弋不射宿”的生态保护观，可见早在古代，孔子就意识到了节约资源、可持续发展的重要性。

长期以来，中国领导人非常重视生态学思想。习近平总书记十分关注我国的生态文明建设，多次在重要场合阐述其生态文明思想。2018 年 5 月 18 日，习近平总书记在“全国生态环境保护大会”上发表重要讲话，提出了坚持生态文明建设的六大原则，其中的五条原则是对于中国经验和方案的总结，这五条原则是：坚持人与自然和谐共生；绿水青山就是金山银山；推进绿色低碳发展；统筹山水林田湖草沙系统治理；实行最严格的生态环境保护制度。党的二十大报告指出：“中国式现代化是人与自然和谐共生的现代化。人与自

然是生命共同体。”[①] 2021 年 4 月 22 日，习近平总书记在“全球领导人气候峰会”上发表题为“共同构建人与自然生命共同体”的重要讲话，在党的十九大报告中首次提出的“构建人与自然生命共同体”概念，在“领导人气候峰会”上再次被隆重推出，近代以来，在工业文明引发生态危机的全球环境下，这一观念不仅对中国的生态环境具有主题意义，而且具有全球性重大意义。习近平总书记说：“宇宙只有一个地球，人类共有一个家园，地球是人类唯一赖以生存的家园，珍爱和呵护地球是人类的唯一选择。”[②] 习近平生态文明思想既有传统的生态智慧，更进一步指出了人在环境中的主观能动性和独特的尊严与价值，并从国家治理的角度提出了生态自然观、生态经济发展观、生态系统观、生态政绩观，对新时期我国乡村教育的改革有着重要的理论指导和启发作用。

生态学思想曾对教育产生了深刻的影响，比如古代教育强调遵循儿童身心发展的特点来进行教育，如《学记》中提到教育应“不陵节而施”，孔子提出“因材施教”等。陈鹤琴作为我国幼儿教育的开创者，提出了“大自然、大社会都是活教材”的生态式幼儿教育理念，至今仍然震耳发聩。新时期，这些生态学的思想对我国的幼儿教育有着重要的指导作用，帮助我们重新认识乡村幼儿教育的理论根基和逻辑起点。这些重要的生态学理论让我们重新将目光投向大自然，关注人与自然的关系，也关注人自身的成长规律，能帮助我们重新审视乡村幼儿园课程的目标、内容、实施方法和评价是否恰当，是否能真正促进乡村幼儿的发展，也帮助我们重新看到乡村幼儿园的优势和特色，从系统的角度来规划乡村幼儿园课程发展。

（二）生态学视角下当前乡村幼儿园课程问题实质

从生态学的基本思想来分析乡村幼儿园课程，幼儿是整个乡村大自然的一部分，儿童是属于自然的，也是热爱自然的，教育的目的首先是帮助个体适应环境，让孩子与环境和谐相处。因此，乡村幼儿的发展目标首先应该是认识乡村中的自然、认识周围的环境，并和周围环境和谐相处，学

① 习近平. 高举中国特色社会主义伟大旗帜，为全面建设社会主义现代化国家而团结奋斗 [N]. 人民日报，2022-10-26.

② 习近平. 共同构建人类命运共同体 [J]. 求知，2021.

习尊重自然、顺应自然、保护自然。因此在幼儿园学习的内容应该更多以活生生的自然、社会为题材，学习的方式更多应该在自然、社会中学习，课程的评价应该更多关注幼儿是否能够从环境中学习并拥有与环境和谐相处的能力。

从生态学视角来看乡村幼儿园课程，我们发现了很多不足，当前很多乡村幼儿园课程目标脱离乡村幼儿园实际，盲目地移植城市幼儿园的教育目标或者一些所谓的“品牌教育”的教育目标，缺乏对乡村幼儿的真实关注；当前乡村幼儿园很多的课程内容不是从乡村幼儿生存的环境中选取，而是把适合别的国家、别的地区的内容生搬硬套地塞给我国乡村幼儿，且过于关注知识的机械传递，忽视幼儿的身心系统全面发展；在课程实施中较多采取静态的学习方式，忽略了幼儿与环境互动的需要，剥夺了幼儿与环境互动的机会；同时，过度采用集体教育的方式组织活动，幼儿游戏和有效的户外活动时间严重不足；缺乏科学系统的课程评价，对幼儿发展的状态和发展问题认知模糊；过于注重幼儿的知识习得和考查，对幼儿情感和能力的发展评价流于表面，这样的课程也极不利于乡村幼儿园教师专业的发展，乡村幼儿园教师过度关注幼儿的学习结果，而对幼儿缺乏必要的观察和支持以及教育活动的反思，因此乡村幼儿园教师的专业能力难以得到提升，他们也很难从真实的儿童发展中获得幸福感和成就感，甚至产生职业倦怠。

（三）生态学视角下乡村幼儿园课程的建设思路

生态学视角下的乡村幼儿园课程建设，首先需要把乡村幼儿看成生态系统当中的一部分，从而促进每一个乡村幼儿独特生命系统的发展。因此，应该更多地根据这一时期乡村幼儿身心发展的特点给到“他们成长需要的”而不是“成人需要的”课程，这对以往的“教材中心”“教师中心”的课程模式是一个很重要的反思。科学的教育就应该让儿童在合适的年龄做合适的事情，适宜的学习能促进他们此时的身心发展。同时，幼儿教育，其核心价值是育人，即教会儿童如何做人。[①] 幼儿学习做人就是要学习处理好各种关系，包括与自己、与环境、与社会的关系。

生态学视角下的乡村幼儿园课程建设，还需要把乡村幼儿园也看成整个

① 朱家雄. 幼儿教育的核心价值 [J]. 河南教育（幼教），2018.

教育系统甚至是大社会系统当中的一个部分，从而看到乡村幼儿园独特的位置、特点、资源甚至是历史使命。乡村幼儿园的独特的生态位置，可以让乡村幼儿园看到自己的特点而非劣势，从自己的条件和环境特点出发来进行课程的设计与实施。这样可以让乡村幼儿园教育因地制宜，真正挖掘环境的优势来进行幼儿教育。

最后，生态学视角下的乡村幼儿园课程建设，也需要把乡村幼儿园教师看成整个系统中的一部分，虽然他们大部分人的整体专业能力仍有很多不足，但也有不同的专业潜力，例如丰富的生活经验和自己独特的教育智慧。因此，乡村幼儿园教师可以成为这个课程系统当中的主动参与者、研究者甚至是设计者。同时，作为独特的职业个体，他们的职业尊严和生存条件是他们安身立命的根本，所以，从生态学的视角来帮助乡村幼儿园教师适应乡村幼儿园的职业生态环境，关注他们的生存状态、职业发展需求，也是我们努力的方向。

三、生态学视角下乡村幼儿园园本课程建设的重要意义

从生态学的视角来看，乡村幼儿园应当从自己的独特生态位出发，来建设适合自己幼儿园的课程，即在国家教育政策和文件的指导下，根据每个幼儿园的特点，逐步建设自己的园本课程，这样的课程对幼儿与幼儿园及幼儿园教师的发展都有着重要的意义，也是我国乡村幼儿教育走上高质量发展的重要路径。

（一）乡村幼儿身心健康发展的需要

建构主义学习理论认为，学习是一个意义建构的过程，事物信息要被人理解，这依赖于个体原有的知识经验，学习者通过新旧经验的相互作用来形成、丰富和调整自己的经验结构。因此，幼儿有意义的学习，不是建立在知识传递的基础上，而是幼儿自己主动建构自己经验结构的过程，幼儿只有在这些有意义的建构活动中才能得以真正地发展，成为身心和谐、人格完善的人。由此可见，幼儿的年龄特点决定了物质环境和感性学习材料对幼儿身心发展的基础性作用。对于教具材料比较缺乏的乡村幼儿园来说，如何让幼儿能获得直接感知、亲身操作的材料？最直接和最经济的办法就是从周边的环境中开发可用的教育资源。陈鹤琴先生曾提出“活教育”理论，认为“大自

然、大社会都是活教材”，利用幼儿园周边自然和社会环境中可供幼儿感知和探索的事物和现象进行课程建设是乡村幼儿教育的最佳途径。实际上，乡村幼儿园课程有着得天独厚的自然教育资源、独特的精神文化资源以及自身相应的人力资源、社会组织资源等。开发乡村幼儿园园本课程资源，并由此建设富有自身特色的乡村幼儿园园本课程，正是利用乡村幼儿园自身特有的资源，让幼儿获得有意义的学习，从而真正促进幼儿身心的健康发展。

联合国教科文组织在《学会生存：教育世界的今天和明天》中对教育的基本目的给出一个广义的界说，即教育要把一个人的体力、智力、情感、伦理各方面的因素综合起来，使他成为一个完善的人。① 关注乡村幼儿的发展，需要关注乡村幼儿的全面发展，从身体、心理和文化等各个层面来考查幼儿的发展情况。园本课程建立在深度考虑幼儿身心系统发展和幼儿的物质环境、精神环境的基础上，是一个真正从幼儿生命系统和幼儿园的生态系统的角度来进行的课程建构模式，可以真正帮助幼儿园找到自己的课程定位，精准地帮助幼儿获得自身需要的发展。

（二）乡村幼儿园特色发展的必由之路

乡村幼儿园的特色发展，不是某个学科的特色训练，也不是某个教育理念的生搬硬套，关键在于抓住乡村幼儿园自身的独特性来设计课程，根据本幼儿园的发展历史、资源条件来做适合本园的环境创设和活动设计，从而凸显自己的教育特色。因此，乡村幼儿园的特色课程一定是要和本园的特色结合在一起的。当前，一些乡村幼儿园为了吸引家长，引入一些“特色课程”，这些特色课程虽然也可能有一些很好的理念和课程框架，但是如果没有和乡村幼儿园的实际相结合，其教育价值仍然要大打折扣。比如，将蒙台梭利教育引入乡村幼儿教育，虽有其独特的教育价值，但是蒙台梭利的教具往往和乡村幼儿生活的联系不大，需要根据当地幼儿园的实际情况对蒙台梭利的教具进行改造，并把蒙氏教育理念融入幼儿的生活、游戏当中，这样的课程也可以算是特色课程，但如果不加以本土化和园本化，蒙台梭利教育并不能很好地帮助幼儿处理周围环境的关系，只能部分促进幼儿思维能力的发展，不

① 联合国教科文组织国际教育发展委员会编著. 学会生存：教育世界的今天和明天［M］. 北京：教育科学出版社，1996.

利于幼儿整体的和谐发展。

其实，乡村幼儿园自身具有独特的资源优势。陈鹤琴先生提出，“大自然、大社会都是活教材”，乡村幼儿园具有得天独厚的自然课程资源，也具备独有的社会结构特点，因此，从乡村幼儿园周围的自然、社会资源入手来进行园本课程的设置，既能够凸显乡村幼儿园特色，还可以节约课程成本，增强幼儿的生活适应能力、社会交往能力，帮助儿童在真实的活动中获得发展。

（三）乡村幼儿园课程本土化的重要途径

新中国成立以来，我国幼儿园的课程呈现出多元化发展的趋势。各大幼儿园凭借自己的课程理解选择适合的课程模式，尤其是国内外一些流行的幼儿教育模式。然而，这些课程模式虽然确实有很多重要的幼儿发展价值，但如果脱离了我国幼儿园具体的时空背景，盲目追求教育品牌，势必会造成水土不服甚至“四不像”的现象。因此，幼儿园的课程体现了幼儿园的教育思想，要培养什么样的孩子，就需要有什么样的课程。近年来，我国对幼儿园课程本土化越来越重视。每个幼儿园都必须在自己地理、历史条件的基础上去创设自己的课程体系，才能更好地进行课程的本土化。所以，园本课程首先是幼本课程，也是一种本土化的课程，是充分分析了幼儿园自身的历史、文化背景和周边的自然环境而做出的一种课程抉择，它不会脱离我国幼儿教育的实际，也帮助儿童更好地研究自己国家和民族的历史、文化以及其他资源，从而从小培养孩子爱国的情感、民族的自豪感。

中国乡村幼儿教育本土化，是我国乡村幼儿教育“文化自信”的实现途径。乡村幼儿教育应该扎根自己的本土，结合乡土实情，来进行乡村幼儿园的课程设计。本土、本地、本园资源的充分利用，才能真正办出凸显中国乡村文化特色的中国乡村幼儿教育。因此，根据本土、本地、本园的资源，进行幼儿园园本课程的设计与实施，能够帮助幼儿了解本地的资源和文化，从小对本土的资源和文化比较亲近和熟悉，从而增强对环境的亲切感和厚植对民间文化的感情，从小树立文化自信，增强民族自豪感和自信心。

（四）乡村幼儿园教师专业成长的契机

《幼儿园教师专业标准》提出，幼儿园教师应以“幼儿为本”，能理解幼儿发展规律并运用适宜的活动促进幼儿发展应当是幼儿园教师专业能力的核心部分。但在以往的幼儿园偏“小学化”的课程实施中，乡村教师只是被动地在进行课程的实施，教师很少研究幼儿身心发展特点及课程对幼儿的发展的作用，因此其专业能力的发展也缺乏生长点。在园本课程开发的过程中，乡村幼儿园教师必须思考课程对于幼儿身心发展的作用，从幼儿身心发展的需要和年龄特点来分析幼儿身边的课程资源，设计促进幼儿身心发展的教育方案。这个过程让幼儿园教师从被动的课程执行者、不假思索的“教书匠”变成研究儿童、研究教育、研究课程的学习者和探索者，这种学习者和探索者的态度与身份必将让乡村幼儿园教师的主动性得以激发，从而使乡村幼儿园教师真正提升自己科学的幼儿教育观和切实的专业能力。

乡村幼儿园教师的专业发展，课程能力是其核心的专业能力。幼儿的课程以直接经验为主，而幼儿的直接经验主要来自周围客观世界。因此，乡村幼儿园教师的专业发展应以帮助幼儿获得直接经验并梳理经验、提升认知能力为基本生长点。热衷于让幼儿获得抽象的知识，既不能真正帮助幼儿发展，也让乡村幼儿园教师丧失了课程能力提升的机会。乡村幼儿园园本课程的开展，让乡村幼儿园教师重新获得了专业能力发展的契机，帮助幼儿园教师重新从科学的角度来进行幼儿的观察和课程的设计，在真实的活动设计和幼儿观察中来学习幼儿的身心发展特点，以及在帮助幼儿的身心发展的过程中来进行专业能力的提升，这样的教育活动能够激发乡村幼儿园教师发现儿童、研究儿童的热情，同时主动学习课程知识、提升自己的教学能力，为我国乡村幼儿园园本课程开发与乡村幼儿园教师互促发展提供了契机。

第二节　课程及幼儿园园本课程的涵义

一、课程的涵义

课程的概念历史悠久，大约有120种课程概念。课程在我国始见于唐代。宋代学者朱熹在《朱子全书》中多次提及课程，如“宽着期限，紧着课程”，这里的课程是指功课及其进程。这与我们现在多数人对课程的理解基本相似。现代，课程一词最早出现在英国教育家斯宾塞的《什么知识最有价值》，其中的课程（curriculum）原意为跑道，规定赛马者的行程，与“学习内容进程”的意思较为接近。因此，课程最常见的理解是“学习内容及其进程”。同时，课程既可以指一门教学课程，也可以指学校提供的所有的综合课程。

对课程进行研究的著名人物还有很多，如杜威、博比特、泰勒、布鲁纳等。对于课程的具体分类，不同的学者也有不同的方法。典型的课程定义主要有：课程是教学主题、课程是策划的教学活动、课程是预期的学习成果、课程是学习经验、课程是社会文化的再生产、课程是社会改革，等等。

课程概念众说纷纭，将其仔细梳理一下，课程内涵大致可以归为以下三类：

（一）强调课程的学科特性

《中国大百科全书·教育》将课程定义为“所有学科教学科目的总和或学生在教师指导下各种活动的总和”。这种课程的定义比较偏重于科目式的定义，也是对课程较为普遍的传说定义。

这种课程的内涵更多地关注知识的科目性，强调“分科之学”，因此，科目内部的逻辑框架较为严密，但是科目和科目之间的联系较少。在强调儿童获得学科知识的同时，比较忽视对学科知识进行创造性的探索，这种课程往往较为静态，也比较容易产生学科之间的鸿沟。

（二）强调课程的计划或者目标或者学习的结果

这种课程定义把课程视为教学过程要达到的目标。如奥利沃认为课程是“一组行为目标”，泰勒提出了课程经典的四个阶段，即课程目标、课程内容、课程实施和课程评价，强调后面的过程都是为了课程目标的实现；课程论专家塔巴认为课程是“学习的计划”；约翰逊认为课程是“一系列有组织的、有意识的学习结果”。这种课程定义帮助我们更加精准地思考课程需要达成的结果是什么，要实现这些结果需要通过一些什么活动来达成，比较强调课程的预设。

这种课程内涵更多地看重学习的目标，强调把培养的人才目标做先行的设定，并按照这个目标去做相应的课程安排。这种课程目标性强、计划性强，对既定目标的达成度要求高，但是比较难以兼顾到儿童自身在学习中的个人体验。

（三）强调课程带给儿童的经验

这种课程定义把课程视为学生在教师指导下所获得的经验或体验以及学生自发获得的经验或体验。以经验的维度界定课程起源于杜威的进步主义教育思想。受杜威影响，许多人持同样的观点。如美国学者卡斯威尔认为“课程是儿童在教师指导下所获得的一切经验”，另一著名课程论专家福谢依认为“课程是学习者在学校指导下的一切经验”。

这种经验论的课程说更多从儿童认知的角度出发，来看儿童的认知世界里的真实，而非简单地对儿童的学习结果进行认定。应该说，这种课程的涵义更加注重儿童实际学习的过程，更加注重课程的生成。但是儿童的经验千差万别，不同儿童的经验也不是教师可以同时观察到的，因此，这种课程的定义方法对课程的目标和实施以及评价提出了更多的挑战。

综上所述，课程在历史上有各种不同的定义，所考虑的角度各有不同，有的比较注重学科知识的获得，认为学科知识的获得即代表着学生重要的学业成就；有的比较注重综合能力的发展并试图在课程中去达成儿童各种能力素养的提升；有的则比较重视儿童在其中的个人化的成长感受和体验，并帮助儿童从中获得具有个人意义的发展。这些观点为我们进行幼儿园课程设计提供了重要思考。

二、幼儿园课程的涵义

课程的概念多种多样，幼儿园课程的概念也不例外，同样也有多种界定方式。按照全美幼教协会的解释，幼儿园课程是“一种有组织的框架，它描述了儿童学习的内容、儿童达到规定课程目标的过程和为帮助儿童达到这一目标教师所承担的责任以及教与学所发生的环境”。

对于幼儿园课程内涵的研究，同样也有很多的争论。从历史发展的角度来看“幼儿园课程”的概念，不同时代有着不同涵义。早在 20 世纪 20 至 30 年代，张雪门、张宗麟、陈鹤琴将幼儿园课程看成幼儿在园活动的经验。到了 20 世纪 50 年代，学者们又将其界定为在园所实施的全部分科教学科目，尤其强调了分科这一特性。例如，认为幼儿园课程的内容主要是幼儿园开展的活动主体、计划和教材等。后来冯晓霞教授指出，幼儿园课程是实现幼儿园教育目的的手段，是帮助幼儿获得有益的学习经验，促进其身心全面和谐发展的各种活动的总和[1]。虞永平教授将幼儿园课程定义为：幼儿在教师创设的环境中，在教师支持、引导和鼓励下，获得各种经验的过程，幼儿园课程是一套有利于幼儿全面和谐发展的系统经验。[2] 郑三元等人认为幼儿园课程的本质是孩子的活动。

综上所述，就国内幼儿园课程概念的定义来说主要有三种：一是学科倾向的界定，这是比较传统的观点；二是活动倾向，认为课程是有计划组织的活动；三是经验倾向的课程界定。近年来，学者们对学科倾向的幼儿园课程观有所批判，比较倾向从活动理论和经验主义的角度来界定幼儿园课程的内涵。因此，本研究认为幼儿园课程可以概括为：为幼儿提供有益的系统学习经验的全部活动或教育活动的总和。

不管如何定义课程，课程的最终目的都是帮助儿童学习，为了儿童获得好的发展，幼儿园课程研究的首要任务是要研究课程对幼儿发展的价值。基于这样的逻辑起点，就需要按照幼儿园课程对幼儿发展的影响的逻辑去推演幼儿园课程的目标、内容、实施方法和评价。同时，随着我国幼儿园教育逐步朝向高质量发展，幼儿园课程内涵也会不断被注入新时代的认识与要求，幼儿园课程也需要不断借用新的理论观点来进行诠释。同时，幼儿园课程应该是有目的、有组织的，应该具有预设的特征，而非完全没有框架的一盘散沙，因此幼儿园课程需要在预设和生成之间，在活动和儿童经验之间找到一个平衡点。

三、幼儿园园本课程的涵义

园本课程概念的提出是受校本课程的启发。校本课程始于 20 世纪 70 年代，它的出现源于对 50 年代和 60 年代课程发展趋势的反思。“校本课程”一词是由菲吕克等人在一次讨论课程的国际会议上提出来的，接着便在英、美等发达国家开始受到重视，成为与国家课程相对应的一种课程开发策略。“园本”大意为“以幼儿园为本”。关于园本课程的内涵，学者们有不同的观点。首先是关于园本课程的角色和地位的争论。一种观点认为幼儿园课程本身就应该是园本课程，如华东师大的李季湄教授认为，幼儿园课程本来就属于

① 冯晓霞. 幼儿园课程［M］. 北京：北京师范大学出版社，2000.

② 虞永平，张辉娟，钱雨，蔡红梅. 幼儿园课程评价［M］. 南京：江苏教育出版社，2009.

“园本课程”，或者说，“园本”是幼儿园课程的根本属性，也是其内在属性。把所谓的“园本课程”看成与幼儿园课程具有并列关系或包含关系的课程是错误的。[①] 夏子认为园本课程是指以幼儿园为基础，以本园幼儿的发展状况、现实需要、生长环境为核心，整合幼儿园、社区的各种资源而设计的课程。[②] 虞永平认为园本课程是以国家法律法规及相关政策为指导，以幼儿园的现实环境和条件为背景，以幼儿现实的需要为出发点，以幼儿园教师为主体构建的课程。虞永平进一步阐释道：“园本课程之‘本’是对课程性质的限定，意为基点、基础、出发点，也可引申为条件、现状，因此，园本课程是从幼儿园的实际出发构建的课程”。[③] 这些学者都非常强调园本课程对于幼儿园的重要意义，认为幼儿园课程本身就应该是园本课程，“以园为本”来进行课程开发是每一个幼儿园进行课程开发的基础，每个幼儿园的课程就应该是园本课程。另外有一些学者认为，幼儿园园本课程是相对于国家课程和地方课程的另一个课程管理的概念。他们认为，园本课程是与普适性的国家课程、地方课程相对而言的。课程形式是由幼儿园发起、并在幼儿园实施的课程，是从幼儿园、幼儿、教职工的发展需要为主要出发点来考虑设置的课程，是立足于幼儿园和当地社区的实际条件，特别是在可能开发利用的课程资源的基础上不断发展和建设的课程，同时，也是在充分考虑与国家、地方课程标准保持一致的前提下凸显幼儿园独特个性的课程。因此，他们的园本课程概念是把幼儿园看成是和国家课程、地区课程相对立的一个概念。笔者认为，园本课程确实需要和国家的教育政策相一致，但是后一种概念缩小了幼儿园园本的范围，只看到幼儿园有限的空间和资源，并没有从生态系统的角度看待幼儿园的外部环境，园本课程的开发本来就与国家课程有着价值和内容的一致性。这种观念可能导致一些幼儿园认为他们只需要执行国家课程或地方课程，把园本课程的开发当作是一种额外的负担。

从我国的幼儿园教育方针政策来看，《幼儿园教育指导纲要（试行）》和《3-6 岁儿童学习与发展指南》对幼儿园课程的开展进行了政策性的指

---

① 李季湄．“园本课程”小议［J］．幼儿教育，2002.

② 夏子．对园本课程的理论认识［J］．教育导刊（幼儿教育），2003.

③ 虞永平．试论园本课程的建设［J］．早期教育，2001.

引，但并没有规定园本课程的具体内容，幼儿园也没有规定的教材，所以每个幼儿园都应该按照自己的实际情况来开展适合自己的课程，这就是园本课程。因此，园本课程不应该和国家课程相对立，而应该融合。所以，笔者比较倾向前一种观点，认为园本课程是“以国家法律法规及相关政策为指导，以幼儿园的现实环境和条件为背景，以幼儿现实的需要为出发点，以幼儿园教师为主体构建的课程对本园幼儿具有重要的发展意义的课程”。

第二种争论是园本课程“以什么为本”。以上对园本课程内涵的定义都关注到了“以园为本”这个核心。许卓娅从历史生态的角度来剖析园本课程的内涵，认为用生态的眼光看，事实层面的“园本”指的就是每个具体幼儿园在其独特的内外条件相互作用下所呈现出来的课程的特质。① 虞永平认为园本课程就是指以幼儿园之“本”为基础的课程或是在幼儿园之“本”的基础上建立起来的课程。在此，“本”是指基础、现状、背景、实际、条件及可能地反映幼儿园现实的因素。② 袁圆认为园本课程有三方面的定位：一是为了幼儿园；二是在幼儿园中；三是基于幼儿园。即要以改进幼儿园实践为指向，幼儿园自身的问题要由幼儿园中的人来解决，要挖掘并充分利用幼儿园自身的资源。③ 总的来说，以上学者都比较强调应该基于幼儿园自身的情况，解决幼儿园自身的实践问题。

笔者认为，园本课程应该有三个“本”：

1. *“以幼儿为本”*

幼儿园的课程首先是为了促进幼儿的学习与发展，为了幼儿的学习准备的。幼儿的发展是幼儿园课程设计需要首先考虑的。所以，幼儿园课程首先应该研究幼儿本身。而园本课程更是应该首先研究“本园幼儿”。每一个幼儿都是一个独特的个体，他之前的生存的环境、家庭条件、生长历史是他在幼儿园继续发展的基础，他现在的生存环境、家庭条件和社会关系是他发展的重要资源。所以，课程要帮助幼儿发展，首先要“目中有幼儿”，看到幼儿的

① 许卓娅. 园本课程建设与反思型教师自我成长研究［J］. 早期教育，2002.

② 虞永平. 试论园本课程的建设［J］. 早期教育，2001.

③ 袁圆. 农村幼儿园园本课程资源开发与利用——基于山西省高平市马村镇幼儿园的调查［D］. 陕西师范大学，2008.

独特性，从幼儿自身的角度来设计幼儿需要的课程，才能够真正地对幼儿的发展有所帮助。比如，乡村幼儿的生活环境和城市幼儿是不一样的，他们从小接触的事物、生活方式、人际关系特点和城市幼儿都大不相同，盲目地让乡村幼儿使用一些城市幼儿园使用过的课程，会让乡村幼儿的课程与他们的生活脱节，甚至产生不如人的自卑心理，也浪费了周围环境中的本有的独特的学习资源。

2. “以幼儿园为本”

园本课程应该看到每个幼儿园本身发展的历史、自身的条件、环境、师资都不一样，因此也应该承担着不一样的使命，有不同的发展愿景。这是幼儿园对自己的现状发展的清晰认知。如城市幼儿园和乡村幼儿园，他们所处的地理位置不同，环境特点不同，发展历史不同，资源条件不同，就应该有不一样的课程设计思路，而不是千篇一律地让乡村学习城市，变成一样的课程模式。这样的“以幼儿园为本”，让乡村幼儿园能够客观地看待自己的优势和劣势，从实际出发来进行幼儿园课程的设计，而不是盲目地追求在设施上、硬件条件上和城市幼儿园一样，认为“城市幼儿园有的东西乡村幼儿园都要有”。分析自己的优势和劣势，强化长板，补充短板，善用资源，从而开发出活泼生动的乡村幼儿园特色的课程。

3. “以幼儿园教师为本”

幼儿园教师是园本课程的实际开发者和实施者，对园本课程是否能够成功开发和实施至关重要。在园本课程的开发中，幼儿园教师的课程观、课程能力是园本课程开展的重要基础。幼儿园教师在幼儿园课程开发和实施的过程中，也有自己对课程的独特认识。比如乡村幼儿园教师和城市幼儿园教师对于课程的观念可能会有很大的不同，城市幼儿园教师整体相对学历较高，对课程的理解会加入一些当代教育理念，而乡村幼儿园教师对课程的理解更多会比较偏向学科课程的理解，对于园本课程的开发缺乏针对性培训，但是乡村幼儿园教师熟悉周围自然环境，熟悉当地文化，有很多专业发展潜力可以进行挖掘。所以，要充分考查乡村幼儿园教师在园本课程开发过程中的观念、心态、困难，了解到乡村幼儿园教师在园本课程开发中的真实问题，从而帮助他们从解决真实的课程问题中获得专业成长，成为园本课程开发的核心力量。

四、幼儿园园本课程相关概念的意蕴

(一) 园本课程与园本化课程

在学术界，对园本课程的涵义有不同的看法。有些学者认为幼儿园园本课程是在国家法律基础上、在国家课程框架的基础上建设起来的基于幼儿园各方面条件的课程。如虞永平认为园本课程是指在幼儿园现实的根基上生长起来的，与幼儿园的资源、师资等条件相一致的课程。[①] 李季湄教授认为园本是幼儿园课程本身固有的特性，也是其内在属性。[②] 而有的学者认为园本课程指相对于国家课程、地方课程的专门为了凸显本园特色的课程，这种对园本课程的认知认为园本课程是一种幼儿园原有课程的辅助[③]。笔者认为前一种内涵能更好地反映园本课程的实质，可将园本课程的开发和原有的课程有效融合。

从某种意义上说，园本化课程也是园本课程，是园本课程开发比较初始的阶段，是在课程开发的某个环节进行园本化，是幼儿园园本课程的一种体现形式。园本课程开发不光是原创性的课程开发，它包括课程选择、课程改编和课程创新多种形式，而对优质课程的“适应性改编”应该成为园本课程开发的主流。[④] 乡村幼儿园教师师资队伍还不够成熟，全面开发自己的园本课程有困难的情况下，借鉴别人的优质课程进行部分园本化改造，也是乡村幼儿园园本课程开发可以考虑的路径。所以说，幼儿园课程“园本化”是从“园本课程”这个词中“衍生”而来的，即经过课程选择和幼儿园生成两个过程，逐步将其转化为与本幼儿园相适应的课程。而同时，幼儿园园本课程其实就是不断园本化的课程，也就是说，不断地根据自己幼儿园的情况去具体化的过程。

幼儿园的园本课程可以分为自主性较高的园本课程和自主性较低的园本课程。前者是指从课程目标制定、课程内容的选择、课程环境设计和课程实

---

① 虞永平. 试论园本课程的建设 [J]. 早期教育，2001.

② 李季湄. “园本课程” 小议 [J]. 幼儿教育，2002.

③ 袁爱玲. 冷静思考园本课程的热潮 [J]. 学前教育研究，2002.

④ 李云淑. 对园本课程等概念的再思考——兼与幼教理论界学者商榷 [J]. 上海教育科研，2013.

施、课程评价都有一套自己完整的体系；后者的幼儿园园本课程基本上是较多借用国内外的优秀课程模式或者运用国内一些幼儿园的活动资源包，在这些课程或资源包运用的基础上逐步调整活动内容、实施方法。在此过程中，乡村幼儿园教师逐步积累了较多的幼儿发展知识、课程知识，从而更多地从课程价值的高度来进行批判、反思，逐步向更加自主的园本课程开发迈进，最终实现较为系统的园本课程设计和实施体系。

（二）课程园本化与幼儿园园本课程开发

在对园本课程的概念界定上，有的研究者侧重于园本课程的开发过程，有的研究者侧重园本课程的结果。从已有研究来看，学者们从不同的角度思考“园本课程”“课程园本化”的概念，虽一致认为两者之间密不可分，但对两者概念界定尚未达成共识。虞永平教授认为，园本课程是一个结果性概念，课程园本化是一个过程性概念，课程园本化是实现园本课程的重要途径，园本课程是幼儿园通过课程园本化的过程，所追求幼儿园适宜性课程的结果，实现园本课程的理想状态，在园本化的进程中，园本课程被不断调整，最终成为一种完善的课程形式①。正如上海市教委教研室所说，幼儿园课程园本化就是指幼儿园组织及其成员，根据国家或地方政府关于幼儿园教育纲要的精神与幼儿园自身发展需要，充分利用园内外的各种教育资源所进行的课程选择、课程生成、管理过程②。由此可见，“园本课程”的概念更多的是“静态”的体现，而“园本化”的概念更多是“动态”，说明园本课程是一种动态的不断的课程开发的过程。而对于园本课程开发，也有不少学者对其内涵进行了界定，如陈时见、严仲连认为园本课程的开发实质上是一个以幼儿园为基地进行课程开发的开放民主的决策过程，即园长、教师、课程专家、幼儿及家长和社区人士共同参与幼儿园课程计划的制定、实施和评价等活动。③并总结园本课程开发具有民主性、灵活性、多样性、独特性等特点。这些都说明了课程园本化和幼儿园园本课程开发有着密不可分的关系。课程园本化揭示了在园本课程开发的过程中，需要不断地根据本幼儿园的实际情况来进

① 虞永平. 试论园本课程的建设［J］. 早期教育，2001.

② 上海市教委教研室编. 幼儿园课程园本化　理论与实践的研究［M］. 上海：上海教育出版社，2004.

③ 陈时见，严仲连. 论幼儿园的园本课程开发［J］. 学前教育研究，2001.

行课程各个环节的细化，而园本课程的开发也是幼儿园课程不断园本化的过程。

园本课程不只意味着一个课程方案，它更意味着一个逐步建设、逐步完善的过程，也是一个各种课程资源得到开发、利用的过程，是一个幼儿园课程自身的特点不断彰显、幼儿园特色日渐鲜明的过程。在这个过程中，幼儿园需要不断挖掘自身的资源优势、文化底蕴、时代课题，从不同的维度来逐步完善园本课程的设计与实施。园本课程从本质上来说不是外来的课程而是在幼儿园内部逐渐生长起来的课程，即使是借鉴外来课程模式，也是基于本园课程建设的需要，经过遴选的适合本园情况的课程，而不是随意拿来，不加分析地使用。在园本课程开发的过程中，幼儿园教师是课程建设的主力军，也是研究者，而园长、保育人员、家长及社区中的有关人员等的深度参与能为园本课程开发提供有力的保障。再次，园本课程体现了课程决策权的再分配。最后，园本课程不是一成不变的，是一个建设中的课程，也是一个不断根据时代的变化、环境的特点来进行调整的课程，因此，园本课程的开发是有始无终的，追求一劳永逸是园本课程开发的最大的问题，园本课程的开发说明课程园本化永远在路上，课程的完善是永无止境的。对于一些幼儿园的老师来说，期望通过园本教材来进行园本课程的复制是不切实际的，因为环境、幼儿、时代永远在变，而幼儿教育的理念也在不断地更新，幼儿园教师永远不能满足于已有的课程成果，而需要持续不断地探索。幼儿园的基础、现状、条件会随着幼儿园课程的研究不断发生变化，幼儿园课程也必须跟上这种变化使园本课程真正拥有立足之“本”。①

综上所述，园本课程与园本化课程，课程园本化与课程开发，虽然有些区别，但整体来看，他们的意义有重要的关联，有时甚至是趋同的。也就是说，园本课程就是不断被园本化的课程，只是在园本化的过程中，不同的幼儿园开发园本课程的高度、系统性和切入点可能不一样。有的幼儿园师资力量雄厚、外在资源丰富、内在条件较好，其园本化的程度很高，且具有很强的系统性；而有的幼儿园园本化的程度不高，可能首先只是把幼儿园的资源部分地运用到一些幼儿园的部分活动中，设计不够系统，只是对课程要素的一部分进行园本化改造，是园本化较低的园本课程。同时，课程园本化是一

① 虞永平. 试论园本课程的建设［J］. 早期教育，2001.

个园本课程不断开发的过程，但是课程园本化的涵义更加接近于外来课程变为自有课程的过程，而园本课程开发可能更多倾向于园本课程的自主开发而非部分内容的置换等。因此，从这四个概念来看，园本化、课程开发都是园本课程形成的一些过程，不管是外来课程的园本化，还是自己来做园本课程的设计开发，都是园本课程形成的一些方式，根据不同幼儿园的实际情况，可以选择使用什么方式来开发园本课程，但其方向和主旨都是根据自己幼儿园的情况逐步对幼儿园课程进行改造，最终形成真正适合自己幼儿园的课程体系。

第三节　我国幼儿园园本课程的历史发展与现状

一、我国幼儿园园本课程的历史发展

20 世纪 20 至 40 年代，我国幼儿教育基本上是照搬照抄外国教育模式，在课程设置上，有教会幼稚园的宗教课程、强调环境以训练感官为主的蒙台梭利课程、蒙养园的日本课堂等。总之，全国幼儿园课程教学较为混乱。我国的园本课程起源于 20 世纪 90 年代，紧跟在校本课程运动之后。20 世纪 90 年代末，幼儿园课程分科教学模式逐渐向课程整合模式转变，一些经济较发达地区的幼儿园开始尝试课程园本化的研究与实践。园本课程开发的实践却早已出现，为满足当时幼教需求，促进幼儿园教学水平的提升，陈鹤琴、陶行知等专家学者针对当时学前教育中忽视本土情况的现象大力推动幼稚园课程试验，其出发点虽然不在于开发幼儿园课程，但其中心思想与园本课程开发的理念是一致的。2001 年 9 月，国家教育部颁布《幼儿园教育指导纲要（试行）》（以下简称《纲要》），《纲要》中虽然没有直接提出“园本课程”的概念，但强调了幼儿园课程应秉持“因地制宜、求真务实的基本原则，从具体入手，认真制定方案”等基本观念，这些都体现了园本课程的精神。《纲要》对幼儿园的教育内容与要求、组织与实施及教育评价等都只作了原则性规定，没有具体的课程目标及内容，也没有全国统一的教学用书。幼儿园需要自主确定课程，在以园本情况的基础上构建实际的课程体系。这是幼儿园国家课程与中小学国家课程的显著区别。因此，虽然《纲要》没有明确提出

园本课程的概念，但处处体现了对园本课程建设的要求。其实，我国幼儿园课程作为基础教育的组成部分同样适用三级课程管理体制，并没有实质意义上的国家课程。从此，园本课程便成为学前教育领域讨论的热点话题。幼儿园教师也逐渐从课程忠实的实施者转变为课程开发与实施者，课程改革的深入使幼儿园园本课程实践研究逐渐形成一股热潮，成为幼儿教育改革与发展重点研究课题之一。

园本课程的开发一度成为幼儿教育的热点和重要话题，对乡村幼儿园也产生了一些重要的影响。然而，乡村幼儿园园本课程在开发的过程中乱象丛生，很多幼儿园打着开发幼儿园园本课程的旗号大肆引入一些并不适合本园开展的课程，园本课程“遍地开花”却并不得要领，乡村幼儿园也成为了园本课程的实验田，让乡村幼儿园教师既渴望开展又感到茫然失措。由此可见，园本课程的自主开发是每一所幼儿园面临的共同任务和实际需要，对于乡村幼儿园课程质量的提升尤为重要，但是却也面临着重重困难，必须厘清概念，帮助乡村幼儿园教师提升课程理念，增进课程开发能力，才能实现乡村幼儿园园本课程有质量地开发和开展。

二、我国幼儿园园本课程开发的现状

陈炳睿等人为深入明晰我国园本课程研究的现状和发展趋势，运用 Cite Space 6.2.R1 对我国 2001 年 1 月至 2023 年 2 月在中国知网发表的以园本课程为主题的期刊进行文献分析。通过对发文量、作者、机构、关键词进行可视化分析发现，目前我国园本课程研究热度日益上升，但存在作者之间、机构之间交流不够密切，课程开发方向不够明确，对本土资源利用不够等问题。应当进一步加强利用地域文化资源，并明确园本课程开发理念。① 我国幼儿园园本课程开发已经成为很多幼儿园园长、老师的共识，如修成静调查上海市 G 幼儿园时发现，绝大部分的园长和老师都认为开发幼儿园园本课程“很有必要”，所有的管理层教师和 92%的带班教师表示十分赞同幼儿园进行园本课程开发。而对于开发园本课程的目的，约有 50%幼儿园教师认为是为了推进课程改革；100%的管理层教师和 92%的带班教师认为是为了满足幼儿发展的

① 陈炳睿，柳林旭，林宁. 我国园本课程研究现状及发展趋势分析——基于中国知网数据库的可视化分析 [J]. 教育观察，2023.

需要；100%的管理层教师和58%的带班教师认为目的在于促进教师的专业成长。这说明大部分幼儿园教师非常看重儿童的发展需求，并愿意为了儿童的发展去开发课程。同时，该研究对于园本课程的目标、内容、方法和评价也做了相应的调查。

2018年，李重阳等人在调查湖南省乡村幼儿园教师的园本课程资源利用时发现，绝大部分乡村幼儿园教师认为开发园本课程资源是很重要的。这就说明，幼儿园教师对开发园本课程的认同度是比较高的。但是，在实际的工作中，真正进行幼儿园园本课程开发的幼儿园却并不多，大部分老师认为自己对园本课程的知识不够、缺乏相应培训、缺乏领导的支持和帮助，缺乏资源是开发园本课程最大的阻碍。

三、园本课程开发的认识误区

园本课程开发在我国一度成为热潮，园本课程的开发，表明幼儿园教师不再千篇一律地只开展课程，这是幼儿园课程提升的契机，也是幼儿园教师课程认知提升的契机。然而，在幼儿园开发园本课程的过程中，往往存在几个认识上的误区。

（一）误把园本课程认为是“幼儿园额外的课程”

园本性本就是幼儿园课程的固有属性，但是一部分幼儿园园长、老师认为园本课程是一套完全由幼儿园教师自己设计的独特的课程，和国家的幼儿园课程体系没有关系，导致幼儿园园长和老师认为幼儿园教师自己设计园本课程远远超出了幼儿园教师的能力，且会耗费巨大的人力物力，是一个“吃力不讨好”的事情，因此，在心理上对园本课程存在排斥和抵触的心理。

（二）误把“特色课程”当园本课程

一部分幼儿园，尤其是私立幼儿园为了凸显自己幼儿教学的特色，打出自己幼儿园的品牌，往往以园本课程作为自己的特色，但是却并不能深刻理解园本课程的涵义，往往把园本课程、特色课程和经典课程相混淆。比如，一部分幼儿园认为，园本课程就是经典的课程，包括对国外经典课程如蒙台梭利课程、高瞻课程、瑞吉欧课程的引入，或者国内的安吉游戏、智力开发课程等；有些教师认为这些课程是他们园所的特色，也就是自己的园本课程；

还有一些教师认为园本课程就是自己的特色课程，比如双语教育课程、手工课程、科学课程、食育课程等。

（三）误把“编教材”当“园本课程开发”的目标

大部分幼儿园认为园本课程的开发是一个一蹴而就的过程，或者认为园本课程的开发就是编写园本教材。这样的认识也导致一些幼儿园热衷于编写教材，从而导致教师工作任务增大。而有时编写教材的人员基本上又是幼儿园的园长或者教学骨干，编写出来的活动并不能很好地把教师对于幼儿的活动理解编写进去。当园本教材编写完成以后，后面进来的幼儿园教师可能就把园本教材当作幼儿园的教材，在活动的设计上不敢再做过多的尝试，从而影响了幼儿园园本课程的进一步开发。

综上所述，我国幼儿园园本课程的开发已经开始起步，园本课程开发的理念也已进入每一个幼儿园教师的视野，然而大部分的幼儿园园长、教师对园本课程的内涵仍然缺乏深刻的理解，园本课程的应有价值没有得到相应的发挥。有些幼儿园热衷于园本课程的开发，引入各样的课程理念、课程模式，不加辨别地加以运用，反而导致一些教师的主动性、创造性被限制，幼儿园教师成为课程流水线上的“被动执行者”，对自己幼儿园的“园本课程”只知其表，不知其里，并不能真正有利于幼儿的发展。

园本课程的开发缺乏系统的理论基础和哲学关照，因此，有些幼儿园园本课程并不基于本园幼儿的特点来进行开发，所以严格意义上来说，它并不是园本课程，而是简单地照搬。有些幼儿园虽然看到了本园的一些特点，开发了一部分的园本课程，但只是根据一些比较流行的理念进行课程开发，对自己幼儿园的园本课程元素和实际情况缺乏系统、深入的分析。

第四节 园本课程开发原有理论基础与生态学思考

园本课程的开发既是课程实践反思的结果，也是课程理论不断提升的结果。历史上有很多学者对园本课程开发的理论进行了分析，总体来说，园本课程大致有后现代课程理论、实践性课程理论和课程开发的过程模式几种理论基础。

一、后现代课程理论

多尔的《后现代课程观》提出4R理论，即丰富性、回归性、关联性、严密性等课程的四个特性①，并提出发展实践性，认为教师和幼儿的地位关系是平等的，教师同时需要引导幼儿的发展，是“平等中的首席”。教师除了用逻辑的科学的方法，还要用隐喻、描述的方法等观点来启发幼儿而不是只简单地教导幼儿。他强调在园本课程开发的过程中，幼儿并非“知识的旁观者”，相反是一个主动参与的、积极的自我建构者；同时，他还提到园本课程的资源，园本课程的开发涉及家庭、社区和幼儿园各种要素或资源；园本课程开发是一个开放的系统，课程开发中的任何一个点都可能成为新的课程起点。在后现代主义看来，课程不只是学者、课程专家的专利，也不是教育部门的特权，他们应该主要是儿童自己的活动，是由课程的实施主体——教师和儿童共同建构、共同参与的活动，具体的活动目标和内容要在师幼互动中生成，教师需要开发丰富的课程资源，来完成教育活动。

多尔的后现代课程理论给园本课程的开发提供了很多启发，这提醒我们，园本课程的开发不能只走现代线性开发的道路，也就是不能简单地设定目标，然后对着教师设定的目标去设计活动，并且在过程中只看自己的课程目标是否达成。后现代理论对课程的设计是有目标性的，这种目标设定的过程更加关注幼儿和教师在课程中自己真实的状态，注重幼儿在自己学习世界里发生的真实事件，以及除我们已经设定的目标之外，更多地思考幼儿在学习过程中的表现和行为对他们发展的意义是什么。这种课程理论极大地关注了幼儿和教师的学习过程和教育过程，或者说，这种课程理论更加关注幼儿的本位和教师的本位，强调了课程的生成性，因此也更加生动、灵活。它打破了传统课程的忠实执行路线，而是强调课程过程中幼儿和教师对课程的反应和创造性过程，课程不是每次都以同样的目标、内容和形式出现，而是随着儿童和教师的互动会出现新的目标、内容和形式。

二、实践性课程理论

20世纪60年代，美国开展了轰轰烈烈的结构课程运动，强调基本概念和

① 小威廉姆·E·多尔. 后现代课程观［M］. 王红宇译，北京：教育科学出版社，2000.

基本原理的发展学习，却以失败告终。施瓦布当时也曾参与到结构课程运动中，改革失败后，他反思了以泰勒原理为指导的课程思想脱离课程情境、脱离使用课程的教师和学生，传统的课程采用的是“研究-开发-传播”的线性的课程开发模式，以专家为主体开发课程与教材，教师是新开发的课程和教材的被动消费者，如果专家不了解幼儿园教学的时间情境，开发出来的课程和教材其实很难得到很好的实施。因此，他提出了实践性课程开发模式，他认为课程是一个相互作用的有机“生态系统”，课程由教师、学生、教材、环境等要素组成，教师和学生是课程的主体和创造者，学生是实践性课程的中心，教师和学生是“交互主体”的关系。

这种课程理论主要把实践作为课程开发的重要考虑依据，也就是说，专家开发出来的教材需要和课程的实践相结合才能发挥它真正的功效，所以，实践性课程理论提醒我们，课程是否能够顺利地开展，需要和幼儿园真实的时间情境、空间情境以及教师和学生等因素结合起来。这种理论更全面地考虑到了环境因素对课程开展的影响，让我们思考真正有效的幼儿园课程应该从当时、当地的环境出发来进行设计，这种课程需要在实践中去检验，才能清楚幼儿在其中到底学习到了什么，发展出了什么样的能力。所以这种课程不是一次的课程设计就可以把握的，而是需要不断地经历课程和实践情境的交互、对话，去反思和改进，才能形成对幼儿发展真正有意义的课程。

三、课程开发的过程模式

课程开发的过程模式是斯滕豪斯针对目标模式的不足和弊端提出来的。按照斯滕豪斯的说法，“目标模式”使跳高者只注视横杆的标高，而“过程模式”却是引导跳高者研究自己的跳高动作、过程，以达到跳过横杆的目的。他主要提出了目标的宽泛性、课程开发的过程性、课程开发的开放性及教师是研究者等重要观点。

（一）目标的宽泛性。线性要达到的行为目标并不是过程模式认为的课程的最重要的目标，或者说，线性的目标只是一个方向，而真正应该关注的是儿童在这个过程中的行为和状态。他否定目标模式把教育目标定位于促使儿童行为改变的标准，认为教育是培养人的理智和自主能力的，对于知识的理解，他打破传统对知识过度追求的课程理念，认为知识是提供给人认知的原材料。

（二）课程开发的过程性。斯滕豪斯认为，选择活动内容是课程开发的主要任务，而活动内容选择的标准是知识本身是否具有内在价值，而不以儿童的行为结果为预设标准。课程开发的过程性原则主要关注是否能够促成儿童主动发现、主动探究。也就是说，课程开发的过程应当关注儿童在学习过程中的状态而不是偏重于关注儿童学习的结果。如果儿童真正对学习产生了兴趣，那么接下来的学习过程就会更加自然地发生，而不是像传统过程那样，虽然高度重视了儿童的某些行为标准或者学习结果，但是很难保持学习的持续性。

（三）课程开发的开放性。课程领域应该是一个开放的而非封闭的系统，学习不是一个主动反应的过程，而应是学生主动参与的过程。因此，在学习过程中，应该关注学生的反应和个人理解及判断。有的时候，学习的结果是超出了课程的目标的，或者并未达到既定目标，却在学习的过程中达成了新的目标。对于这些学习状态，老师都应该以开放性的心态去研究儿童的学习，从而从更广阔的视角来看待儿童的学习。把每一次的学习看成儿童终身发展的一部分，而不只是一次活动的目标达成。

（四）教师是研究者。教师是课程开发过程的保障。因为学习的过程是富于变化的，教师可能需要根据课程过程性的发展来调整教育活动，所以教师也应该是课程编制的主体之一，教师应该在实践中对课程作出调整和修改。正因为如此，教师必须具备相应的课程开发能力，对课程开展过程具有高质量回应的能力，这对园本课程中教师的专业能力提出了极大的挑战。当然，教师的研究主要是对实践的反思性探究，即对课程目标、课程实施等过程性的反省而非作为专家来对课程进行全盘的规划。教师在园本课程开发中要成为“反思性探究”的研究者，这提升了课程中幼儿园教师的身份和地位，但同时也提出了更高的专业要求。也就是在这个过程中，教师不再忠实地执行课程专家或园方的课程计划，而是根据课程开展过程不断地调整自己的教学计划，并要保证幼儿的学习是在一个大的学习框架之中。因此，幼儿园教师首先对幼儿的终身发展和具体发展阶段要有清晰的认知，还应当能够根据幼儿各种不同的反应来判断幼儿的学习需要，他们随时都在研究儿童、研究环境、引领幼儿的发展，而不是简单地按照教育计划来开展课程。

过程性课程开发模式为园本课程提供了非常好的思路，从时间的角度关注了园本课程开展的重要特性，即课程应当注重过程，注重发展，从课程目标的设定、内容的选择、教师的角色、师幼互动的实质提出了重要的论述，为园本课程的开发提供了实质性的理论支持，也指明了园本课程开发中需要的重要条件。

总的来说，从以上的园本课程开发的理论可以看到，这些理论从关注知识、教材逐步转变为关注参与实施课程的教师和学生，从关注课程的结果到关注课程过程的发生，从关注书本知识到逐步关注情境，这些理论打破了传统的目标课程模式的思维，也打破了教材、专家在课程中的神圣地位，他们共同要求课程需要从实际情况出发、注重课程开展过程中儿童、情境、教师等各种要素对课程开展的重要作用。以上的课程开发理论为园本课程开发提供了很好的思路，他们都看到园本课程作为一个开放性生态课程系统的一部分，蕴含了一些生态化的课程思维。但他们在否定了目标模式的同时，却没有提出一套新的完整的可供幼儿园教师参考的课程开发模式。从某种意义上来说，仍然是目标模式的补充。以上理论各自关注到了园本课程开发过程中的一些因素，为园本课程的开发奠定了重要的理论基础。但是却只是关注到某些方面的要素，没有系统地把影响园本课程开发的各种要素统合起来进行考虑。

生态学理论的观点则是从生态学的角度来重新审视幼儿园的园本课程，从系统的角度看到各种理论所需要关注的各种要素，从而能够平衡彼此的关系，达到幼儿园课程系统的完整、和谐。首先，幼儿园课程确实应该更多地关注幼儿，因为幼儿才是学习的主体，学习的最终效果甚至是学习的意义要依赖幼儿自身的体验。幼儿园课程必须能够尽可能地与涉及儿童发展的整个生态系统相互联系和作用，有效促进儿童与环境的相互作用，从而实现儿童健全人格的发展。其次，应从幼儿园的实际情况出发，充分挖掘和利用一切可利用的资源。以往的课程比较多地执行既定的课程文本，而园本课程更加注重对与文本相关的课程资源的开发和利用。因此，园本课程更多注重课程是适切性而非知识的传播，注重课程对幼儿的真实意义而非既定目标的达成，更多体现幼儿园课程的生活性和整体性。因此，每个幼儿园都需要根据自身情况，整合和利用环境中的各种课程资源，构建自己的园本课程方案。在关注幼儿、教师的同时，不能全部否定知识建构的重要性，没有学习内容的儿童发展同样也是虚无的，而完全没有预设的幼儿园活动、随心所欲的自然游戏也不是幼儿教育的作为，而是儿童自然发展的结果，教育者需要顺应幼儿的发展，同时也需要引领幼儿的发展。最后，应从幼儿和幼儿园的历史出发来设计课程。一个无视历史、不探讨历史的民族是缺乏智慧的，我国幼儿教育有特定的空间特点、民族特点，同样还有其历史特点。所以，要用历史的眼光去看待中国幼儿和幼儿园的发展。

综上所述，生态学理论近年来在诸多领域进行应用，主要是因为它关注每一个个体的发展，整体和系统的观点、辩证和平衡的观点，这些观点也同样适用于园本课程的开发。有很多学者从不同的理论角度提出园本课程的开发，也探讨了很多园本课程开发的问题，为园本课程的开发提供了很好的思路。生态学理论则全面对园本课程的开发内部的各个要素进行分析，并对影响园本课程的各大外部因素进行剖析，能够全面地对园本课程开发的原理、园本课程的资源获取、园本课程建设中的困难与问题解决提供有益的思路。

第二章　生态学视域下乡村幼儿园园本课程的开发

第一节　生态学相关的思想对乡村幼儿园园本课程开发的启示

一、自然教育思想对乡村幼儿园园本课程开发的启示

中国古代的自然教育思想有着深远的历史，顺“自然”而为的教育主张来源于道家哲学对自然的理解。如老子在其《道德经》中曾多次提到“自然”“无为”，要求人们要遵循大自然的发展规律。魏晋时期的玄学思潮实际上就是以尊重自然个性为特征的，认为任何教育都不应违背自然之性。明代的王阳明认为顺应自然的教育必然能使儿童欢欣愉悦，生机勃发，自然而然地生长发展。中国的自然教育思想，最早可以追溯到老庄。在这之后，中国的自然教育的发展基本上处于停滞阶段，直到近代，随着西方教育理论的传入，中国的一些教育家才开始重新认识、提倡自然教育。如：蔡元培先生提出的“尚自然”“展个性”的教育主张，将中国的自然主义教育推向了顶端，发展到了极致。总之，中国古代哲学自然教育观中的核心观念是“无为”“因循自然”“自然天性”“童心本位”，概言之，教育的最好方式就是不要破坏儿童的自然、本真状态。中国古代的自然教育思想，主要讲的是要尊重儿童自然的生长规律，让他们按照自己的生长规律来生长，尊重儿童的童心和天性，让儿童以他们本真的状态去生活。这是一种顺势而为而不是强制的教育思想。

西方的自然教育可以追溯到古希腊、古罗马以及文艺复兴时期。如：亚里士多德是自然教育思想之父，最早提出“教育效法自然”的原理，他指出：“教育的目的及其作用犹如一般的艺术，原来就在效法自然，并对自然的任何缺漏加以殷勤的补缀而已。”① 这句话的意思就是告诉我们，自然其实是最好的老师，幼儿首先要向大自然学习，大自然是一本深刻的书，它不仅生动丰富，而且有着稳定的规律和深刻的哲理，当我们把目光投向自然的时候，我们会发现大自然可以教给我们很多人生的道理，使我们获得许多有益的体验。大自然是如此的井然有序，我们向大自然学习到这种秩序，明白我们在大自然当中的位置。亚里士多德的自然教育思想要求遵循人的自然发展，强调的就是人的发展要遵循生命发展的自然进程，首先是要关注人的身体和感觉，并在此基础上培养人的理性精神。夸美纽斯认为教育应适应自然的发展，在《大教学论》一书中大量引用鸟、花草树木、建筑等自然界事物的发展规律来阐明自己的教育观点。要适应自然，并提出教育应模仿自然，要依据幼儿的天性、年龄、能力进行教育。所以，夸美纽斯同样认为教育也是有其规律的，卢梭也提出了自然主义教育的思想，他明确提出教育要遵循儿童的天性，要培养“自然人”“城市中的野性人”，提出要将儿童教育的“场”放在乡村进行。另外，福禄贝尔十分强调教育要适应自然的原则，蒙台梭利主张儿童的身心发展应遵循自然的规律，等等。西方的自然主义教育思想从哲学的思辨逐步进入了客观化教育思想阶段，从关注自然环境到逐渐关注人，重视人的价值，重视人的主体意识的作用。从关注“外在的自然”到儿童自身就是“内在的自然”，对自然教育做了更加人本化的解读。19 世纪，西方教育家裴斯泰洛奇、赫尔巴特、福禄贝尔等从心理学的教育探讨了教育与自然（天性）的关系，开创了教育科学心理学化的道路。19 世纪末 20 世纪初，杜威构建了生长论自然教育思想。从此，自然教育从一些基本的思想，逐步变成一些较为深入的科学化的专门化的认识，走上了科学化发展的道路。

综上所述，自然教育在中国和西方的教育发展历程中都有着较为悠久的历史。自然教育，是崇尚和利用自然的这种特殊的表达方式，通过大自然的发展规律和人的自然本性去透视教育活动，并侧重于对人的生理和心理发展

① 滕大春主编. 外国教育通史［M］. 济南：山东教育出版社，1989.

的研究和培育，来说明人的发展和教育活动的内在联系及其活动规律，从而倡导一种自然和谐的教育。总的来说，主要有几个重要的内涵，即以自然为师、顺应幼儿的天性以及实现人与外界和谐相处。因此自然教育应当注重以下三个方面：一是应让儿童走进自然、体验自然，从对自然的研究中获得对生命和自然世界的认知。在这里主要是寻求对“外在自然”规律的理解和学习。二是教育应尊重儿童成长的自然规律，遵循儿童身心发展的“内在自然”。三是应探寻儿童受教育活动影响的自然规律，如什么样的教育活动对幼儿能产生重要的影响，对幼儿产生重要的生命意义。

所以，自然教育作为生态学视域下的一种重要生态化教育理念，主要有几个方面的重点，即儿童学习场域应主要在大自然当中进行；儿童的学习内容应富含对自然的学习，即观察探索自然规律，并迁移到自己的品性培养当中；对儿童的教育方式应遵循自然规律等，这些对于乡村幼儿园具有重要的启发意义。

（一）充分利用大自然的学习场域，让幼儿在自然中陶冶性情

乡村幼儿深处大自然，和自然非常亲密。但是乡村幼儿园的课程却往往是在室内进行，进行和环境关系不大的较为传统、机械的小学化的学习，或者是在城市化的学习中脱离了自己的环境认知，在这样的学习模式下，乡村幼儿的学习非常生硬地被隔断于自然之外，幼儿喜爱自然、喜爱游戏的天性也被生硬地扼杀，而乡村幼儿园本身优势的学习场域却被大大浪费了。因此，乡村幼儿园应该充分利用周边的自然环境，并在幼儿园中营造自然的环境来帮助幼儿学习，比如，在幼儿园放置平时在家里经常看到的蔬菜并进行种植，让幼儿能够在附近的山林、田野中玩耍并进行深度的感知和学习。

（二）园本课程内容注重探索自然规律，帮助幼儿学习大自然的规律和秩序

如果说，在自然中学习是乡村幼儿园本来就有的优势，那么学习自然规律则是乡村幼儿园需要用心去计划和设计的课程内容。乡村幼儿生活在乡村，从小对于农业种植活动耳濡目染，本应掌握很多自然知识，但是许多乡村儿童却对动植物生长的规律、自然规律缺乏深度的研究，这是很可惜的。幼儿园教师可以帮助幼儿学习大自然的各种规律，比如运用二十四节气来帮

助幼儿了解不同时期的动植物的习性、行为变化以及种植业、养殖业需要遵循的自然规律，这些可以帮助幼儿了解大自然，从而对大自然的规律产生敬畏之心。

（三）允许儿童自然行为发生，让幼儿自然而然地成长

儿童的行为遵循着大自然的规律，他们的身心发展也有一个自然的过程。教育首先要先研究儿童，才能去影响儿童。因此，研究幼儿生命生长的规律，是进行科学育儿的第一步。自然教育注重儿童生长的自然过程，教师首先是一个观察者，然后才是一个教育者。所以，唯有让幼儿遵循他们原有的成长规律，并在自然规律的基础上加以引导，教育才能真正发挥作用。乡村幼儿园园本课程需要从乡村幼儿成长的规律和环境特点出发来进行设计，不能拔苗助长、任意加塞。

二、“活教育”理念对乡村幼儿园园本课程开发的启示

“活教育”理念由我国著名幼儿教育家陈鹤琴提出，陈鹤琴的“活教育”理念内含非常深刻的生态学思想。第一，他认为传统教育忽略“做人”。陈鹤琴对腐化的教育十分痛恨，他说：“教育本身变了质，以为去读书就是受教育，反而把做人忘记了。”① “活教育”理论的目的论“做人、做中国人、做现代中国人”，其核心即指向“做人”，从人的一般性、民族性、时代性三个层次创造性地描绘了整体的育人形象。由此可见，陈鹤琴从中国儿童的独特生态位出发，看到中国儿童当前的教育是在本土独特的时空当中进行的教育。第二，他认为中国的幼儿园存在外国病、富贵病、花钱病。陈鹤琴注重从中国教育现实中提取问题，研究中国教育的问题。“我们中国的幼稚园大抵是抄袭外人的，而外人的幼稚园已时有改进，但我们还是墨守成规，不知改良，以致陈旧腐败不堪闻问了。”② 这里可以看出，陈鹤琴认为中国幼儿教育不能不切实际，盲目跟风，需要从自己的实际出发来做符合自身情况的教育，即站稳位置，分析局势，做好课程。第三，陈鹤琴认为，活的教育应该是看见儿童的教育。他强调要了解儿童的心理。因为首先要认识儿童，才能谈去教

① 陈鹤琴. 陈鹤琴全集：第五卷［M］. 南京：江苏教育出版社，2008.

② 陈鹤琴. 陈鹤琴全集：第五卷［M］. 南京：江苏教育出版社，2008.

育儿童，这就是“活的教育”。可见，“活的教育”还要关注儿童本身，看到儿童的发展。陈鹤琴的活教育思想看到了幼儿园课程的几个核心要素：幼儿和环境（现实性、民族性）、时间（历史性）。立足中国幼儿发展，研究中国教育环境，发现中国真实的教育问题，从而开发出一套符合中国幼儿的课程体系，这是对生态学理念的一种生动诠释，也是中国幼儿园本土化的有效路径，为今天我国乡村幼儿园园本课程的建设提供了丰富的理论基础。

（一）乡村幼儿园园本课程的“活教育目的”

陈鹤琴首先提出了“做人”“做中国人”“做世界人”的目标。“活教育”中的“做人”要求人们热爱全人类，没有种族、人种、地域的歧视，最终建成一个和谐友爱的社会环境；其次，在做人的基础上，陈鹤琴结合国情提出了“做中国人”这一更为具体的目标。1945 年，陈鹤琴又提出“做世界人”，提出要进一步拓宽自己的国际视野，站在国际的角度来处理和各个国家的关系。陈鹤琴在不同时代提出不同的目标，比较全面地囊括了中国人独特的生态位和视角所应该处理的关系。乡村幼儿园课程在陈鹤琴“活教育”理念的基础上，可以进一步分析乡村幼儿教育在整个中国幼儿教育的具体地位，针对自己具体的生态位来界定自己的角色，提出自己“做热爱乡村的中国人”的教育愿景。

（二）乡村幼儿园园本课程的“活教育内容”

陈鹤琴“活教育”目的论是通过其活动课程体系发挥作用的。陈鹤琴认为，儿童喜欢色彩丰富、有立体感的物品，喜欢和实际的物品接触，而书本上的知识大多是纯粹的文字，这些形式化的知识无法使得幼儿获得广阔的想象空间，不利于其创造力的发展。因此，陈鹤琴提出幼儿应直接向大自然、大社会这个“活”的知识宝库进行探讨研究。乡村幼儿园应当打破以前让儿童静止化符号学习的做法，真正让儿童与乡村的环境互动，让乡村儿童到山间田野去学习、去观察、去做实验。

（三）乡村幼儿园园本课程的“活教育方法”

“活教育”方法论提出，幼儿在“做”中学知识，教师在“做”中指导幼儿求真，教师和幼儿在“做”中得到联结，共同进步。根据“活教育”课程论，陈鹤琴提出十七条教学原则，这些教学原则提示我们乡村幼儿园的课程还应该具有以下一些特点：一是注重实践。在活教育中，“做中学、做中教、做中求进步”，“做”是最基本的方法。因此，乡村幼儿园应当给儿童提供多种感官刺激，操作性强的活动。二是加强项目式合作。活教育提倡分组学习，幼儿占据主导地位，每个幼儿对相同问题的看法基本不一致，互相激发思想，讨论解决。合作性仍然是乡村幼儿的短板，需要在任务中加强合作，最好的方法是有问题思维，在解决问题的过程中进行合作。三是和环境进行互动。环境的作用是强大的，环境是学习的来源，环境也是学习可利用的资源。因此，乡村幼儿园应该注重时间、加强合作，并和乡村的大自然、大社会环境进行互动。四是活教师。陈鹤琴提出教师要在“做”中教，也要在“做”中求进步，张俊提出活教师有三个基本特征：葆有童心、富有活力、善于反思。活的教师之所以“活”，是因为他们同样面对“活”的环境和“活”的问题，并且参与到解决问题的过程中。而教师的活问题是什么呢？就是在和儿童一起研究世界的过程中探究如何帮助儿童发展，只有在面对问题时进行真实的探究和解决了真实的问题，教师才会“活”起来。这就为我们思考园本课程中教师如何才能面对真问题、解决真问题提出了路径，也对乡村幼儿园园本课程中幼儿园教师队伍的建设提出了建设性的思路。

综上所述，当前幼儿教育当中比较推崇的生态教育、自然教育和“活教育”理论对自然、社会环境中的幼儿教育的各个要素进行了探究，体现了深刻的生态学思想，能帮助乡村幼儿园更好地把握其课程目标、课程内容、课程实施方法及课程评价，也为园本课程中教师的专业发展提供更为系统性的思路。

三、生态教育思想对乡村幼儿园园本课程开发的启示

“生态教育”作为一种新型教育思潮，最早诞生于20世纪80至90年代，并于90年代末引入中国。美国相关学者克里斯汀认为：生态教育旨在帮助现代人厘清与自然之间的本质关系。对于生态教育的理解有两种比较有代表性的观点，一部分学者比较注重对受教育者进行生态教育，如强调生态教育理念应通过优化教育区域的环境和开发自然资源让学生了解生态环境，学习生态知识，树立正确的生态意识。这种观点注重人与自然关系的探讨，能够帮助幼儿理解自身和自然的关系，树立良好的环境意识。这种观点比较偏重幼

儿对环境的保护。另一部分人比较注重在教育管理的过程中运用生态学的原理进行教育管理。这种生态教育的思维更多关注儿童在教育场景中所受的影响，从而让受教育者在其中能够受到比较自然的对待，有比较好的自然成长的环境。这种观点比较关注幼儿本身的发展，注重研究幼儿在教育场景当中的位置、所受环境的影响以及他的成长过程是否“被生态化的对待，获得生态化的发展”。[①] 如认为生态教育是指依据生态学的原理、生态哲学价值观、世界观和方法论，以教育教学的生态平衡为研究对象，运用生态学的原理促进学校内部系统之间的共生、互促、和谐。由此可见，生态教育主要涉及幼儿园课程建设的几个方面的内容：幼儿园课程的课程目标和内容、幼儿园课程的环境布置、幼儿园课程的实施方法、幼儿园的课程评价和幼儿园的课程管理。

“生态教育学”可以说是教育学在 20 世纪末及 21 世纪初的“生态转向”所引发的教育运动，目的在于将教育理念与实践从传统人类中心立场转向生态立场，将人类生存场域从人类社会拓展到包含非人类存在。生态教育学认为伦理道德的主体不应再局限于人类主体，而应将非人类存在也涵摄为“共同存在”。这一情怀早就体现于古代哲学家的思想中，如庄子所述“天地与我并生，而万物与我为一”。[②]

因此，生态教育理念给乡村幼儿园园本课程开发提供了以下重要的启示：

（一）生态化的幼儿园课程目标和内容

生态化的课程目标和内容，主要是指把生态教育作为一种教育的目标以及教育的内容进入被教育者的课程之中。生态教育作为教育目标，即让儿童在被教育的过程中关注自然并了解自然以及人与自然的关系，从而树立保护环境的意识，形成生态的哲学世界观、人生观。生态教育作为内容，则把儿童和自然的关系纳入幼儿园学习的内容当中，并在相关的教育活动设计中都能够渗透生态教育的理念。

《幼儿园教育指导纲要（试行）》指出，应培养儿童对动植物的感情，

① 汪思园. 生态思维视角下幼儿园园本课程资源开发与利用的个案研究［D］. 江西科技师范大学，2022.

② 沈爱贞. 生态教育的梦想［M］. 武汉：湖北人民出版社，2016.

对环境的兴趣，熟悉自然，珍惜自然资源，具有保护环境的初步愿望。《3-6岁儿童学习与发展指南》指出，儿童应了解常见的动植物，探索和发现动植物对环境的适应性以及动植物与人类生活的关系，了解人类生活与自然环境之间的密切关系，尊重和珍惜生命，知道如何保护环境。

基于生态思维视角的幼儿园种植资源开发与利用的首要目标就是要培养幼儿的生态意识，根据3-6岁幼儿直观形象性的思维特点，创设真实自然、生机勃勃、丰富多彩的生态环境，让幼儿自由自主地去探索、去发现、去认知。

（二）生态化的幼儿园环境创设

生态化的环境设计，是指幼儿园在环境创设的过程中有生态化的思维。首先，在环境创设的过程中能够把自然生态的理念考虑进去。比如，在幼儿园的整体园所的设计中，有比较多的自然元素，并运用生态的原理能够让环境元素从空间和时间上能够有机地组合，并能够考虑到幼儿园环境布置的整体性、和谐性；幼儿园能够有自己足够的绿化面积，有自己的种植园，等等。其次，把环境设计作为幼儿课程的一部分，比如，可以将生态教育理念融入幼儿园自然角、科学区环境创设工作，为幼儿带来更多新奇且有趣的体验，并根据自然环境的变化来进行区角的环境调整。

（三）生态化的课程实施方法

生态化的课程实施方法，是指在幼儿园活动设计的过程中能够有生态化的思维。首先，在幼儿园活动的空间设计上，能够综合地使用室内、室外、户外等各种学习场所，让幼儿能够有足够的时间、空间和自然环境接触；其次，教师在实施课程的过程当中，能够充分考虑到幼儿与环境互动的需要，根据幼儿与环境互动的需要运用灵活的方式来实施课程。比如，为了让幼儿能够了解植物生长的规律，可以采取到户外观察的方式，也可以采取把某些植物搬到幼儿园户外区角或室内区角，让幼儿来进行观察，也可以让幼儿在家长的帮助下，寻找环境中各种植物生长的图片、视频资源来进行学习等。

（四）生态化的课程评价

首先，生态化的课程评价内容要求更多从幼儿在环境中获得的发展及幼儿与环境的关系来进行评价。生态化的课程评价，更多地关注幼儿是如何与环境互动并从环境中获得发展的。比如，幼儿园教师可以记录每天幼儿所处的环境特点、与环境互动的事件、幼儿的反应来作为课程评价分析的重要材料。其次，生态化的课程评价还可以通过幼儿与环境的关系来评估幼儿的发展。比如，幼儿的生态理念，幼儿的生态行为等。

（五）生态化的课程管理

生态化的课程管理，就是在课程管理的过程中，能够充分考虑到幼儿园环境内的各个要素以及幼儿园周边的环境要素，创造一个和谐的课程开发和课程实施环境。首先，要考虑幼儿园内部各个课程的相关人员的合作，包括幼儿园管理者、带班教师、保育员以及后勤人员的相互协作，让大家各尽其职，又能相互合作；其次，要重点考虑幼儿园与家庭、社区的联系，帮助儿童在自己的生态系统中获得发展机会；最后，既要重视自己幼儿园的独特性，又要具有开放性地对待外界资源。分析本园的优势和可用资源，利用整个教育系统的优势资源来为本园幼儿发展服务。

四、习近平生态文明思想对乡村幼儿园园本课程开发的启示

习近平生态文明思想继承了道家的生态智慧思想，也发展了马克思主义关于人与自然的重要思想，阐释了人与自然关系，主要有以下三个方面重要的思想：

第一，应该尊重自然。2018 年，习近平总书记在“全国生态环境保护大会”上的讲话，直接引用庄子、荀子、李白等人原话，强调天人合一，如“天地与我并生，而万物与我为一”“天不言而四时行，地不语而百物生”“万物各得其和以生，各得其养以成”。生动地表达了中国古代哲学关于天人合一的观点。在中国哲学看来，整个世界是一个统一的生命世界。“道”是中国哲学的最高概念，天道既有宇宙运行与发展规律的意蕴，同时也有宇宙万物存在之理的意蕴；人道是中国哲学所理解的人类社会运行与发展的规律，以及人类社会的治理法则、人生法则。

第二，应该顺应自然。从“道法自然”“道常无为”到“两山论”“生态环境生产力论”，自然工具论将自然看作没有生命的工具加以利用，但在中国古人的眼中，自然与人的生命是相通的，自然界经历四季的更迭正如人的生

老病死一样，自然也同每一个生命个体一样，都有其内在运行的法则，因此更加重视强调自然的内在价值与意义。老子在《道德经》中指出：“人法地，地法天，天法道，道法自然。”“道法自然”讲的是自然之道，这里的“自然”是自然而然的意思。万事万物都有其运行的法则，人要顺应地的法则，地要顺应天的法则，天要顺应道的法则。只有遵循各自的法则，最终才能达到生活安定、承载万物、覆被四野、自然而然的状态。这些朴素的哲学观点让人类重新认识自己，也对环境中的法则和规律产生更多的敬畏。

第三，应该保护自然。关于保护环境，老子在《道德经》中多处提出了“知足知止”的思想，“知止可以不殆”。提出在对待环境时要有节制，要能够比较好地管理环境。“要像保护眼睛一样保护生态环境，像对待生命一样对待生态环境，把不损害生态环境作为发展的底线。”①

习近平生态文明思想让我们认识到，在物质丰富的时代，人们对物质的过度追求，对地球资源的过度消耗，对个人欲望的无限满足，常常是人与自然关系破裂的开始，更是人自身身体和心理危机的开始。而单纯依靠技术的手段，并不能够解决生态危机，反而可能会加剧生态危机。如果没有从整体上来看待人类和自然的关系，而只是从人的欲望、需要去解决问题，那么人类对大自然的索取和破坏可能会越来越多。与之不同的是，老庄对于环境的保护更倾向于依靠内在，颇有修身养性之意，这不是说人类必须一定要过“苦行僧”的生活，而是不要一味地满足自己不断膨胀的欲望，知足常乐，享受和大自然和谐美好的关系。习近平总书记的“生态法治论”继承了马克思生态哲学思想，在传统道家“知足知止”“少私寡欲”“复归于朴”的道德践履的基础上，还提出要建立严密的法治逻辑体系，规范生态文明建设制度，从国家制度的层面上保障可持续的发展。

可见，习近平生态文明思想是运用生态学理论与唯物主义辩证观，审视与思考人与自然和谐发展过程中遇到的问题，并探寻解决途径的思维模式。从生态文明思想出发，乡村幼儿园园本课程的开发应当更多地帮助幼儿关注环境，理解自身与环境的关系，以乡村幼儿园的周围环境为依托，根据乡村幼儿身心发展规律，尊重乡村幼儿的学习方式，让幼儿通过直接体验、直接

① 习近平. 高举中国特色社会主义伟大旗帜，为全面建设社会主义现代化国家而团结奋斗：在中国共产党第二十次全国代表大会上的报告［M］. 北京：人民出版社，2022.

感知、直接操作，真实探索乡村的自然生态环境，以尊重自然、顺应自然和保护自然为教育的重要目标，使幼儿形成热爱自然、具有环保意识和行动力的品质和习惯。

（一）把“尊重自然、认识环境”纳入乡村幼儿园园本课程目标当中

乡村幼儿园课程的课程目标，是乡村幼儿园课程开展的方向。目前，乡村幼儿园课程的主要目标是提升幼儿的学科知识，对身边的环境缺乏研究，较为忽视人与自然的关系。因此，从生态文明的思想出发，教育“要从娃娃抓起”，为了培养能够有生态化思维的新一代公民，乡村幼儿园园本课程需要对自己的教育目标重新进行定位，把“对自然的学习”“建立人与自然的关系”作为课程设计的重要目标。在乡村幼儿园的课程当中，应当注重对大自然的认识，帮助乡村幼儿建立亲近自然的人格特质，通过观察和学习，明白自身和自然的不可分割、相互依存的关系。园本课程应当让幼儿明白自身和环境的关系，比如让幼儿明白环境中各要素之间的关系，自己和环境的关系，这样的儿童能够比较客观地看待自己和环境的关系，从而能够真正地尊重环境，而不是随意地对待环境。

（二）把“顺应自然、探索环境”作为乡村幼儿园园本课程的重要内容

以往的乡村幼儿园园本课程较为忽视幼儿对环境的探索，中国古代有“两耳不闻窗外事，一心只读圣贤书”一说，一方面确实强调了学习应当专心，这是好的一面，但另一方面却也认为外界环境和学习是一种冲突的关系，把圣贤书和外在世界放在了对立面，让很多的学子以为读书就是要学习书本上的知识，对生活中、实践中的问题可以不闻不问。但事实上，幼儿需要了解很多自然界的规律而不仅仅是学习书本文化知识。顺应自然，就是要遵循规律去处理环境中的问题，因此，首先要让幼儿探索环境中各种规律，并按照这些规律去对待身边的人、事、物。与此同时，自然环境中还有很多的关系，比如植物和植物的关系、植物和动物的关系、植物和人的关系、动物和人的关系等。帮助幼儿处理这些关系，让幼儿在不断和自然、环境互动的过程中，学习如何对待周围的环境。因此，探索环境是顺应自然的前提，只有在充分认识到大自然的规律之后，才能够顺应其规律。以往的农村学子虽身处大自然当中，但对大自然的各种规律知之甚少，反倒过于注重认字和数学

的训练，对某些科目做强化训练，导致幼儿虽然学会了一些知识，但不知道这些知识对于自己现实生活有哪些作用，从而缺乏学习的动力，也缺乏对大自然规律的认知，缺乏对大自然的敬畏。

（三）把“保护自然，保护环境”作为乡村幼儿园园本课程实施的重要形式

保护自然，既是一种理念，更是一种行动，而在课程实施的过程当中，让幼儿参与保护环境的行动，是让幼儿能够亲身体验到保护环境的重要性，同时也能增强幼儿的自豪感和自信心。保护环境的行动，可以成为乡村幼儿园园本课程的重要实施方式。让幼儿在和环境互动、和社会互动的过程中，体验到自身是环境的一员，同时又是具有主观能动性的个体，是能够以自己的行动主动地影响周围的环境、周边的人。保护自然的行动，既再一次强化了幼儿对环境与人关系的认识，又让幼儿在行动中增强对大自然的情感，同时也增强了自己的自信心和成就感。当幼儿感知到自己的行动可以影响到身边的环境、身边的人，他们在以后的人生当中也会积极地寻求办法来解决环境当中的问题，这些积极思考、积极解决问题的思维和行动力同样也对乡村幼儿的发展有着重要的意义。

第二节　生态学视域下乡村幼儿园园本课程的重要特征

运用生态学相关理论思想来分析乡村幼儿园园本课程，发现生态学视域下的乡村幼儿园课程应当具有以下一些重要的特征：

一、关注乡村幼儿作为“主体”的发展

园本课程的开发应“以幼儿发展为本”。从一定意义上说，这是对乡村幼儿身心潜能的释放，是对乡村幼儿主体价值的珍视，是对教育个性化改革趋势的呼应。乡村幼儿作为独特的生命个体，不仅有自己独特的生命历程，有自己独特的生活环境，也有自己独特的人格尊严。美国教育家杜威曾经提出：唯一的真正教育是通过对儿童能力的刺激而来的，儿童自己的本能和能力为一切教育提供了素材。《幼儿园教育指导纲要（试行）》也指出：幼儿园教

育应尊重幼儿的人格和权利，尊重幼儿身心发展的规律和学习特点，以游戏为基本活动，保教并重，关注个别差异，促进每个儿童富有个性的发展。“以幼儿发展为本”就是关注每个幼儿，关注幼儿的不同个性，满足幼儿不同的发展需要，将幼儿视作活动课程的主体，以发展性眼光看待幼儿，促进每个幼儿的个性发展。“幼儿发展为本”的理念是园本课程开发的出发点和终极目标。

二、体现乡村幼儿园特色

乡村幼儿园园本课程开发以尊重差异，满足不同乡村幼儿园的需要为前提，因而，它关注每一所乡村幼儿园自身的特色，希望每一所乡村幼儿园都能追求和展现自身独特的个性。首先，园本课程开发就是要改变“城市病”“富贵病”，应该扎根乡村的土壤，挖掘自身的特色；其次，乡村幼儿园也有不同的情况，要避免乡村幼儿园“千园一面”的现象，承认和尊重各个地区、各个乡村幼儿园的具体差异，满足乡村幼儿的特殊需要；最后，乡村幼儿园园本课程开发的本质特点就是课程的自主化和个性化，形成以幼儿园为本的适宜性课程形态。所以，适合每个幼儿园的课程才是最好的课程，也才是乡村幼儿园的特色课程。

三、整合乡村幼儿园的优势资源

园本课程集结着园长、教师、课程专家、幼儿、家长以及乡村环境中各种社会人士的智慧和力量，整合多方资源。乡村幼儿园的每一个成员都是园本课程的参与者，乡村幼儿园及周边的一草一木、一本一画、一人一景都是园本课程的资源。因此，乡村幼儿园园本课程开发的过程就是幼儿、教师、幼儿园、社会互动整合的过程，它凸显了幼儿个性的发展、教师专业的成长、幼儿园特色的形成、社区的协调发展，四者相互依存、动态整合。

乡村幼儿园园本课程的整合性主要体现在三方面：一是教育目标与实施过程的整合，包括教育目标、课程目标、课程内容、课程实施、课程评价的整合；二是乡村幼儿园课程内容整合，内容整合不是大拼凑，而是根据乡村幼儿发展需要筛选、融合、统整各课程内容的过程；三是乡村幼儿园课程资源整合，即乡村幼儿园园内资源与乡村幼儿园园外资源的整合，乡村幼儿园园本课程资源整合就是指当我们面对众多的园本课程资源时，根据教育的目标来对这些课程的资源进行筛选、组合、重组，从而帮助幼儿更好地发展。

乡土文化元素、乡土环境、乡土情结等。乡土文化和民间习俗是乡村幼儿园课程可供选择的内容，也是乡村幼儿园的一大特色。因此，应当加强对当地的童谣、民谣、地方文化史料、地方风景文化的搜集，并编入课程，使幼儿产生对当地物质和精神文化的自豪感，从而形成特有的乡土文化情结。

四、深入乡村生活场景

乡村生活场景是鲜活的，有着浓厚的人间烟火气。炊烟袅袅、男耕女织，曾经是多少人脑海中家乡的画面，是乡村人最真实的存在状态。教育即生活，生活与教育息息相关，乡村生活作为乡村幼儿园教育的本原性依据，成为乡村幼儿园教育的第一场所和重要载体。纵观二十一世纪以来的学前教育课程发展的历程，课程一度被当作训练幼儿的工具，囿于幼儿园围墙之内，偏离了幼儿生活。尤其是乡村幼儿，被送进幼儿园的那一刻起，似乎失去了很多的自由。老师的强迫、家长的期待，让以直观具体形象思维为主、喜欢缤纷多彩活动的幼儿被迫安静下来，小小年纪在举隅之地完成各种自己还不太擅长的纸质化练习任务，或者有些乡村幼儿园为了让幼儿能够安静，让幼儿长时间地看动画片，让幼儿在图像和虚拟的刺激中虚度时光。而园本课程极具生活化色彩，它扎根于幼儿的生活世界，每一个园本课程的教育活动都应该来源于幼儿实实在在的生活，让儿童在生活中发现知识、发现美。

五、课程具有生成性

乡村幼儿园园本课程是生成性的课程。所谓生成，有产生、形成、变成某物之意，它强调的是事物发展变化的过程本身。乡村幼儿园园本课程是乡村幼儿园教师在国家政策的指导下开发，帮助幼儿与环境互动的课程。幼儿与环境互动的过程则充满了各种变化，为课程的生成提供了可能性。乡村幼儿园园本课程的生成性，其主旨在于通过充分发挥乡村幼儿园教师和乡村幼儿在课程发展过程中的能动性和创造性，通过幼儿与环境的对话、师幼对话，厘清新的学习问题，发现幼儿新的需要和兴趣，从而生成新的课程。因此，在园本课程中，教师如同是一个教育故事的开启者，又是整个故事的见证者和引导者。儿童的学习故事会随着儿童新的学习问题而发生，而乡村幼儿园教师能从儿童的问题中读懂儿童需要发展的方向，不断引领着他们发展的方向。课程的生成性，需要幼儿园教师和幼儿共同创造而不是由幼儿园教师单方面输出。所以，如何让幼儿参与到课程的创设当中，是乡村幼儿课程的重要生长点，其重点是关注幼儿的已有经验和兴趣，把教师对于教育的理解和幼儿对于教育的需求结合起来，并且不断对教育活动进行观察和反思。

六、课程的全员参与

课程决策权下放从而产生了园本课程，园本课程与国家、地方课程最本质的区别即民主决策，也就是园本课程应该强调课程的全员参与，尤其要强调课程主体的参与。在园本课程开发中强调幼儿“参与”、师幼共享，重视幼儿学习经验的获得，能够让幼儿真正对课程的开展有话语权。比如，幼儿可以对幼儿园的课程开展的内容、幼儿园的课程环境的布置提出自己的看法；教师的参与体现在教师全面并深入地参与到幼儿园园本课程的课程目标制定、课程内容选择、课程实施和课程评价当中；家长参与要求乡村幼儿教育真正把家长看成教育当中重要的一部分，他们既可以是幼儿园教育的对象，也可以是幼儿教育的主动设计者。他们对于教育的观点也吸纳到幼儿教育当中来，成为幼儿教育合理的一部分。凡是与幼儿园课程相关的人员都可以成为课程参与者，可以提出自己对乡村幼儿园园本课程的设想和建议，参与决策。

总之，从生态学的视角来看乡村幼儿园园本课程，可以发现园本课程的开发其实就是帮助每个幼儿园找准自己的“生态位”，为所当为，真正从自身的历史、基础、现状、资源和幼儿及幼儿家庭的特点等各方面综合考虑，进行课程理念的审视、课程内容的抉择、课程实施方法的创新、课程评价的提升。乡村幼儿园园本课程的开发是动态发展的，不断提升的，不是一蹴而就的，是幼儿园教师和幼儿不断地在环境中学习，向环境学习，和环境互动的过程，这个过程是幼儿生命发展的过程，也是幼儿园教师专业成长的过程。

第三节　生态学视域下我国乡村幼儿园园本课程开发的愿景

“生态文明建设是关系中华民族永续发展的根本大计”①，党的十八大报告中，习近平总书记明确提出生态环境问题的重要性，强调应牢固树立起人与自然和谐共生的新发展理念。2023 年 7 月，习近平总书记在全国生态环境保护大会上回顾总结新时代十年的实践经验，再次提出要树牢系统观念，全方位、全地域、全过程开展生态文明建设。

一、把握乡村幼儿的生态位和主体性，为乡村幼儿开发适宜性课程

“园本课程首先是幼本课程”，应该以幼儿为先，因为课程的要素之一就是幼儿。从生态学视域看到乡村幼儿在发展中的主体性，才能开发真正有效的课程帮助乡村幼儿的发展。幼儿园课程的有效性，建立在幼儿园课程的真实性、适宜性和科学性的基础上。从幼儿的角度出发，真正促进乡村幼儿成长的课程才是好的课程，才是好的园本课程。

乡村幼儿在整个幼儿教育生态系统中看起来暂时处于劣势地位，乡村幼儿教育仍然是幼儿教育事业的薄弱环节，是乡村振兴战略的重要内容。一直以来，国家对乡村幼儿教育非常重视。2023 年，《中国儿童发展报告(2023)》在北京发布，有学者提出，在当前背景下，中国儿童发展中最值得关注的是乡村儿童发展问题。没有乡村儿童的高质量发展，就没有中国儿童的全面发展，乡村全面振兴也无法持续。解决乡村人力资本短缺、人才不足的根本出路是从乡村儿童发展抓起，以促进儿童发展为抓手，提高乡村人力资本积累，带动乡村人才振兴和全面振兴。因此，在当前乡村振兴的美好时代背景下，乡村幼儿教育的质量发展将会得到前所未有的重视，乡村幼儿园也因此能够获得新的发展机会。

课程是教育质量的核心，教育质量主要通过课程实施去实现，这里的课程不单指教师在教室组织的集体教育活动，而是包括幼儿所接受的所有由幼

① 诸思琴. 生态教育理念下的亲自然园本课程开发现状及对策研究 [D]. 苏州大学，2022.

儿园组织的教育活动在内的整体概念。但是目前我国幼儿课程质量仍然偏低，主要因为乡村幼儿园教师仍然采用“小学化倾向”的教学方式，忽视乡村园本课程及课程资源的开发，过于纸质化、静态化的教育方式禁锢了孩子的自由，某种程度上限制了幼儿的发展。乡村幼儿园周边环境优美、天地广袤、物种丰富、地域文化各异，又独具幼儿教育的资源优势，但这些课程资源却被闲置。

著名儿童心理学家皮亚杰认为，幼儿大都处在前运算思维阶段，他们学习事物主要依靠直接感知，应当从观察和探索、操作身边的事物当中去学习；美国著名教育家杜威提出教育应当“从做中学”；我国著名教育家陈鹤琴也提出“活教育”理论，指出“大自然、大社会是最好的教材”。因此，要开展真正适合乡村幼儿的幼儿教育，应当从生态学的视角，帮助乡村幼儿园从幼儿生活环境中寻找课程资源，开发属于乡村幼儿园的园本特色课程。这样不仅可以改变当前农村幼儿园严重“小学化”的现状，而且可以开发真正适合乡村幼儿的课程，从而满足乡村幼儿的身心发展需要。

生态文明教育是指国家根据社会发展需要及人的发展规律，传播生态文明知识、灌输生态文明理念，帮助社会成员增强生态保护意识，养成良好生态文明行为习惯，成为适合公民的一种生态社会实践活动。[①] 把生态文明教育贯穿乡村幼儿园课程设计中，培养生态化思维的未来公民。随着环境问题的日益严峻，生态教育在未来的公民教育中体现出越来越重要的地位。如何与自然、环境和谐相处，是未来公民的重要课题。“教育要从娃娃抓起”，幼儿的思想观念正在萌芽状态当中，幼儿时期的素质培养会影响到人的一生。乡村幼儿本来就生长在自然之中，有着非常好的自然生态体验，生态教育应当成为乡村教育的重要思想。开展幼儿生态文明教育，是一个丰富幼儿生态文明认知、培养幼儿生态文明意识和提高幼儿生态行为能力的过程。[②]《幼儿园教育指导纲要（试行）》提到，要引导幼儿爱护动植物，关心并乐于探索生活的周围环境，愿意亲近大自然，懂得珍惜自然资源，具有初步的环保意识，学习一些基本的生态行为。[③] 张慧英等人提出，目前我国幼儿园生态教育

---

① 杜昌建．绿色发展理念下的生态文明教育论析［J］．佳木斯大学社会科学学报，2016.

② 赵运兵，黄岩梅．幼儿体验式生态文明教育的实践路径［J］．教育理论与实践，2022.

③ 教育部关于印发《幼儿园教育指导纲要（试行）》的通知［J］．中华人民共和国国务院公报，2002.

中教育生态素养有限，幼儿园生态教育内容简单，幼儿园生态教育氛围欠缺，家园共育效果欠佳。[①] 这些都说明在我国幼儿园进一步进行生态文明教育的迫切性。

近年来，乡村的生态环境建设日益受到重视，而把生态文明思想贯穿在乡村幼儿园课程设计当中，是培养具有生态化思维的公民的必由之路。2022 年，东北师范大学中国农村教育发展研究院发布了《中国农村教育发展报告 2020—2022》，报告显示，2021 年，全国学前教育中，农村幼儿园数量占 66.21%。可见乡村幼儿园在整个幼儿园系统当中所占比重之大。从某种意义上说，乡村幼儿的生态文明素养很大程度决定了我国幼儿的生态文明素养。而乡村幼儿园本身在大自然当中，拥有生态教育的最佳资源。运用生态学思想设计乡村幼儿园园本课程，既有必要，又有可行性；同时，对我国乡村教育的振兴、整个幼儿教育事业的发展以及我国人口素质的提升，都有着非常重要的意义。从长远来看，乡村生态建设的主体是人，是生活在其中的公民，要把生态文明思想一以贯之，长期执行下来，就必须要以教育为抓手。对于乡村幼儿园来说，将生态化思想贯穿乡村幼儿园课程设计当中，是培养具有生态化思维的公民的必由之路。

二、提升乡村幼儿园的文化自觉和文化自信，凸显乡村幼儿园特色

乡村幼儿园应运用生态学思想做好精准定位，做真正适合自己园所的幼儿教育。从某种意义上说，乡村是更适合儿童发展的场域，但乡村教育并没有充分体现出这一特点。[②] 乡村幼儿园的教育理念趋向于城市化，教育资源开发的觉醒意识在乡村幼儿园严重缺乏，教师也缺乏相应的课程资源开发的能力。受西方现代化的思想影响，与自然相联系的乡村等同于一种落后，乡村农民在现代化的进程中受到藐视。[③] 乡村人将受到的歧视的根源归结为乡土，由此憎恨脚下的这片土地，“离土”成为乡村人的现代价值观，即“摒弃乡

① 张慧英，包万平. 幼儿园生态教育课程存在的问题及对策研究——基于生态文明理念视角 [J]. 教育观察，2023.

② 杨华俊. 乡村幼儿园“自然生活”课程的内涵、价值与实践 [J]. 学前教育研究. 2019.

③ 马克思，恩格斯. 马克思恩格斯选集 [M]. 中共中央马克思恩格斯列宁斯大林著作编译局编译. 北京：人民出版社，1995.

村、乡土是必须的抉择”，否则就会被视为“人口废品”①。因此，乡村人一度有“跳出农门”的梦想，“离开农村”似乎是生活在农村的最大目标。在这种思潮的影响下，乡村幼儿教育也会自然而然向城市幼儿教育看齐，认为发展优质幼儿教育就是“复制”城镇幼儿教育，从而失去了内生发展的“土地”。乡村幼儿园园所环境似乎成为城镇幼儿园环境创设的翻版②，一些乡村幼儿园园长或教师认为园所环境布置只要紧跟城镇化，乡村幼儿教育就会走上城镇化教育道路，乡村幼儿教育就算是高质量的幼儿教育。因此，一些乡村幼儿园追求设备设施上的先进而忽略了乡村幼儿从这些先进的设施设备上学到了什么，乡村儿童通过这些设施设备，似乎见识过城镇的许多事物，滋生了对城市生活的向往之心，却唯独对自己居住生活的乡村不甚了解，对自己居住的乡土缺乏自信和感情。长大后，他们对自己居住的乡土社会自然环境与人文生活自然也无从知晓③，并且缺乏认知的热情，似乎这片土地对于他们来说，只是他们暂时得以居住的地方，而他们的内心深处对这片土地是没有兴趣的，甚至会产生一些无奈的情绪，这对于乡村幼儿的人格完善是不利的。一个对自己生长之地都不够了解、不够热爱的人又怎么可能热爱自己的民族，自己的祖国？叶澜认为，中国现代教育忽视对传统文化的保留与传承来构筑自身的现代化，导致了其脱土离根，会长期被烙上“舶来品”的烙印。④ 怀特海认为应当将建设性后现代主义生态理论引入乡村幼儿教育内生发展，从而优化乡村幼儿教育内生发展。⑤

因此，乡村幼儿园应当运用生态学思维，分析自己独特的角色和教育使命。乡村幼儿教育发展固然离不开国家和城镇的大力扶持，但一味地依赖外部力量，会逐渐丧失乡村幼儿园自身的独特性和内在生命活力。因此，乡村幼儿园更需要运用自己内生力量进行发展，来形成自己的教育特色，这才是乡村幼儿园的可持续发展之计。

---

① 高准微，樊美筠．建设性后现代生态教育：问题与路向［J］．自然辩证法研究，2015.

② 田夏彪，张琼．当前我国农村教育价值取向的误区及其危害［J］．教育探索，2009.

③ 徐湘荷．生态区域主义视野下的乡土课程观［J］．课程·教材·教法，2009.

④ 叶澜．中国教育学发展世纪问题的审视［J］．教育研究，2004.

⑤ 王若．乡村幼儿教育内生发展的“离土”问题审视—基于建设性后现代主义的思考［J］．曲靖师范学院学报，2022.

三、城乡共研、多方协同促进乡村幼儿园课程和教师专业发展

乡村幼儿园教师在学历水平上总体低于城市幼儿园教师，教师的专业能力、培训机会以及园所环境相对处于劣势，在乡村幼儿园教师专业发展上也是困难重重。近年来，乡村幼儿园教师的师资队伍建设也受到国家的高度重视，推出了一系列乡村教师培训的措施。《中国农村教育发展报告 2020—2022》指出，农村幼儿园专任教师增幅缓慢，但学历层次在持续提高。2021年全国有幼儿园专任教师 307.66 万人，乡村幼儿园专任教师增长缓慢。

从生态学系统思维来看，乡村幼儿园教师和城市幼儿园教师同处于一个大教育系统当中。乡村幼儿园教师的专业水平和城市幼儿园教师专业水平的不平衡，已引起国家的高度重视，这也是乡村幼儿园教师专业水平发展的契机。因此，乡村幼儿园教师可以抓住一些有利政策，发展自己的专业水平。然而，乡村幼儿园教师近年来常有意见反馈，他们认为培训主要是大面积的集体培训，有些培训大而空，和乡村幼儿园的实际情况不符。所以，大面积的集体培训虽可以让幼儿园教师提升对专业的认知，加强同行之间的交流，而真正能够让幼儿园教师提升自己的专业能力的，莫过于自己在教育实际中摸索之后再展开交流。从某种意义上说，乡村幼儿园教师的培训同样也要看到“幼儿园教师的生态位”，即幼儿园教师有自己独特的教育使命、教育角色，也有自己独特的地位。唯有尊重乡村幼儿园教师的独特性，才能让乡村幼儿园教师在身份上加强自我认同。

从生态学视野来看，乡村幼儿园教师的自我发展首先需要独特的身份认同，即乡村幼儿园教师不是要成长为城市幼儿园教师，也不是单纯地向城市幼儿园教师学习，他们应该有自己独特的面貌、独特的思想、独特的人格及独特的专业能力；其次，乡村幼儿园教师需要接受和城市幼儿园教师不一样的培训内容，在儿童发展的普遍规律性方面，乡村幼儿园教师可以和城市幼儿园教师共同探究，但在乡村儿童独特性方面，乡村幼儿园教师需要有新的思考；最后，乡村幼儿园教师的专业培训应该有独特性，针对乡村幼儿园教师分布比较分散、专家指导困难等问题，应该建立一套适合乡村幼儿园教师的独立培训系统。而园本课程的开发，为乡村幼儿园教师专业成长的独特性提供了沃土，在开发乡村幼儿园独特课程的同时，规划相应的乡村教师培训，乡村幼儿园教师的专业成长才具有适切性。

第三章 生态学视域下乡村幼儿园园本课程构建的理论分析

第一节 生态学的理论内涵在乡村幼儿园园本课程构建中的应用

1858年，生态学的概念最初由生态学家梭罗提出，1866年，德国生物学家谢克尔给予其明确的定义，即“研究动物与其无机环境和有机环境的全部关系”的科学①。1935年，“生态系统（ecosystem）”的概念由英国生态学家坦斯利提出，认为生物与其生存的自然环境是一个存在互相作用的有机整体。② 20世纪初，生态学已经成为一门初具理论体系的学科，并在植物生态学和动物生态学两大领域发展迅速。当前学术界对“生态学”较为一致的解释是：“研究与有机体生存密切相关的条件和环境，以及它们之间的关系的科学。”③ 可见最初的生态学理论比较多地从生物的角度来研究生物与生态系统的关系，从生态学视角对人进行研究的不多。后来逐渐发展到从生态学的视角研究人的发展，重视人作为有机体的能动作用，认为人可以与周边环境进行互动，从而达到与环境的动态平衡、和谐发展。随着时间的推移，生态学的原理逐渐为人们所接受，并被较为广泛地运用于社会科学领域。在美国学者沃勒1932年所著的《教育社会学》中，“课堂生态学”一词在教育研究中

① 范国睿. 教育生态学［M］. 北京：人民教育出版社，2014.

② 任凯，白燕. 教育生态学［M］. 沈阳：辽宁教育出版社，1992.

③ 郭云红. 生态学视角下的幼儿园课程开发与实施现状研究——以武汉市C幼儿园为例［D］. 湖北师范大学，2018.

正式使用，1966年，英国学者阿什比提出了“高等教育生态学”的概念，开创了用生态学的原理和方法研究高等教育的先河。我国学者对生态学在教育领域的研究起步于20世纪80年代。1988年，南京师范大学的吴鼎福发表《教育生态学刍议》一文，并于2000年出版我国第一部教育生态领域专著《教育生态学》，该书专门探讨如何从生态学的角度解决教育问题。教育生态学也可以说是探究特定时空下不同教育生态系统的结构和功能，从而探寻教育内部各个要素之间最优生态系统结构和发挥最佳系统功能的一门学科。

近年来，在学前教育领域，也有一部分人开始注重生态学理论的运用，如薛烨、朱家雄等人著有《生态学视野下的学前教育》一书，从生态学理论的视角剖析学前教育的各种问题，更加系统、完善地分析与阐释了几种生态学的理论以及其对学前教育和儿童发展的影响，而一些明显带有生态学取向的研究方法也在学前教育界有了更广泛运用。[①] 例如张青青分析生态学影响下的主题教育活动[②]；原晋霞从人类发展生态学理论的视角出发对幼儿发展的各种因素进行分析，并提出幼儿个体特征、所属的家庭环境以及幼儿园与家庭的关系等都影响幼儿经验。[③] 此外，在一些学前教育的书籍中，著者也进行了一些生态学的介绍，如李亚娟、于海燕从生态学的角度重新发展生态学理论作为其研究师幼互动关系与行为的起点[④]；李生兰的《幼儿园与家庭、社区合作共育的研究》一书中，通过对人类发展生态学的生态系统的分析，提出了家园社区合作共育的新思路。20世纪20至30年代，陈鹤琴、张雪门等人就使用了生态学思想来研究和设计幼儿园的课程，鼓楼幼儿园的课程从某种意义上来说就是生态式的园本课程，后来屠美如、许卓娅等人也运用生态学理论开发“艺术综合教育”研究。

综上所述，生态学不仅是一门有效研究客观世界的科学，也是一门智慧地看待世界的哲学。生态学视角作为一种新的教育分析视角，已经越来越多地引起了学前教育界的重视，也有一部分幼儿教育专家、学者运用生态学理论来开发一些幼儿园课程，但很少系统地对与教育相关的生态学的相关理论进行梳理，也还没有充分、系统地运用到幼儿园课程的建设当中，尤其在乡

① 薛烨，朱家雄等．生态学视野下的学前教育［M］．上海：华东师范大学出版社，2007.
② 张青青．生态学视野下的幼儿园主题教育活动研究［D］．山东师范大学，2008.
③ 原晋霞．基于人类发展生态学视野的幼儿经验的课程研究［J］．幼儿教育，2011.
④ 李亚娟，于海燕．生态学视域下幼儿园环境创设实践的解读［J］．上海教育科研，2012.

村幼儿园园本课程建设中还有很多有益的课程思想值得去挖掘。

一、生态学理论内涵及其在乡村幼儿园园本课程构建中的应用

（一）生态学的理论内涵

生态指的不仅是生物生存状态，还指生物间、生物与环境的关系，而生态学诞生之初，便致力于对生物个体进行研究。若以研究对象为依据，可将生态系统分为海洋、淡水、陆地及复合系统，其中，陆地系统又可被分为城市、森林、草原等。研究表明，自然界的等级结构较为分明，对不同等级生物和环境的内在联系进行研究，使生态学拥有了极多分支。以生态规划为基础的生态系统，通常可显示出多种不同的生态功能，例如，物种迁移和物质循环，在没有外力带来干扰的情况下，物质循环往往会呈现出相对平稳的状态，生态系统结构自然也十分稳定，这便是人们常说的生态平衡。而生态失衡是与生态平衡相对的一种状态，该状态出现的原因，主要是自然资源被过度开发及利用。①

国外的生态学有侧重于个体生态学研究的，如研究生物的形态、生理、行为的适应性，有的侧重于种群生态学的研究，如研究有机体的分布和多维度的科学，有的侧重于生态系统生态学的研究，如研究生态系统的结构和功能等。国内的生态学理论研究者的研究还有些零散，侧重点也各有不同。如有人提出生态系统是研究生命系统和环境系统的相互关系的科学，把生物看成一个有着一定结构和自我调节功能的生命系统，把环境看成诸多要素组织相互影响的一个环境系统。而另外一些学者则提出，生态学应该重视生物的生存状态及其发展趋势的研究。

综上所述，国内外的诸多生态学论述主要是从个体生态学、系统生态学两个层面来进行。

1. 个体生态学

（1）个体生态学的理论内涵

个体生态学是以生物个体及其栖息地为主要研究对象，研究栖息地环境

---

① 梁士楚，李铭红. 生态学［M］. 武汉：华中科技大学出版社，2015.

因子对生物的影响及生物对栖息地的适应、适应的形态、生理及生化机制，即研究生物个体发育、系统发育及其与环境的相互关系的学科。

环境是指某一特定生物体及生物群体以外的空间，以及直接或间接影响该生物或生物群体生存的一切事物的总和。环境是针对某一特定主体或中心而言的，它是一个相对的概念。离开了主体的环境是没有内容也毫无意义的。环境有大小之别，大到整个宇宙，小到基本粒子。例如，对于人类来说，他的生存环境是围绕人类的各种空间以及其中能够影响到他们生活和发展的各个因素。因此，环境可以分为大环境和小环境，以人类为例，大环境主要包括宇宙环境、地球环境、区域环境，小环境主要包括生态位、微环境、内环境。

生态因子即环境中对生物起作用的那些因子，所有的生态因子构成生物的生态环境。环境中的生态因子不是孤立存在，而是与其他因子相互影响、相互制约、相互联系、相互促进，共同作用于生物体。这里有几点值得注意：第一，任何一个因子的变化，都会引起其他因子的变化，从而导致整个生态环境的改变。生态因子的作用有直接的、间接的，但是他们又可能相互转化。因此生态因子对于生物的作用不是单一的，而是综合的、整体的。第二，所有生态因子都有主导因子，对生物起决定作用的是主导因子，在生物发展的不同时期，影响生物的主导因子可能也会有不同。比如，在植物进行光合作用时，光照强度是主导因子；在植物进行春化作用时，温度是主导因子。因此，生态主导因子对生物的作用具有阶段性。第三，生态因子还具有不可代替性和补偿性的特点，总体上说，生态因子的作用是不可代替的，但是在某一条件下，某一因子的不足，可以由其他生态因子来补偿。比如光合作用时，阳光的因素不足，可以靠增强二氧化碳的含量来弥补。

(2) 个体生态学在园本课程构建中的应用

个体生态学为儿童的生存和发展提供了宏观和微观层面的理解。从生态学的角度来看，每一个儿童是一个独特的生命系统，把儿童当作主体来看，可以从每个儿童的生态位来看儿童生存的空间以及影响他发展的事物的总和，即他的生存环境如何，在他的生存环境当中有哪些重要的生态因子在影响着他的生存和发展。

首先，从环境来看，幼儿生存的环境包括大环境和小环境，大环境是他生存的宇宙、地球，以及他生活的国家和地区。小环境则包括生态位、微环境及内环境，其中，生态位是指儿童在其生态系统中，在时间和空间上占据的位置及其与相关种群的功能关系和作用。比如说，儿童作为人类的独特性及其与其他动物植物的关系。微环境则是指儿童生存的小的环境比如家庭、幼儿园的环境对儿童产生的影响；内环境则是生物体组织与细胞间的环境，儿童的内环境如气腔、气室等。从儿童所处的环境来设计儿童的课程，首先要研究儿童的生长环境。从儿童所处的大环境看，儿童所身处的宇宙、地球和国家地区有什么样的特点，思考儿童怎样才能够在这样的一个环境中和谐发展。现在整个地球气候变暖，环境问题应该成为儿童关注的重要问题，比如，儿童生长的地区有一些什么样的地域特点，对儿童的生长和人格品性的发展会有什么影响，这些都可以成为课程的内容，也可以成为课程开展的考虑因素；从儿童所处的小环境来看，儿童的生态位给我们提供了新的课程内容，儿童应该关注人类的一些特点，以及人类在整个生物界的角色和地位，知道自己的来源；儿童的微环境又让我们看到儿童所处的家庭、幼儿园和小区也是课程设计的内容和资源，园本课程应该关注儿童的家庭系统，帮助儿童认识自己的家、幼儿园、生活的小区或公共场所的特点，以及这些和他们的关系；从儿童的内环境来看，园本课程则需要开发和儿童生理方面的相关课程，让儿童了解自己的身体架构、内部循环等。

其次，从生态因子来看，我们首先应该确定把谁看成中心或者是主体。从教育的角度来看，可以把每个儿童看成一个主体来分析影响他发展的各个生态因子。比如，他所处的环境中的空气质量、季节气候，他的家庭能提供给儿童的生长发育环境，他的父母给他的遗传基因等。这些因子也会相互影响，从而综合地影响儿童的发展。值得注意的是，基础的生态学主要关注的是有机体的身体成长和发育，但是人类作为一个独特的生命系统，除了生理的成长和发育，还有心理系统的成长和发育过程，因此，要从身心方面综合地考虑幼儿的成长。第一，从生态因子的综合影响来开发园本课程，要看到园本课程的本质就是要利用、协调幼儿环境中的生态因子促进儿童的发展。因此，如何联合环境中的各个因子来进行教育，是幼儿园园本课程设计的重要任务。幼儿园课程首先要研究幼儿作为独特生命系统的成长规律，每个阶段的主导影响因子有哪些，如何影响到幼儿的发展，幼儿园如何运用这些有利因素、避免不利因素来促进幼儿的发展。第二，从生态因子的主导因子来开发园本课程，首先要了解在不同时期影响儿童的主导因子是什么。比如儿童 0~3 岁时，影响儿童身体发展的主导因子可能是食物、睡眠和运动，心理发展的主导因子是对父母的依恋，而到了 3-6 岁，影响儿童身体发展的主导因子可能是阳光、空气、运动，影响儿童心理发展的主导因子则是儿童的主动性的发展。第三，从生态因子的不可代替性和补偿性来说，有些儿童因为父母照顾的缺失会安全感不足，所以幼儿园园本课程应该帮助幼儿家长勇于承担自己的职责，弥补幼儿在前一阶段的缺失，作为幼儿园教师，也应积极承担给予幼儿温暖与关爱的责任，弥补幼儿安全感的缺失。

2. 系统生态学

（1）系统生态学的基本内涵

系统生态学则主要从系统的角度，关注生态系统的整体运行。“生态系统（ecosystem）”这一概念首先是由英国生态学家坦斯利提出的。生态系统是指一定地域（或空间）内生存的所有生物与环境相互作用的具有能量转换、物质循环代谢和信息传递功能的统一体。其基本点在于强调系统中各因子之间的相互联系、相互作用以及功能上的统一。生态系统是有边界、有范围、有层次的系统，任何一个被研究的系统都可以和周围环境组成一个更大的系统，成为较高一级系统的组成部分，而且，它本身又可以由许多子系统或亚系统构成。系统生态学有一些重要的生态原理，这些原理是一个生态系统运行的一些重要规则。如：

胜汰原理。系统的资源承载力、环境容纳总量在一定时空范围内是恒定的，但其分布是不均匀的。差异导致竞争，竞争促进发展。优胜劣汰是自然及人类社会发展的普遍规律。

生克原理。任一系统都有某种利导因子主导其发展，都有某种限制因子抑制其发展；资源的稀缺性导致系统内的竞争和共生机制。这种相生相克作用是提高资源利用效率、增强系统自生活力、实现可持续发展的必要条件，缺乏其中任何一种机制的系统都是没有生命力的系统。

瓶颈原理。复合生态系统的发展初期需要开拓与发展环境，速度较慢；继而最适应环境，呈指数式上升，最后受环境容量或瓶颈的限制，速度放慢，越接近某个阈值水平，其速度越慢，呈 S 型增长。但人能改造环境，扩展瓶颈，系统又会出现新的限制因子或瓶颈。复合生态系统正是在这种不断逼近或扩展瓶颈的过程中波浪式前进，实现可持续发展的。

多样性和主导性原理。系统必须以优势种类和拳头产品为主导，才会有发展的实力；必须以多元化的结构和多样性的产品为基础，才能分散风险，增强稳定性。主导性和多样性的合理匹配是实现可持续发展的前提。

生态发展原理。发展是一种渐进的、有序的系统发育和功能完善过程。系统演替的目标在于功能的完善，而非结构或成分的增长；系统生产的目的在于对社会的服务功效，而非产品的数量或质量。①

（2）系统生态学在乡村幼儿园园本课程构建中的应用

系统生态学在园本课程开发中的应用主要表现在幼儿园课程系统的调节上。

幼儿园课程系统也是环境优胜劣汰的结果。乡村幼儿园课程系统是我国幼儿教育系统的一部分。幼儿园的课程系统首先需要获得环境的认可，才能在环境中生存下来。而乡村幼儿园课程开展的历史、乡村幼儿园家长的观念以及乡村幼儿园的制度都是乡村幼儿园课程的生长土壤，因此，如何让园本课程能够彰显自己的优势，是园本课程需要面对的问题。园本课程开发有自己的有利因素，但同时也有很多限制因素，所以应该利用园本课程开展的有利因素，避免消极因素的出现。资源的稀缺性将会导致竞争，而好的课程最终也会引起乡村幼儿园的竞相模仿。因此，选择几个有能力开发园本课程的幼儿园，做好试点开发，作为乡村幼儿园课程开发的示范点和培训基地，可以让园本课程在乡村幼儿园更深、更广地开展。

基于瓶颈原理，我们发现，乡村幼儿园园本课程前期的开发十分艰苦，也会比较缓慢，但一旦走上正轨，就会大量地发展起来。所以，初期乡村幼儿园园本课程开发的难度较大，但是一旦有了比较稳定的模式，就会比较容易了。

基于多样性和主导性原理，一个幼儿园可以抓住自己的主导优势，来进行首批幼儿园园本课程的开发，以优势课程带动其他课程体系的开发；也可以从某个部分开始，不必全盘进行。可以先从比较容易设计的课程内容的置换出发，比如当月幼儿园课程资源包上的内容是学习金龟子，但是当地却并没有金龟子，就可以置换为当地的蚯蚓等动物进行学习，或者本来的课程实施是要去公园，可以置换成去当地绿化较多的场所。这样，本园课程的资源特色、课程的主导优势逐渐得以发挥，然后再从其他部分进行更加全面的园

① 王如松等. 现代生态学的热点问题研究［M］. 北京：中国科学技术出版社，1996.

本课程的开发。

基于生态发展原理，幼儿园课程开展一方面是为了自己的课程系统更加完善，另一方面是为了服务社会。所以，应该从课程内部来进行课程的开发，同时也要看到自己的课程和社会的需要是否契合。比如说，乡村幼儿园的课程也应当考虑到当前和我国乡村小学的衔接，从幼小衔接的过程中，适度调整课程系统内容，同时又不牺牲自己课程对幼儿发展的价值。比如，运用蒙台梭利的数学教育方法能够很好地帮助乡村幼儿适应乡村小学的学习，同时它本身操作性强，能够很好地开发幼儿的数学逻辑思维，提供良好的感性经验，通过园本化，可以成为比较适合乡村幼儿园课程生态系统的一种课程模式。

二、人类发展生态学的理论内涵及其在乡村幼儿园园本课程构建中的应用

（一）人类发展生态学的内涵

20 世纪初，生态学已成为一门初具理论体系的学科，植物生态学和动物生态学两大领域发展迅速。最早将生态学的原理与方法运用于人类社会问题研究的是以帕克和伯吉斯等人为代表的芝加哥学派的学者们。1923 年，麦肯齐发表《人类社区研究的生态学方法》，指出人类生态学是一门“研究人类在其环境的选择力、分配力和调节力的影响作用下所形成的在空间和时间上的联系的科学”①。帕克和伯吉斯等人认为，社会是由许多在空间上彼此分隔、在分布上却有统一的地区联系，而且能独立移动的个人所组成的。人类与其他所有生物一样，都存在于一定的自然环境之中，因此和自然环境有着密切的联系，但对人类来讲，除了自然环境，还受社会环境的影响，包括所生活的社会的特点、居住地人群的特点等。因此，人类生态学虽然在某种意义上被看作生物生态学的一个分支，但它的主体（人）却与其他植物、动物不同，人有丰富的精神世界，人有自己的语言和思维，能够创造和使用工具，并能创造属于自己的文化。因此，人类生态系统不仅包含不同群体之间的生物关系，还包含由文化和有目的的人类行为所构成的复杂关系。人们开始运用生

① 帕克，伯吉斯，麦肯齐．城市社会学——芝加哥学派城市研究文集［M］．宋俊岭等译，北京：华夏出版社，1987.

态学的原理和方法研究人类生存和人类社会发展中的各种问题。生态学的原理和方法在20世纪40年代被运用于心理学。勒温于1944年发表了一篇《生态心理学》的论文，他的心理生态学中的“环境”主要指人的心理环境，勒温在解释人的行为时，往往注意人们对环境的知觉。20世纪40年代，勒温的两个助手巴克和赖特从事了关于人类行为的生态学研究。他们主要运用生态学进行两个方面的研究，一是个体儿童在环境中的行为；二是生态环境对个体行为的影响。他们还建议像生物学家画出动植物栖息地图。① 后来，巴克还用生态学的理论研究学校中学生的行为。

20世纪70年代，布朗芬布伦纳在康奈尔大学沿着巴克和赖特等人的研究路线继续前进，他从生态学的角度研究人类发展，提出了人类发展生态学理论。1979年，布朗芬布伦纳在其著作《人类发展生态学》中首次提出人类发展生态学是研究持续发展的个体与其所在的不断改变着的环境之间互相适应过程的一门学科，“对持续成长的有机体与所处的变化着的环境间相互适应的过程进行研究的学科，有机体与其所处的即时环境相互适应的过程受各种环境之间相互关系以及这些赖以存在的更大环境的影响”②。在布朗芬布伦纳看来，正在成长的人与其所生活的环境之间进行着渐进的、相互的适应。在这一过程中，人受各种情境关系以及来自情境外更大的一个环境的影响。从他的定义可以看出，第一，发展中的人是一个不断成长并时刻重新构建自身的动态个体，他是一个主动成长的个体。第二，人与环境之间的作用过程是双向的，是互动的关系，是相互适应的过程。第三，与发展过程相联系的各种微环境，根植于更大的生态环境，分析微环境对儿童的影响，还要关注大环境对微环境的潜在影响。他提出观点中的生态环境是被视为一个层叠的结构，即环境是一个层层相嵌的多元化系统，如同一个同心圆的结构，从里到外依次是微观系统、中间系统、外层系统和宏观系统。微观系统处于整个网络系统的最中心，指与人最亲密的人、最近的自然环境和社会环境；中间系统强调各微观系统之间的沟通交流越活跃越有效，越有利于人的发展；外层系统指没有直接影响人发展的各微观系统之间的关联，但和个体接触却能对个体

① 范国睿. 教育生态学［M］. 北京：人民教育出版社，2014.

② Urie Bronfenbrenner. The Ecology of Human Development［M］. Cambridge：Harvard University Press，1979.

产生间接影响的环境系统；宏观系统指影响微观系统、中观系统和外层系统的个体所处的整个社会的组织、制度及文化背景。各层次的系统是相互包含、交互作用的。布朗芬布伦纳等人从生态学的视角研究人的发展问题，强调环境的多层结构，并主张将人的发展放置于生态系统中加以考察，开创了研究儿童发展的新方式。他在社会科学领域已经超越了那些将“基础”和“应用研究”不合适的区分研究，或者人为割裂社会政治和科学之间的研究。另外，与每一个同心圆对应的是时间系统，即每一个系统的内容都会随着时间的迁移而变化。

综上所述，人类发展生态学强调三个重要的点，一是强调个体与环境的关系，二是强调环境与环境之间的关系，三是强调个体和环境都处在某一个历史时间节点，并在不断的发展当中。

（二）人类发展生态学在乡村幼儿园园本课程构建中的应用

如果说生态学较多地从生理方面对儿童的环境和生态因子进行了剖析，那么人类发展生态学则更多是从儿童的心理发展上来进行阐述，这些阐述和生态心理学有相通之处。我国幼儿教育专家朱家雄也曾指出，从人类发展生态学视角看待人的发展和教育问题，是全球化发展的必然。所以，人类发展生态学理论主要把生态学理论运用在幼儿的发展中，园本课程则是根据幼儿身心发展的特点来进行课程的设计，因此具有非常重要的意义。

人类发展生态学在园本课程的开发中至少有以下几个方面的应用：

1. 在微观系统中多创设乡村幼儿与微观环境互动的机会

幼儿的微观环境系统主要是指幼儿的家庭、幼儿园、幼儿的玩伴、邻里玩耍区这些每天直接和儿童发生频繁接触的个体或场所。首先，幼儿的家庭仍然是幼儿此时的心理安全基地。幼儿在家里的时间虽然有很大一部分是在晚上，但是这个时候的幼儿对父母的依赖程度较高。因此，幼儿园的课程设计，需要考虑每个幼儿家庭的特点，帮助幼儿适应自己的家庭系统，比如开展“我的一家”“我爱爸爸妈妈”“我从哪里来”这样的活动，让幼儿充分地了解自己的家庭，和自己的家庭成员继续保持亲密的关系，也明白自己在整个家庭系统中的生命意义，同时了解儿童在家里的生活特点、关注点和兴趣点，作为幼儿园开展课程的逻辑起点，也可以说，幼儿园教育是家庭教育的延伸，这是和以往幼儿园课程开发的思路不一样的部分，幼儿园是幼儿密切接触和长期生活的场所，幼儿园的系统和家庭的系统需要一个连接。比如，小班的孩子刚从家庭系统出来，对家庭充满了依恋，幼儿园应该给幼儿创造一个有家庭气息和元素的环境。从课程的设置来看，幼儿园的课程则需要从幼儿前期认知经验入手，进行课程的设计。幼儿园的环境布置、材料都应该符合儿童该年龄阶段，让幼儿在互动的过程中，获得经验及知识，增长自己的相关能力，并培养他们和环境的亲近感。

2. 在课程开发的过程中重视乡村幼儿各微观环境之间的关系及合作

儿童的发展受到微观环境的影响，而各个微观环境之间的关系也影响到儿童的发展，这就要求幼儿园在开发园本课程的过程中考虑到微观环境中的各种关系，比如家庭与幼儿园的关系、幼儿园与儿童邻居社区的关系。这里能够考虑到的课程要素是关系与合作。因此，应该把幼儿家长和社区的课程资源纳入幼儿园课程设计中，并让幼儿家长和社区参与到幼儿的共同教育当中。从这里可以看出，园本课程资源可以从两个方面来进行设计：一是综合运用家庭、幼儿园和社区的课程要素来开展。从幼儿身体发展的方面来看，有利于幼儿身体发展的课程内容主要包括儿童需要认知自己身体发展的知识，如家庭、幼儿园、社区可以提供的哪些资源让自己的身体更加健康，认识到周围环境中哪些资源是和自己的身体发展有关的并能够利用好这些资源。二是注重各微观系统的合作。在课程开发的过程中，各微观系统的合作是促成课程顺利开展的条件，也是促进各微观系统之间关系的重要契机。比如，母亲节的时候，幼儿园邀请幼儿家长到幼儿园，请孩子们做一个节日礼物并献给妈妈，这个活动加强了幼儿园教师和家长之间的情感连接，从而更加有利于对幼儿的教育。

3. 深度研究乡村幼儿的宏观系统对微观系统的作用，从精神文化层面创设课程来帮助其发展

幼儿的宏观环境系统的各个要素如社会价值观、法律、习俗和文化等，虽然距离看似较远，却潜移默化地影响着幼儿，这些要素渗透在幼儿每一天的生活中。同时，它也影响到幼儿家长、幼儿园教师，影响幼儿家长、幼儿园教师与幼儿互动的方式。所以，这些也可以成为课程的内容。比如，为了引导幼儿热爱国家，让幼儿拥有文化自信，应当在课程当中让幼儿了解中国

文化的渊源、发展历史，以及当代优秀的中国文化，把幼儿与环境的互动深化为与文化的互动；又比如可以在一些具体的游戏活动中，了解当地的习俗。深度研究宏观系统对微观系统的作用来设计园本课程，要求幼儿园教师能够透过活动看到幼儿精神层面的发展可能，并把精神的发展嵌入儿童的具体活动中。

4. 用历史的、发展的眼光来看待乡村幼儿和乡村幼儿的环境，从时间维度来设计园本课程

幼儿及其环境系统都处在一定的时间系统中，也会随着时间的发展而改变。因此，每个幼儿都有自己的生命历程，他们应该明白自己生命和家族的历史，认识到自己和环境的发展变化，并从中学习到生命、自然、历史的意义。幼儿园教师能够从变化发展的角度来设计课程，能够让幼儿在认识事物的过程中了解到事情发展的规律。比如，让幼儿了解自己的生命历程，幼儿在家长的帮助下找到自己小时候的照片，进行排列，幼儿能够明白自己成长的过程，从而产生一种“我长大了”的自豪感，通过讲故事的方式，让幼儿了解自己所处环境的变化，了解历史的变迁、大自然的神奇，幼儿能够感受到自己祖国的强大，从而产生历史自豪感，也能够明白今天的生活来之不易。

三、教育生态学的内涵及其在乡村幼儿园园本课程构建中的应用

（一）教育生态学的理论内涵

自 20 世纪 60 年代以来，教育生态学研究逐步发展，教育生态学借助生态学的原理与方法，考察和分析教育系统的外部生态环境与内部生态环境及其对作为教育生态主体的教育生态系统与该系统中不断发展着的人的影响。①“教育危机”成为许多教育理论工作者和教育实践工作者共同关注的问题，并对其进行了相关研究。早在 1968 年，美国教育学者库姆斯就在其著作中指出：“自 1945 年以来，由于世界范围内同时发生了一系列变革——科学和技术，经济和政治，人口及社会结构方面——使所有国家都经历了异常迅速的环境变化。教育体制的发展和变化也比过去任何时候更快，但是教育体制适

① 范国睿. 教育生态学［M］. 北京：人民教育出版社，2014.

应周围环境变化的速度却过于缓慢，由此而产生的体制与周围环境之间的各种形式的不平衡，正是这场世界性教育危机的实质所在。”这些危机主要表现在过于陈旧的学习内容和学生学习需求之间的矛盾、学生学习和就业之间的矛盾等。也就是说，学生学习的内容已经远远滞后于学生和时代的需要，教育并没有机敏地对教育环境的变化和学生的学习需求作出反应，使得教育不仅不能有效地推动社会和学生就业增长，有的课程还会产生一些阻力。因此，把教育的发展放在整个社会的发展中来进行考虑，是教育系统的重要发展方向。以已有的教育生态学研究为参考框架，借助生态学的原理与方法，考察和分析教育系统的外部生态环境与内部生态环境及其对作为教育生态主体的教育生态系统与该系统中不断发展着的人的影响，就是教育生态学需要努力探讨的问题。

实际上，有关生态环境与人类行为的研究，大都关注学校情境中个体行为与环境的关系，这些其实也是教育生态学研究的重要方面，而把学校（幼儿园）作为一个系统甚至把教育系统作为社会的子系统，来研究学校环境或者教育环境对学校和教育的作用，则是教育生态学正式提出的开始。美国教育家克雷明在其所著《公共教育》一书中正式提出了“教育生态学”这一术语，并列专章进行探讨。国际教育评价协会主席胡森认为：“过去的教育研究注意力集中在个别儿童及其经历和学校成绩上，而现在则已转向研究构成儿童成长的教育环境的一系列因素。”①

我国的教育生态学研究还刚刚起步，如何将生态学的原理运用于对教育现象与教育问题的分析和研究上，是教育生态学的重要任务。生态学有很多的原理，但从根本上讲，贯穿于这些原理之中的基本的生态学思想在于：生态系统和生态平衡。

1. 生态系统理论

“生态系统”这一概念是由英国生态学家坦斯利首先提出的。生态系统是指一定地域（或空间）内生存的所有生物与环境相互作用的具有能量转换、物质循环代谢和信息传递功能的统一体。其基本点在于强调系统中各因子之间的相互联系、相互作用以及功能上的统一。生态系统是有边界、有范围、

① 中央教育科学研究所《世界教育展望》编辑组. 世界教育展望［M］. 北京：教育科学出版社，1983.

有层次的系统，任何一个被研究的系统都可以和周围环境组成一个更大的系统，成为较高一级系统的组成部分，而且，它本身又可以由许多子系统或亚系统构成。例如，幼儿本身是一个独特的生命系统，而幼儿的环境之一——他所进行学习的场所——幼儿园也是一个系统，同时幼儿园又处在整个教育系统当中，而教育系统又是社会系统的一部分。社会系统是由教育、政治、经济、文化、人口等系统共同构成的复合生态系统。

2. 生态平衡理论

生态系统也是一个相互联系的系统，不仅有机体与其环境之间存在着相互依存、互为因果的关系，而且，各子系统之间以及子系统与母系统之间也同样有着密切的联系，这种联系就是不断地进行能量、物质和信息的交流。由此可以说，生态系统的原理，也就是联系的原理、共生的原理。在生态平衡的状态下，生态系统的结构和功能处于相对稳定状态。其物质和能量的输入输出接近相等。生态系统的各子系统以及各生态因子的运动发展变化遵循物质运动的一般规律，是运动与平衡的统一。也就是说，保持生态系统的平衡，并不意味着保持生态系统的稳固不变。变化是宇宙间一切事物的最根本属性，生态平衡不是静止的平衡，它总会因系统内某一部分发生变化，引起不平衡，然后，依靠生态系统的自我调节机制或人为机制，恢复到原初的稳定状态，并进入新的平衡状态。当外来干扰超越生态系统的自我调节能力，而不能恢复到原初状态时，称为生态失衡。生态平衡是动态的。维护生态平衡不只是保持其原初稳定状态，而且是在人为的有益影响下，建立新的平衡，达到更合理的结构、发挥更高效的功能和获得更好的生态效益。可以说，正是这种由平衡到不平衡的反复过程，才推动了生态系统整体和各组成部分的发展和进化。因此，教育生态系统不仅处于与其他社会子系统的联系之中，处于教育生态系统内部各子系统的彼此联系之中，而且，这些联系又都是动态的联系，处于“平衡—不平衡—新的平衡”的运动、变化、发展当中。就教育生态系统内部的生态环境而言，同样包括自然环境、社会环境和规范环境这三类不同性质的环境要素。

综上所述，教育生态学是研究教育生态系统与各种生态环境及其构成要素之间关系的科学，它尤其侧重于考察各种教育生态环境及其构成要素对教育生态系统和作为教育生态主体的人的影响。

教育生态系统作为社会生态系统的子系统，遵循社会生态系统的运行机制和作用原理。教育生态学中应用较为广泛的原理主要有生态位原理、耐度和最适度原理以及限制因子定律。

生态位原理。生态位是传统生态学中一个基本的概念。生态位指在生物群落或生态系统中每个物种都拥有自己的角色和地位，即占据一定的空间宽度和时间长度，能发挥一定的功能。自然生态系统中的物种或种群只有生活在适宜的时空环境中才能得以延续。

耐度和最适度原理。耐度和最适度原理表示竞争力强的物种，其生理的最适场所与生态的最适场所的一致性。从教育生态系统角度看，教育发展的数量、规模和速度要在国民经济的承受范围内，否则即使发展了，最终还是要面临衰退的结果。教育生态的个体、群体、系统在自身发展的一定阶段上，对周围生态环境的各种生态因子都有自己适应范围的上限和下限，在此范围内主体能很好地发展，否则将走向反面。

限制因子定律。限制因子定律是英国植物生理学家布莱克曼于 1905 年在研究环境因子对光合作用的影响时提出的。研究发现，任何一个生态因子在数量上或质量上的不足或过量，尤其当接近或达到某种生物的耐受限度时，会使该生物活性衰退或不能生存。这表明因子处于最小量和过量时，都会成为限制因子。在教育生态系统中最主要的限制因子是能量流与信息流，能量流与信息流在低于或超过基本需求时都会限制教育的规模和质量。

（二）教育生态学在乡村幼儿园园本课程构建中的应用

教育生态学则从更加宏观的角度看到幼儿园及幼儿园教师在整个教育生态系统当中的状态和受到的影响①。

1. 运用教育生态学理论分析乡村幼儿在幼儿园的行为

教育生态学分析幼儿的行为，主要从空间环境的创设和环境对幼儿的影响来进行分析。首先，从空间上来说，乡村幼儿园本来的生存空间比较宽阔，幼儿在大自然当中能够奔跑、跳跃，但是原来的课程体系限制了幼儿的自由，

① 李国良，姬五胜，牛金成. 生态学视域下高职院校实践教学质量监控体系优化路径探析 [J]. 教育与职业，2023.

把幼儿限制在一个小小的空间里，甚至“绑”在一个凳子上，让儿童按照老师的指令来学习、生活。在这样的教育活动中，幼儿常常会出现一些不太适应的行为，内在的天性常常让他们在标准化的课堂当中状态百出，教师常常疲于应对。幼儿看似调皮的行为或者是违规的行为，实际上是幼儿在这样的环境中做出的正常的行为反应。而外界长期的压抑导致幼儿的天性逐步磨灭，他们变得缺乏自己的思考，人云亦云，也对丰富多彩的自然、社会活动渐渐失去了兴趣。因此，从这个角度来分析幼儿的行为，可以看到幼儿的行为很大程度上受课程的影响，课程环境的创设可帮助幼儿形成良好的心智和创造个性的土壤。

2. 运用教育生态学理论来评估乡村幼儿园的课程定位

教育生态学把幼儿园的发展置于整个教育系统甚至更大的社会政治、经济、文化系统当中来考量，评估本幼儿园的课程定位，以及园本课程开发的深度、步骤和发展方向。比如镇中心幼儿园，应当为乡村幼儿园提供一般课程框架，且因为镇中心幼儿园一般能够争取到比较好的社区资源、家长资源以及专家指导资源，所以这些幼儿园可以尝试开发比较系统的园本课程；而对于一些师资较为薄弱但定位高的幼儿园，可以考虑引入一些质量较高的课程，让幼儿园教师在培训和模仿中学习并进行园本化；对于一些园所条件较弱、资源比较少的幼儿园，则可以多发动家长，多利用自然和生活中的废旧物品来开发园本课程。

幼儿园所处的环境是幼儿所处的外围环境，也是园本课程目标设计的重要考虑因素。幼儿园所处的环境之所以会影响到园本课程目标的制定，是因为每一个幼儿园都必须要从自己的实际出发来设计自己的园本课程。比如：A 乡村幼儿园位于郊区，这个幼儿园既拥有城市的一些文化教育资源，又拥有乡村自然教育资源，这个幼儿园的教育目标的定位是让孩子认识与了解幼儿园的周边自然环境和周边城市环境；B 幼儿园身处偏远乡村，有着非常独特的自然资源和地域文化，从幼儿园所处地区来看，该幼儿园政治、经济、文化条件会比较单一，那么，幼儿对于这些环境特点的了解都应当纳入园本课程的目标设定当中。

3. 运用教育生态学理论解读乡村幼儿园教师在园本课程开发中的教育行为

从生态学的视角看幼儿园教师，每一个幼儿园教师都有自己独特的特点，有自己独特的生态位，同时，他们的信念和教育行为也受着环境的影响。园本课程开发的前提是幼儿园教师对于园本课程开发有高度的认同并具有相应的课程开发的能力，另外，还必须有强烈的开发园本课程的动力。从生态学的视角来看，幼儿园教师同样有着自己的生态环境，作为教师，他们也希望在教育系统当中获得认可和良好的专业发展。从幼儿园教师的环境来看，他们职业生活的微环境是幼儿园，幼儿园的物质环境和精神环境直接影响着幼儿园教师的状态。从物质环境上来说，乡村幼儿园在硬件条件上往往不及城市幼儿园，乡村幼儿园教师的待遇和生活的丰富性也往往不及城市幼儿园教师，加上乡村幼儿园教师往往在学历、专业能力上不占优势，他们往往认为自己其实没有课程开发的能力。因此，在园本课程开发的过程中，因为缺乏专家的指导和团队的带领，乡村幼儿园教师往往觉得园本课程的开发非常困难，而用传统集中教学的方式更加简便。

乡村幼儿园教师对于园本课程的理念及园本课程开发的实践受到以下一些因素的影响：

（1）幼儿园的物质环境对幼儿园教师园本课程开发的影响

幼儿园物质环境对教师进行幼儿园园本课程开发会有一些影响。环境的贫瘠会造成幼儿园教师的缺乏感，从而产生无从下手的感觉。所以，乡村幼儿园虽然说需要从自然中学习、从自然中取材，但是必要的校舍条件是需要的。陈鹤琴先生说过，对于幼儿园的基本设施需要重视，因为这些是幼儿园教育开展的必要条件。幼儿园基本的设施主要包括基本的桌椅、黑板或者白板、展示板，支持儿童操作活动的一些基本工具性的材料，比如，收集活动素材的袋子、篮筐、胶带以及纸笔等。到大自然当中去找学习的材料，并不是意味着所有的学习都可以在大自然当中完成，还需要有能在各种天气开展活动的场所、保暖设备等。所以，幼儿园的基本的物质环境需要保证。另外，有自然特色的充满创造力物质环境的打造，能够让幼儿园教师心旷神怡，获得心灵的富足感，所以帮助幼儿园教师打造具有自然教育特色的环境也很重要。

（2）幼儿园的精神环境对幼儿园教师园本课程开发的影响

幼儿园精神环境对幼儿园教师起着引领的作用，能够较为深刻地影响到幼儿园教师的课程理念。比如，一个幼儿园系统是积极的、开放的、民主的、包容的，该幼儿园的幼儿园教师能够感受到自己开发的创意被接纳，也会促使其产生比较多的创造性教育行为。

幼儿园的精神环境主要体现在一些标志性的语言和人的精神面貌中。因此，需要对幼儿园的文字展示、标志语言进行精心布置。比如蒙台梭利教育就把“三轻”“三不”的语言标志贴在显眼的地方，帮助幼儿园教师提升自己的精神文明素养。而幼儿园教师的精神面貌也是相互影响、提升的，需要整个幼儿园共同营造。

(3) 幼儿园的制度环境对幼儿园教师园本课程开发的影响

幼儿园的理念和制度直接影响到幼儿园教师对园本课程开发的态度，幼儿园教师在幼儿园的工作是为了获得自己的生存资源，同时能够获得集体的认同。因此，如果说幼儿园的精神理念能够影响幼儿园教师对于课程的理解，那么幼儿园的制度则直接地影响到幼儿园教师的课程抉择。比如说是在课程中选择按照传统的课程授课，还是自己开发课程，这些都和幼儿园是否把这些要求纳入教育制度以及是否采取相应的激励机制有关。

第二节　生态学视域下乡村幼儿园园本课程的具体构建

从生态学的视角构建乡村幼儿园园本课程，应把每一个乡村幼儿及其所在的幼儿园都视为一个独特的有机系统，在此基础上构建富有乡村特色的生活化的园本课程，并注重课程目标的生命化、系统化，课程内容的本土化、整合化，课程实施的生活化、游戏化，课程评价的多元化、过程化。利用系统的整体提升功能和边缘正向功能，有助于在园本课程开发与实施中促进乡村幼儿、教师和家长等各方面提升。

一、乡村幼儿园园本课程开发的生态要素分析

20 世纪 70 年代，联合国教科文组织开展的“人与生物圈计划”，使越来越多的现代人有了生态意识和价值取向。在我国，党的十九大报告明确提出了“建设生态文明是中华民族永续发展的千年大计”，深刻意识到生态文明对现代中国发展的重要意义。在学术界，有学者提出教育应是一种“生态模

式”，这是基础教育改革的未来[①]，在生态学视野中，考察学前课程已渐渐成为教育研究的新视角。[②] 作为地处大自然的乡村幼儿园，可运用生态学的视角构建乡村幼儿园园本课程，即把乡村幼儿及其所在的幼儿园置于生态学的考量之下，分析如何有效地促进乡村幼儿的身心发展。

一方面，从人类发展生态学的视角来看，每一个乡村幼儿都是一个独特的生命系统，身处一个特定的环境系统当中，其中影响他的微观环境主要包括乡村幼儿园教师和家长营造的学习与生活环境、幼儿园及园所周围的乡村自然环境、乡村活动场所、乡村精神文化等；中间系统包括乡村幼儿园教师与家长、乡村社会组织的联系等；外层系统包括乡村幼儿父母的工作、城郊、城市的幼儿园、城市的教育资源、附近的幼儿园教师培训资源等；宏观系统主要有中国及中国乡村的经济、政治、文化背景等。这些系统由内而外、从直接到间接地影响着幼儿的发展。而教育的作用在于有效地组织和整合环境中的教育生态因子来影响幼儿，使幼儿更好地适应周围自然、社会环境，同时实现社会对幼儿教育的诉求。因此，乡村幼儿教育应当有远大的社会视角，同时应采取贴近幼儿年龄特点、发展需要的实施方式，其课程目标的拟定、课程内容的遴选和课程实施方法的设计以及课程评价的导向都应体现这样的教育旨趣。(如图 3-2-1 所示)

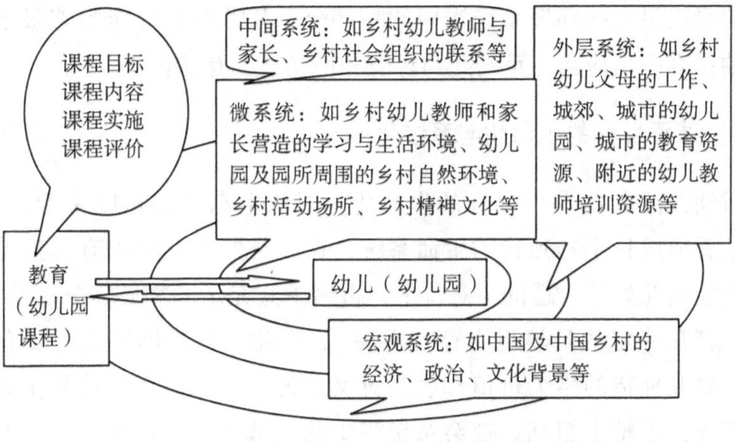

图 3-2-1　生态学视角下乡村幼儿园园本课程构建图

① 叶澜. 基础教育改革的未来走向 [J]. 今日教育，2015.

② 虞永平. 学前课程的多视角透视 [M]. 南京：江苏教育出版社，2006.

另一方面，幼儿园是教育系统当中的一个小系统，而教育又是社会系统当中的一个子系统，他们层层叠进、互相关联，有着不可分割的关系。因此，从乡村幼儿园自身的系统来看，其园本课程的建设首先需要全面提升自身系统，即园长、教师和家长都是课程建设的重要影响因素，他们共同影响着乡村幼儿的发展，成为课程建设的有利因素，互为促进关系。乡村幼儿园还需要和整个教育系统以及更大的社会系统进行良性的互动和交流，才能促进其自身质量的快速提升。

因此，在生态学视角下，乡村幼儿园园本课程应从课程目标、课程内容、课程实施、课程评价四个方面进行新的构思，即思考如何组织环境中的教育因子，以促进幼儿生命系统的全面发展和提升。

二、基于生态学的乡村幼儿园园本课程构想

生态学视角为乡村幼儿园进行园本课程的开发提供了全新的视角。人类发展生态学首先指出，儿童的发展并非只是家庭和学校教育的结果，而是在他的环境系统中自身有规律的动态发展的过程。教育生态学则进一步否定了封闭式的学校教育模式，而代之以开放的、整体的、动态的课程观。基于生态学的乡村幼儿园园本课程，把幼儿及其所在幼儿园看成一个独特的系统，又把他们看成更大的环境系统当中的一部分，其课程目标应当着眼于幼儿生命系统的提升，也应当注重幼儿与环境和谐相处、互相促进。

（一）课程目标的生命化与系统化

乡村幼儿园园本课程目标的生命化，即从生态学的角度来看，一方面，应把幼儿看成成长中的独特的生命系统，在大自然大社会中有其独特的生态位，只有使幼儿处于合适的生态位上，再给予其充足的物质养分和精神养分，才能帮助其在一定的环境里生存与发展。① 因此，在目标设定时要有幼儿视角，尊重幼儿独特的生命价值和生命意义。另一方面，乡村幼儿作为一个生命的有机体，是整个自然、社会系统当中的一部分，受自然、社会生态系统中各种因素的影响。因此，幼儿教育的重要使命就是协调环境对幼儿的影响并帮助幼儿和自己的生态系统良性互动，处理好自我和自然、社会的关系，

① 李斌，陈中．陈鹤琴学前教育思想的生态学解读与启示［J］．湖南第一师范学院学报，2018.

从而学会用正确的态度对待自己和周围的人、事、物。乡村幼儿园园本课程目标的系统化，即应该把幼儿的学习内容看成是帮助这个生命系统各方面整合发展、不断提升的系统性经验，应研究这些经验如何使幼儿获得系统的发展。当前幼儿园课程中存在着偏重身体保育，忽视幼儿心理健康教育；重知识技能学习，忽视幼儿情感德行的培养；重“静态”课程，忽视幼儿园课程的“动态”发展等问题①，借助生态学视角，应当构建以儿童身心整体发展为指向的系统性学习目标。当前一部分乡村幼儿园开始运用《3-6岁儿童学习与发展指南》进行分领域活动设计，却常常存在分科学习过度，重视语言、数学学习而忽视领域学习的现象。因此，乡村幼儿健康、语言、科学、艺术、社会五大领域的目标应当成为一个有机的目标系统，互相协调，不可偏废。

（二）课程内容的本土化与整合化

乡村幼儿园园本课程内容的本土化，即乡村幼儿园园本课程内容首先要考虑从乡村幼儿自己的生态系统，即“大自然、大社会”当中选择内容，要突出本土特色，而非首先选择和乡村幼儿生活距离甚远的城市化甚至国际化教育内容。从教育生态的演替规律来看，“幼儿教育可以被类比为从‘零’开始，这是教育生态的原生演替”②，即幼儿的年龄特点决定他们应以在眼前直接经验的学习为主，达到一定的直接经验积累，才可以理解间接经验。而以往的乡村幼儿园“教材内容脱离乡村幼儿生活实际，造成幼儿难以理解”③。因此，乡村幼儿的学习需要首先探索身边的事物，学习内容应以本土的事物、现象为主，以外围的事物、现象为辅。“试问离开乡村幼儿生态大背景的课程，如何能真正满足乡村幼儿的需求？”④ 从乡村特有的环境出发，构建富有本土特色的园本课程，才是最适合乡村幼儿生命发展的课程。乡村幼儿园园本课程内容的整合化，即针对系统化的生态教育目标，整合环境中对幼儿身

---

① 杨艳平．以生态主义视角审视当前幼儿园课程价值取向［J］．基础教育研究，2014．

② 李斌，陈中．陈鹤琴学前教育思想的生态学解读与启示［J］．湖南第一师范学院学报，2018．

③ 廖莉，袁爱玲．农村学前教育课程改革的路径选择——复杂性思维的视角［J］．华南师范大学学报（社会科学版），2015．

④ 廖莉，袁爱玲．农村学前教育课程改革的路径选择——复杂性思维的视角［J］．华南师范大学学报（社会科学版），2015．

心发展有利的重要内容来开展课程。课程生态化的本质是让幼儿身心系统得到整体、全面的提升和发展，而学习内容则需为幼儿身心发展提供系统性的关键经验。因此幼儿园课程内容要“密切联系幼儿自身生活、自然、社会生活”①。整合化的课程内容不仅仅指单科语文、数学的学科系统，而是指在幼儿这个生命系统的发展过程中起重要作用的基本要素，并对它们进行有效组合。如语文、数学的学科内容在乡村幼儿园常常备受重视，但是这些学习在幼儿阶段应该达到怎样的广度、深度？应该怎样学习？这些问题必须放在幼儿这个生命系统的成长过程中进行考量。

（三）课程实施的生活化与游戏化

乡村幼儿园园本课程实施的生活化，即从生态学的角度来看，首先，乡村幼儿园园本课程应当关注幼儿在自己的生态位上的经验和学习问题，善于在生活中促进幼儿的发展。幼儿园课程要“与幼儿的真实生活与社会经验相结合”②，让幼儿在生活、自然和社会中学习，书本学习只是作为对环境学习的参考。生活化的课程，是尊重幼儿已有的经验和发展水平，在生活中促进幼儿的发展。幼儿每一天的生活即他生命更新成长的过程，因此应注重在幼儿的生活过程中施加教育的影响，而不是把教育的内涵窄化为“上课”。游戏是幼儿的另一种存在方式，是幼儿独特的一种生命形式，是幼儿“反映周围现实生活的一种独特的社会活动”③，其本质是幼儿通过模仿和想象对周围现实生活的体验、学习和再创造。幼儿在游戏中既满足了对现实生活的体验，又获得了想象发展的空间，具有独特的发展价值。其次，从生态化的角度看乡村幼儿园园本课程的游戏化，则更多的是在游戏中让幼儿与乡村周围环境相联系。如游戏中有更多乡村自然与社会中的主题、游戏材料更多是乡村的自然物、游戏中有更多乡村民间游戏及传统文化渗透等，应该遏制当前乡村幼儿园游戏设置中主题城市化、设备高档化的倾向，贴近乡村幼儿的生活实际，在游戏中体现乡村幼儿教育的特色。

---

① 王丽娟．论陈鹤琴教育思想与教育生态化思想的契合和启示［J］．西北成人教育学报，2014.

② 李子建，杨晓萍，尹芳．中国大陆幼儿园统整课程的理念与设计——以重庆市幼儿园为例［J］．西南师范大学学报（人文社会科学版），2005.

③ 姜晓燕．学前儿童游戏教程［M］．北京：教育科学出版社，2020.

（四）课程评价的多元化与过程化

评价的多元化，即在幼儿园生态系统中建立多向互促的关系，幼儿的发展结果也应当是综合而非单一的。一方面，评价主体多元化。在以往的乡村幼儿园评价中，乡村幼儿园教师和家长往往具有较高的话语权，幼儿通常被当作评价的客体①。在生态化的园本课程评价中，乡村幼儿不应该只是课程评价中的客体，而应该是课程评价的主体。乡村幼儿应当焕发出自己独特的生命活力，对自己的生命发展充满自信，能客观地看到自己发展的优势和劣势，从而实现自己独特的生命价值。同时，专业教育评价机构的介入会增强课程评价的科学性，社会与家长评价可以增强教育的社会价值。另一方面，评价内容与方法应当多元化，采取综合评价的取向，质性评价和量化评价相结合。综合不同的评价主体及多样化的评价方法，才能让乡村幼儿园园本课程有更丰富的视角和更好的质量保障。

乡村幼儿的发展是一个动态的、持续的过程，对于乡村幼儿的评价也应当更多地注重过程性评价。乡村幼儿在与环境交互的过程中，不断地自我发现、自我建构。因此，乡村幼儿园园本课程的评价也应当是动态的而非静态的评价，要求乡村幼儿园教师更多关注乡村幼儿在现有水平上的发展变化而不只是现有水平。比如，可以更多地通过档案袋的方式评价幼儿，用文字、图片、摄像等方式记录下乡村幼儿的成长历程，结合幼儿该年龄阶段的发展任务，评估幼儿在活动过程中的发展过程和发展结果。

第三节　生态学视域下乡村幼儿园园本课程的实施困难与策略

一、生态学视域下乡村幼儿园园本课程的实施难点

虽然当前乡村幼儿园园本课程的开发对乡村幼儿教育的发展有着非常重要的意义，但当前乡村幼儿园园本课程开发与实施存在诸多困难，推动较为困难。

① 李斌，陈中．陈鹤琴学前教育思想的生态学解读与启示［J］．湖南第一师范学院学报，2018.

（一）乡村幼儿园园长、教师认识不到位

乡村幼儿园园本课程开发的主体是教师，而整个幼儿园的课程选择和决策的权力主要在幼儿园园长手中。乡村幼儿园园长、教师对园本课程的重要性和内涵缺乏认识，是园本课程没有办法启动和很好地开发的首要原因。笔者访问了几位乡村幼儿园园长，他们都赞同进行幼儿园园本课程开发，但是表示园本课程的开发需要额外耗费大量的人力、物力、资金，对教师的专业水平要求也很高，是一件“吃力不讨好”的事情，认为“在乡村幼儿园开发园本课程是不现实的”。在他们的观念当中，实际上是把园本课程当成是在原有课程上的一种补充，可有可无。所以，不需要为了一个可有可无的课程去耗费人力、物力和资金，而且开发一套全新的系统课程并不容易，对教师的水平有很高要求，绝大部分乡村幼儿园教师没有这样的课程开发能力。但幼儿园教师对于开发园本课程的兴趣还是有的，从已有的调研情况来看，大部分乡村幼儿园教师在回答园本课程的重要性方面大都持肯定态度，也表现出较强的学习愿望，但是他们主要的问题是无法确定园本课程的内涵；有些乡村幼儿园教师认为园本课程就是特色课程，也有一些教师认为园本课程的开发并不属于自己的工作和能力范围，而是课程专家的事情。

（二）乡村幼儿园园长、教师的课程开发能力不足

乡村幼儿园园本课程开发的过程中，幼儿园园长和教师的课程开发能力不足的问题凸显。主要表现在幼儿园园长和教师不知道从何下手，对于园本课程的整个开发过程感觉到迷茫。师资力量稍强的幼儿园有意愿开发属于自己幼儿园的课程，但是他们很难确定自己的课程是否能够达到幼儿园园本课程的标准，他们需要借助外在的力量来进行课程的审议，但是乡村幼儿园往往位置偏僻，不能很及时地得到专家的支持。师资力量偏弱的幼儿园更是觉得设计一个系统的课程难度太大，所以对于乡村幼儿园园本课程的开发，幼儿园园长、教师的课程开发能力的培养是一个非常重要的关口。

（三）缺乏有力的经济支持和制度保障

园本课程的开发本身是为了让幼儿园因地制宜、就地取材，来进行课程

的开发与实施。这样的课程最终能够帮助幼儿园走上经济办园的道路，但是前期也需要一些相关的费用，如聘请专家的费用、进行课程知识培训的费用、适当的一些教师奖励的费用、课程资源的搜集和编辑入库的费用，以便让园本课程能够启动，园本课程的目的之一就是使幼儿园节省开支，避免“富贵病”，对我国的乡村幼儿教育和乡村幼儿园的发展都有着深远的意义，然而，从之前的教育方式转变为一种新的教育方式，需要从管理层面和教师课程组织层面都要进行很大的改革，这并非易事。

制度保障的缺乏则是另外一个重要的因素。虽然《幼儿园教育指导纲要（试行）》已经隐含了园本课程开发的倾向，幼儿园近年来也禁止使用教材，但是却并没有相关的确切的制度来推动乡村幼儿园园本课程的开发，没有制度的推动，幼儿园教师也缺乏基本的动力。

（四）家长对幼儿园园本课程开发缺乏理解支持

乡村幼儿的家长知识水平相对较低，教育观念较为落后，且乡村还有大量的留守幼儿由爷爷奶奶监管。他们的观念还停留在以前传统的幼儿园的认识上，认为幼儿园的基本任务就是“读书认字”，常常回家问幼儿：“今天学了几个拼音，几个汉字？今天学了算数题吗？”乡村幼儿园要实行园本课程的开发，势必需要和家长共同来整合资源，形成教育的合力，共同推进课程的开展。但是乡村幼儿的家长更容易对园本课程产生困惑：“孩子天天都在外面疯，怎么去了幼儿园还是不进教室呢？”他们认为老师带领幼儿探索大自然、大社会就是在外面玩、“不务正业”，很难看到园本课程对幼儿身心发展的重要意义。

（五）户外活动增多导致教育过程中安全问题隐患增多

乡村幼儿园园本课程的实施对乡村幼儿园教师提出了另一个挑战，就是乡村幼儿园教师需要更多地带领幼儿到户外进行活动，增加了安全隐患，对乡村幼儿园教师活动组织能力和危机干预能力的要求提升。首先，户外场地的环境的多变和不可控性是安全隐患增多的一个重要原因。自然环境相对于幼儿园室内环境，地理环境的预测性和可控性变低，地势可能高低不平，虽有山川、河流等自然风光可以陶冶情操，增加认知的机会，但同时这些对幼儿的吸引力也较强，导致幼儿可能因为兴奋或者被环境吸引而难以专注听教师的指令，容易脱离群体。其次，因为户外活动范围增大，不如园内范围小且有多人监管，而且户外活动的场地还可能遇到一些环境的突发的情况，这样也增加了教师管理的难度。再次，乡村幼儿长期习惯了在幼儿园内部进行活动，对幼儿园户外的活动缺乏规则意识，很容易一到户外就规则意识薄弱，忽略规则而导致安全隐患；最后，乡村幼儿园教师也缺乏户外活动的组织经验和专业的训练，对于户外活动的风险管理意识、能力不强，也可能导致在户外活动当中出现幼儿受伤或丢失的情况。

二、生态学视角下乡村幼儿园园本课程开发与实施策略

从生态学视角来看乡村幼儿园园本课程的开发，它是一个系统工程，涉及国家层面的经济保障制度和技术支持、幼儿园层面的管理和教师层面的专业提升。

（一）避免“花盆效应”，充分挖掘乡村幼儿园的园本课程资源

参照吴刚平、叶澜、徐继存等人的相关论述，课程资源指可以参与到乡村幼儿园园本课程设计、实施、评价等过程中的一切可利用的资源的总和。从生态学的角度理解幼儿园园本课程的开发和实施过程，其实就是组织生态环境中有利的教育因子即课程资源对幼儿施加影响的过程。“花盆效应”也称为局部生境效应。在花盆中的植物，因为被人为地阻断了外界生态环境的交流，其适应阈值下降，生态幅度变窄，生态可塑性下降。① 为了避免花盆效应，应看到乡村幼儿环境中的园本课程资源对幼儿身心发展的重要价值，充分挖掘幼儿周围环境中的教育资源而非人为阻断外界有利教育因子对幼儿的影响。乡土课程资源开发作为促进乡村学校课程内容与乡土文化融合的重要手段，是推动乡村学校特色发展的主要途径，也是推进乡村教育振兴、实现乡村教育现代化的有效路径。② 参照布氏的人类发展生态学理论，乡村幼儿园周围环境系统有着丰富的自然资源、乡村特色的精神文化资源以及人力资源和社会资源，这些课程资源从内到外，离幼儿的距离由近及远，能获得直观

① 李斌，陈中．陈鹤琴学前教育思想的生态学解读与启示［J］．湖南第一师范学院学报，2018．
② 赵鑫，涂梦雪，王安娜．乡村振兴背景下乡土课程资源优化策略［J］．教育评论，2020．

材料的可能性由高到低，对幼儿的教育影响也从显性到隐性。[①] 因此，也应当由内而外、由近及远地开发课程资源，并把隐性的课程资源的教育价值渗透于显性的课程资源中。

（二）发挥幼儿园系统功能，促进课程、教师、家长的互相提升

幼儿园是一个独特的系统，影响幼儿园课程质量的两大关键因素是课程质量和教师专业水平。而从幼儿园整个系统来看，幼儿园教师的发展和幼儿园的课程开发密不可分、互相促进。《幼儿园教师专业标准》的基本理念是“幼儿为本、师德为先、能力为重、终身学习”，可见，根据幼儿身心发展规律设计和实施课程，从而有效促进幼儿的身心发展是幼儿园教师的核心专业素养之一。与此同时，幼儿园教师的专业素养必须在幼儿园课程的开展中不断得到提升。因此，要摆脱当前乡村幼儿园课程质量和教师专业水平的困境，可以抓住园本课程开发的契机进行幼儿园系统性的提升。一方面，运用“内研讨、外培训”的方式提升乡村幼儿园教师对幼儿身心发展和课程开发的知识储备。另一方面，通过园本课程开发与实施，让幼儿园教师从课程实施者和幼儿的管理者变成幼儿的观察者、促进者、研究者、合作者，从而激发幼儿园教师的专业发展潜力。

家长本应是乡村幼儿园园本课程开发的重要资源，然而当前乡村幼儿家长的教育观念仍然比较落后，亟须在课程开发中得到提升，而乡村幼儿园教师的专业地位还有待提升，尤其是乡村民办幼儿园，为了争取生源、迎合家长，常常选择一些脱离幼儿生态环境的知识或城市化甚至国际化的课程吸引家长的眼球。因此，教育部门应当高度重视，在开发园本课程中提升乡村幼儿教育的专业地位和乡村家长的教育观念。而在开发园本课程时，幼儿园教师则可以利用家长作为课程资源，设计更多亲子活动，让幼儿家长在课程参与中获得成就感，提升育儿能力和教育观念。

（三）挖掘乡村幼儿园的“边缘”正向作用，寻求环境中的有力支持

乡村幼儿园在整个国家教育系统当中，似乎是处于“边缘”的不利地位。

① 李重阳，李国强，施东城. 农村幼儿园园本课程资源开发探析——基于陈鹤琴的“活教育”思想［J］. 当代教育理论与实践，2020.

然而，这种“边缘”的生态位也有正向的效果，即乡村幼儿园往往环境优美、空气清新、地域文化富有特色，尤其是一些少数民族地区，园本课程资源更是非常丰富。这样独特的生态位常常引起教育行政部门的重视和学术机构的研究兴趣。因此，应把乡村幼儿园的“边缘劣势”转化为“边缘优势”。一方面，要积极发挥国家教育行政部门和学术机构、培训机构对乡村幼儿园教育的导向、调控和助推作用，建立起“国家—省—市—县—乡”的层级培训网络系统，利用当前国家实施乡村振兴战略的契机，推进乡村幼儿教育振兴。另一方面，乡村幼儿园在自身园本课程开发与实施的过程中，不只是一个被动接受的个体，而应主动寻求环境中的社会支持，如积极寻求教育行政部门、专业学术机构的支持和家庭、社会各种人力、物力资源的帮助，挖掘自身的特色，打造自己的园本特色课程。

总之，生态学视域下的乡村幼儿园园本课程，应把乡村幼儿及其所在的幼儿园都看成一个独特的系统，明晰幼儿自身和周围的自然、社会环境的关系，帮助幼儿与之进行良性互动，促进乡村幼儿在适应周围环境的同时身心健康和谐地发展。应当把乡村幼儿从幼儿园封闭的学习空间中解放出来，真正走向大自然、大社会，从而促进其富有生命意义的学习与发展。

（四）联合家园力量，系统性保障幼儿户外活动安全

首先，要建立户外活动的安全保障，幼儿园自身要有完善的户外活动安全管理制度和相应的措施。在活动开展前，教师先要探地，详细了解在路途中及目的地的学习资源、安全隐患，全面规划活动流程，做好详细的活动实施方案和安全预案。教师探地需要详细考察在路上可能遇到的危险，以及预计天气情况及环境可能发生的变化，选择相对比较安全的平地作为幼儿户外活动场地。活动的安全预案中要求细化到每一个环节并责任到人，让每个环节都没有漏洞。

其次，要加强幼儿的户外活动常规安全教育，并在户外活动的过程中随时进行安全教育。活动前都要提前描述活动的过程及可能存在的风险，约定好活动过程中需要遵守的规则以及违反这些规则会导致的结果，帮助幼儿树立户外活动安全意识，并提前组织幼儿进行突发事件的应对训练。户外活动环境是为幼儿准备的，当然，在幼儿遵守规则的前提下，还是要看到幼儿是一个有着安全认知和控制能力的个体，在过程中要锻炼幼儿的危险认知和对

环境风险的自我管理能力。幼儿是环境的主人，他们在与环境互动的过程中积累了丰富的感性经验和安全认知经验，及时的“自我表征”和反思能帮助幼儿提升经验，从而提高风险预判能力。① 幼儿通过在一次次和环境互动的过程中增加安全判断的能力，提升自身对环境的适应能力，同时让幼儿参与规则制定，通过对不同年龄段的儿童的安全隐患分析，有所侧重地关注不同年龄段幼儿在户外活动中的安全风险防控要点，实施有针对性的引导和教育，从安全意识、活动常规、动作发展、同伴关系各方面，提升幼儿自身在户外活动中的安全风险防控能力。② 比如小班的儿童可能动作发展不到位、规则意识不强，可以对小班幼儿加强规则意识的培养，并且进行更加严密的监管，中班儿童社会交往技能欠缺，需要进行社会交往技能的培养，大班儿童的主见性较强，容易产生冲突导致一些突发情况，需要进行协调和安全教育。

最后，幼儿园对乡村幼儿园教师进行安全保障的培训。同时，让家长参与户外活动的组织和实施，既能够给幼儿提供更多的亲子互动机会，也能够降低风险。可以请有意愿的家长成立户外活动安全保障小组，提前排除安全隐患，并在活动过程中帮助幼儿园教师组织活动，分小组对幼儿进行安全的监管。同时，家长参与教育活动之前也需要进行培训，对于自己的角色定位、课程功能和安全保卫职责要作充分的了解。幼儿园可以采取家长会、家长座谈、亲子活动等多种形式，向家长宣传家庭安全教育的重要性并给予必要的指导。③ 同时，幼儿园教师要加强和家长的沟通，帮助家长主动学习安全知识，帮助教师做好活动策划，在过程中能够有效地对幼儿的安全进行监管。

① 番婷. 儿童本位的幼儿园户外活动安全风险防控策略［J］. 课程教材教学研究（教育研究），2023.

② 朱琳. 幼儿户外活动中的安全风险防控现状及预防措施［J］. 云南教育（视界综合版），2023.

③ 卢明. 幼儿园户外活动安全问题探析［J］. 学苑教育，2021.

第四章　生态学视域下乡村幼儿园园本课程资源的开发与利用

新时期乡村学前教育的发展意义重大，发展乡村学前教育是新颁布的《国家中长期教育改革和发展规划纲要（2010—2020 年）》确定的工作重点。① 然而，一方面，当前我国乡村幼儿园忽视园本特色课程资源开发，严重“小学化”的教育方式禁锢了孩子的自由，限制了孩子的发展，与我们发展乡村幼儿教育的初衷背道而驰。另一方面，乡村幼儿园周边环境优美、物产丰富、地理文化各异，又独具幼儿教育的资源优势。著名建构主义心理学家皮亚杰认为幼儿大都处在前运算思维阶段，他们学习事物主要依靠直接感知，应当从身边的事物当中去学习。② 美国著名教育家杜威提出教育应当“从做中学”，我国著名教育家陈鹤琴也提出“活教育”理论，指出“大自然、大社会是最好的教材”③。课程资源是课程良好开展的基础和前提，根据新颁布的《3-6 岁儿童学习与发展指南》的指导，开发属于乡村幼儿园的园本特色课程资源并加以合理利用，不仅可以改变当前乡村幼儿园严重“小学化”的现状，还可以形成乡村幼儿教育的优势和特色，同时对我国新乡村建设以及和谐社会建设也有着积极的促进作用。

园本课程开发是指幼儿园教师通过挖掘、利用园内外的课程资源形成幼儿园的课程计划并不断改进的整个过程。④ 由此可见，园本课程是与幼儿园现实情况相适应的基本课程，而园本课程资源开发是园本课程开发的首要和关键。

---

① 刘占兰. 农村学前教育是未来十年发展的重点——《规划纲要》确定普及学前教育的重点与难点 [J]. 学前教育研究，2010.

② 皮亚杰. 教育科学与儿童心理学 [M]. 傅统先译，北京：文化教育出版社，1981.

③ 陈鹤琴. 活教育 理论与实践 [M]. 上海：华华书店，1949.

④ 李爱华. 幼儿园园本课程开发的策略 [J]. 吉林省教育学院学报（上旬），2012.

那么，什么是园本课程资源？本文参考吴刚平、徐继存等人的相关论述，采用广义的课程资源的概念，认为园本课程资源指有利于实现幼儿园自身课程目标，可以参与到幼儿园园本课程设计、实施、评价等过程中的一切可利用的课程要素的总和，包括物质资源、精神文化资源、人力资源及社会资源等。

第一节　“活教育”生态学思想下的乡村幼儿园园本课程资源的开发

生态学的课程观，认为幼儿是在与环境的互动当中学习和发展起来的，要注重环境对幼儿身心发展的影响，同时利用身边一切有利的资源对幼儿施加教育。陈鹤琴的“活教育”思想强调学习的内容来自周围环境，学习的资源也同样应从周围环境中去获取。然而，对于乡村幼儿园课程资源的开发，幼儿园教师除了需要找到这些资源，还需要明确这些资源对于乡村幼儿发展的独特意义，也就是陈鹤琴所说的幼儿学习的目的是明确“做什么样的人”“如何做人”，即从自己的生态位出发，了解自己的角色和地位，也知道如何与环境和谐相处。所以，运用陈鹤琴的“活教育”思想，分析乡村幼儿园园本课程资源的开发，能够比较系统地对幼儿园身边的课程资源进行挖掘和运用。陈鹤琴先生的“活教育”思想吸收了杜威的“教育即生活”“做中学”及陶行知的“生活即教育”“教学做合一”的思想，强调要从中国本土的实情出发办教育，重点阐述了中国幼儿教育应有的理念和做法。陈鹤琴的“活教育”思想强调要从周边“大自然、大社会”获取教育资源，因此蕴含了丰富的课程本土化思想，不仅指明了园本课程资源开发的重要意义，也为幼儿园明确其园本课程资源开发的目标、内容和方法提供了重要的理论依据。

一、“活教育”思想下乡村幼儿园园本课程资源开发理论探析

（一）“活教育”的园本课程资源开发目标

幼儿园课程最为核心的方面是该课程所依据的教育哲学以及所反映的教育目的，这是幼儿园课程的价值取向也即教育理念之所在，幼儿园课程的其

他成分都是在此基础上产生和发展的。[①] 由此可见，幼儿园课程资源开发最终是为了实现教育目的。陈鹤琴提出：“‘活教育’的目的就是做人，做中国人，做世界人。”[②]“做人”是“活教育”最为一般意义的目的，即人要处理自己和人类、世界的一般关系。然后，陈鹤琴提出了具体的要“做中国人”的目标。“今天我们生在中国，是一个中国人，做一个中国人与做一个别的国家的人不同。”[③] 接着，陈鹤琴再进一步提出“做现代中国人”，进而体现时代精神。他认为“做现代中国人”必须具备以下条件：一是要有健全的身体；二是要有建设的能力；三是要有创造的能力；四是要能够合作；五是要有服务精神[④]。这五个条件突出了“做现代中国人”所必备的良好素质及其肩负的历史责任感和使命感。首先，陈鹤琴先生的“做人教育”对我国幼儿园园本课程资源的开发目标提出了基本要求，即要开发和利用所有的课程资源帮助幼儿学“做人”。“幼儿个体的健康和谐的发展与其将来学会做人而必须具备的做人的态度、良好的习惯、健康的情感和兴趣、学习的方法、人生的技能有密切的关系。因此，‘活教育’目的论的‘做人教育’是当今深化幼儿教育教学改革所应追求的目标和理念。”[⑤] 同时，“活教育”的目的论还体现了陈鹤琴对教育目标的整体性和特殊性的辩证观，即从“做一般意义上的人”到做“当时、当地的人”。因此，幼儿园园本课程的目标，应当是对陈鹤琴“活教育”目标中“做现代中国人”的进一步具体化、本土化。幼儿园园本课程资源开发应从幼儿所面临的具体环境和要解决的具体问题出发，寻找相应的课程资源进行课程建构，以帮助幼儿做“当时、当地的人”。

（二）“活教育”的园本课程资源开发内容

在“活教育”大目标的基础上，针对传统教育过分迷信课堂书本知识的缺点，陈鹤琴提出“大自然、大社会都是活教材”的“活教育”课程论。

陈鹤琴所谓的“活教材”是指让儿童在与自然、社会的直接接触中，在亲身观察中获取经验和知识。陈鹤琴说：“要晓得书本上的知识是间接的、死

① 朱家雄. 幼儿园课程论［M］. 北京：中央广播电视大学出版社，2007.
② 陈鹤琴. 陈鹤琴教育思想读本：活教育［M］. 南京：南京师范大学出版社，2012.
③ 陈鹤琴. 陈鹤琴教育思想读本：活教育［M］. 南京：南京师范大学出版社，2012.
④ 陈鹤琴. 陈鹤琴教育思想读本：活教育［M］. 南京：南京师范大学出版社，2012.
⑤ 唐燕. 陈鹤琴“活教育”理论对我国幼教改革的启示［J］. 学前教育研究，2008.

的，大自然、大社会才是我们活的书、直接的书。”[①] 但是，应该看到，“活教育”的课程论并不是要摒弃书本，而是要摒弃“书本万能论”的错误观念。他指出：“并不是因为读了书才变成了呆子，而是他们只晓得一味读书，而不去和真正的书——大自然、大社会接触，才变成书呆子的。”[②] 因此，“应该以实物做研究对象，以课本做辅佐参考”[③]。接着，他把“活教育”的内容具体化为“五指活动”，即健康活动、社会活动、科学活动、艺术活动和文学活动；把教室也改成“五指活动场所”，并提出五指活动互相联系，是“整个的教育”。陈鹤琴提出“活教育”的课程内容应当来自“大自然、大社会”，因此，幼儿园课程的内容其实主要应来自儿童身边的“大自然、大社会”。《3-6岁儿童学习与发展指南》也指出：“要珍视游戏和生活的独特价值，创造丰富的教育环境，合理安排一日生活，最大限度地支持和满足幼儿通过直接感知、实际操作和亲身体验获取经验的需要。”[④] 因此，从幼儿园周围环境中寻找教育资源让幼儿进行直接的学习，是“活教育”园本课程建设的基本任务。另外，能够有利于园本课程实施的各种要素都是园本课程资源开发的内容，如各种有利于幼儿学习的社会场所、人力资源、社会组织等。

（三）“活教育”的园本课程资源开发的方法

陈鹤琴提出“活教育”教学方法有三大原则：

（1）“做中学，做中教，做中求进步。”[⑤] 他强调：“‘活教育’并不注重过去班级教学的课程，而着重于室外的活动，着重于生活的体验。”[⑥]（2）“使小孩子获得均衡的发展，而不是专门培养儿童的某一技能，或使他们精习某一特殊学科。”（3）“自动的研究”[⑦]，另外还有“积极的鼓励、具体的比较”“分组的学习”“集体的竞赛”等原则。陈鹤琴还将“活教育”的教学过程分为四个步骤：① 实验；② 参考；③ 发表；④ 检讨。[⑧] 老师和学生共同检

① 陈鹤琴．陈鹤琴教育思想读本：活教育［M］．南京：南京师范大学出版社，2012.
② 陈鹤琴．陈鹤琴教育思想读本：活教育［M］．南京：南京师范大学出版社，2012.
③ 陈鹤琴．陈鹤琴教育思想读本：活教育［M］．南京：南京师范大学出版社，2012.
④ 李季湄，冯晓霞．《3-6岁儿童学习与发展指南》解读［M］．北京：人民教育出版社，2013.
⑤ 陈鹤琴．陈鹤琴教育思想读本：活教育［M］．南京：南京师范大学出版社，2012.
⑥ 陈鹤琴．陈鹤琴教育思想读本：活教育［M］．南京：南京师范大学出版社，2012.
⑦ 陈鹤琴．陈鹤琴教育思想读本：活教育［M］．南京：南京师范大学出版社，2012.
⑧ 陈鹤琴．陈鹤琴教育思想读本：活教育［M］．南京：南京师范大学出版社，2012.

验学习成果、互相学习、互相批评、总结经验、吸取教训。它们同样体现了以“做”为基础的幼儿主动学习。“活教育”的课程实施方法以幼儿“做”为主线，在“做”的过程中，让幼儿实际操作、直接感知和亲身体验以获得身心和谐发展。因此，“活教育”的园本课程资源开发首先就是寻找可供幼儿“做”的或能帮助幼儿“做”的各种资源。这里陈鹤琴所说的“做”，首先是指做实验，更广泛意义上的“做”则是指幼儿亲身感知、亲手探究、亲自体验的主体性学习过程，应当包括幼儿的观察、实验、操作、体验等过程。其次，“活教育”的园本课程资源开发还应当包括对这些可“做”的资源的教育价值的挖掘，因为所有的人力、物力、社会资源的开发都是为了帮助幼儿去“做”并要在“做中学，做中思，做中求提升”。

二、“活教育”指导下的乡村幼儿园园本课程资源开发

（一）开发目的：帮助乡村幼儿“做热爱乡村的现代中国人”

陈鹤琴提出，“活教育”的目的就是“做人，做中国人，做现代中国人”。做人，在不同的环境、不同的时代有不同的内涵，也就是要处理的各种关系不同。具体到乡村幼儿园，就是要教幼儿首先处理好自己与乡村自然、社会的关系，培养幼儿在“做人，做中国人，做现代中国人”的基础上，还要“做热爱乡村的现代中国人”，尤其是在当前我国乡村振兴战略背景下，应当从小培养乡村幼儿热爱乡村、研究乡村、建设乡村的自豪感、责任感和使命感。“乡村幼儿园园本课程目标的价值取向兼顾儿童发展与社会发展”①，乡村幼儿园园本课程资源开发的最终目的是达成乡村幼儿园的教育目标。因此，一方面，从社会的角度来看，开发园本课程资源是为了帮助乡村幼儿认识自我并处理好自我与周围环境的关系，从而学会用一种正确的态度为人处世。在开发课程资源的时候，应当注重开发有乡村特色的物质资源和优秀的精神文化资源，从而树立其对乡村的热爱和自信心。另一方面，从幼儿的角度来看，幼儿的学习主要是直接学习，因此课程资源的开发要尽量有助于幼儿直观感知或操作，帮助幼儿在与自然、社会互动的过程中获得知识和能力的提升，并培养对乡村的归属感、对自然的热爱、对社会的感恩。

① 朱虹.“活教育”理论对农村幼儿园园本课程开发的启示［J］.现代教育科学，2010.

（二）开发内容：乡村幼儿生活的“大自然、大社会”中的课程要素

幼儿的学习内容既要遵循教育目标，又要合乎幼儿的生活与身心发展实际。因此，在考虑教育目标的基础上，乡村幼儿园课程资源开发的内容首先是乡村幼儿生活的“大自然、大社会”中的各种适合幼儿学习的材料。参照布朗芬布伦纳的人类发展生态学理论，我们可以把乡村的“大自然、大社会”影响幼儿发展的课程环境要素分为四个层面：（1）微观系统课程要素。微观系统作为整个网络系统的核心，包括家长、教师等与儿童最亲密的其他人员以及与儿童最近的自然环境和社会环境等。乡村幼儿的课程环境微观系统要素主要有教师、园长、家长以及幼儿园（家庭）周边的乡村地理地貌、自然现象、动植物、非生物以及房屋、村落、集市、城镇和商店等。（2）中间系统课程要素。中间系统是指影响儿童发展的各微观系统之间的联系，强调各微观系统之间的沟通交流，其沟通越活跃、越有效，越有利于儿童发展。这里主要包括家园之间的联系、幼儿园与社区的联系等。从中间系统的课程资源开发来看，主要应当加强幼儿园与家庭、社区的联系，优化他们之间的关系。（3）外层系统课程要素。外层系统是指处于发展中的个体没有直接主动参与的，但却对个体产生间接影响的环境系统。包括不和幼儿产生直接影响的各种周边环境，如父母的工作单位、附近城郊、城市的幼儿园、城市的科技资源等。（4）宏观系统课程要素。宏观系统是指影响微观系统、中间系统和外层系统在内的个体所处的整个社会的组织、制度及文化背景。对于乡村幼儿来说，主要有中国乡村的经济、政治、文化背景等因素。这几层课程资源由内而外，和幼儿的距离由近及远，能获得直观材料的可能性由高到低，对幼儿的影响从显性到隐性。因此，应当首先注重开发微观系统中直接和显性的课程资源，然后再开发中间系统、外层系统和宏观系统中间接和隐性的课程资源，并把间接、隐性的课程资源的教育价值整合渗透在直接、显性的课程资源中。

（三）开发方法：围绕乡村幼儿的“做中学”寻找课程资源

陈鹤琴指出，“做”是幼儿学习的基础，也是“活教育”方法论的出发点。因此，围绕“做”来开发与利用各种课程资源，是开发乡村幼儿园“活教育”园本课程的基本途径。

第一，充分发掘可供幼儿去“做”的乡村幼儿园物质资源、精神资源。物质资源和精神资源是课程开发的重要资源。陈鹤琴的“活教育”的“做中学”主要分为四个步骤，即实验、参考、发表、检讨。因此，在课程资源开发当中，首先要关注的是可供幼儿“做”的直接的课程资源有哪些，也就是能够让幼儿直接观察、探究、体验的课程资源，这些课程资源往往是物质资源。如先让幼儿直接通过观察、实验、体验的方式和周围环境中的动物、植物、无生命物质互动，获得相应的经验和知识。然后“参考”别人的间接经验，通过阅读相关的书籍，多渠道地获取相关知识和信息以丰富自己的间接经验。再通过相互的自由发表意见、互相交流促进幼儿之间的共同学习、自我反思，从而达到让幼儿“做中学，做中求进步”的目的；其次，周围环境中的“精神资源”也应当尽可能转化成为幼儿可“做”的资源。如中国的“茶文化”，可以转化具体的“观茶、采茶、制茶、沏茶、品茶”等活动，让幼儿从“做”中体验文化，学习茶文化。

第二，教师、家长是在“做中教，做中求进步”的人力资源。人力资源也是园本课程开发的重要资源，在乡村幼儿园，主要的人力资源首先是幼儿园教师和家长，其次还有社会上可以利用的其他相关人员。“‘做中学’，儿童才有浓厚兴趣，才能积累经验、灵活运用。‘做中教’，教师的引导、解惑才有源头活水，教与学才有了生动、真切的默契。”① 教师要成为幼儿“做”的学习的推动者，就需要和幼儿一起“做”，一起观察、实验，一起阅读、参考，一起表达和创作，一起批评和研讨，在和儿童共同发现、学习的过程中做幼儿学习的支持者。因此，幼儿园教师要想了解儿童、支持儿童，就要和幼儿一起“做中学，做中求进步”。然而，教师的“做中求进步”，不仅仅是和幼儿一起探究世界，同时在“做”的过程中还要研究儿童，如研究哪些是幼儿感兴趣的内容、哪些是对幼儿发展最有益的经验，从而寻找相应的材料来支持、指导幼儿的学习，这其实也是幼儿园教师专业发展的最佳途径。在此过程中“教师教幼儿，幼儿教教师”，教师、幼儿之间相互启发，共同去“做”、去“探究”，从而达到师幼互促，教学相长。幼儿园教师、家长和幼儿一起“做中学”，并不是幼儿园教师、家长被动地跟着幼儿做，而是有计

① 崔利玲. 基础教育国家级教学成果奖巡礼（二）——单元课程的实践建构：陈鹤琴“活教育”思想的传承与发展 [J]. 江苏教育研究，2015.

划、有组织地促成幼儿系统地学习，从而获得相应的关键经验和核心素养。

第三，幼儿园在“做”中寻求社会资源的支持。园本课程中的社会资源主要是指在园本课程建设过程中应寻求社会上相应的课程支持要素，包括社会组织和社会其他个体资源。如幼儿需要学习畜牧业方面的知识，需要了解奶牛产奶的知识，可以到当地养殖大户或幼儿家中寻找课程资源，获得相应支持；幼儿需要游戏场地和材料，可以寻求当地政府及当地住户的支持。在乡村，虽然开发这些社会资源相对比较困难，但可通过加强和周边社会的联系等方式，获得当地社会的各种支持，对课程质量的提升是非常有益的。总之，乡村幼儿园应从自身环境和条件出发，充分挖掘环境中一切可利用的课程资源并加以有效的利用，帮助幼儿探究周围的“大自然、大社会”，学会“做人、做中国人、做现代中国人、做热爱社会主义新乡村的现代中国人”，乡村幼儿教育才能真正“活”起来。

第二节　基于《3-6 岁儿童学习与发展指南》的乡村幼儿园园本课程资源开发路径探析

一、《3-6 岁儿童学习与发展指南》对乡村幼儿园园本课程资源开发的指导作用

为了指导幼儿园和家庭实施科学的保育和教育，促进幼儿身心全面和谐发展，我国教育部在 2001 年颁布的《幼儿园教育指导纲要（试行）》的基础上，于 2012 年颁布了《3-6 岁儿童学习与发展指南》（以下简称《指南》）。《指南》由“说明”与“正文”两个部分组成。“说明”首先指出了《指南》制定的背景与目的、目标与作用、内容与结构以及实施原则。“正文”则从3~6岁儿童学习与发展的五个领域即“健康”“语言”“社会”“科学”“艺术”分别描述了幼儿的学习与发展。五个大的领域包含 11 个子领域、32 个目标，每个目标又进行了分年龄阶段的目标分解和表述。《指南》的颁布给乡村幼儿园园本课程资源的开发提供了宏观的指导，还提供了具体的建设性的思路。

（一）《指南》为乡村幼儿园园本课程资源的开发目标提供了宏观指导

首先，《指南》“以为幼儿后继学习和终身发展奠定良好素质基础为目标，以促进幼儿体、智、德、美各方面协调发展为核心”“重视幼儿的学习品质”，让幼儿度过快乐而有意义的童年，这些为乡村幼儿园园本课程资源开发提供了总的目标指导，即开发乡村幼儿园课程资源是为了幼儿的全面发展，应当注重课程资源开发的全面性、整体性，且这些资源应对幼儿的学习品质和终身发展能力有促进作用。

其次，《指南》中的32个目标分别对幼儿各年龄阶段末期应当知道什么、能做什么、大致可以达到什么发展水平提出了合理期望。这些目标可以作为乡村幼儿园教师开发园本课程资源的基本目标。如：科学领域的子领域“科学探究”中的目标“亲近自然，喜欢探究”，乡村幼儿园教师可以根据这个基本目标来具体制定幼儿相关生活活动、区域活动和集体教学活动的目标，并据此来开发幼儿生活中可以亲近的自然资源和可以供幼儿探究的现象和材料。

（二）《指南》为乡村幼儿园园本课程资源的开发内容提供了方向指引

首先，《指南》要求“关注幼儿学习与发展的整体性”“尊重幼儿发展的个体差异”，指出“幼儿的学习是以直接经验为基础，在游戏和日常生活中进行的”。由此可见，幼儿学习的经验是以直观经验为主，且应该是整体的而不是分裂的，是有个别差异而不是整齐划一的。陈鹤琴先生的“五指活动课程”也启示我们，幼儿的教育应注重差异性和整体性，幼儿的教育是有领域的，也是“整个的教育”，因此，在开发课程资源时，应就一样事物开发它多样的教育价值，组织综合性的活动。

其次，《指南》从健康、语言、社会、科学、艺术五个领域描述幼儿的学习与发展，并提出3–6岁各年龄阶段儿童学习与发展的目标、各年龄段典型的发展表现和相应的教育建议。为了达成这些学习与发展目标，就需要寻找相应的课程资源。因此，可以先把适合3–6岁儿童学习的乡村幼儿园园本课程资源进行分类挖掘，形成园本课程资源库，再根据五大领域的目标分领域加以教育价值的开发运用，最后再合并、整合，进一步进行创新。这是目前乡村幼儿园在其教师专业水平有限的情况下进行园本课程开发时可走的捷径。

（三）《指南》为乡村幼儿园园本课程资源的利用方法提供了路径建议

首先，《指南》可以帮助乡村幼儿园教师了解幼儿的身心发展特点，建立合理期望，并据此制定有针对性的活动目标，选择活动内容，提供丰富、适宜的教具和游戏材料，并善于把握蕴含其中的教育契机，促进每个幼儿在原有水平上的发展。

其次，《指南》中的教育建议部分为乡村幼儿园教师提供了参考方案与路径建议，也启发乡村幼儿园教师自主进行活动设计与组织，为乡村幼儿园教师因地制宜地开发园本课程提供了创造性的空间。《指南》中的教育建议注重幼儿教育的生活化，引导幼儿园教师在幼儿一日生活中帮助幼儿建立良好的习惯，学习相应的知识和能力，并重视游戏对幼儿的重要发展作用，提倡"做中学""玩中学"和把生活、游戏和集体教学活动整合进行。如：健康领域中"生活习惯与生活能力"目标是"具备基本的安全知识和自我保护能力"，其教育建议提到"结合生活实际对幼儿进行安全教育，如帮助幼儿了解周围环境中安全的事物"。这些可以在幼儿的生活、游戏和教育活动中展开，通过多途径、整合式的教育方式，让幼儿在认知、能力和品德方面等方面提升。根据建构主义学习理论的观点，知识必须由每个儿童基于自己的经验去自主建构。为此，教师应为幼儿提供一个真实的学习环境，以激发他们学习的需求与主动参与的热情。因此，只要是在乡村幼儿园环境当中的、可以帮助幼儿比较直接获得感性经验并具有幼儿教育价值的资源都是乡村幼儿园重要的课程资源。① 以下主要从物质资源、精神文化资源、人力资源和社会组织资源四个方面来探讨乡村幼儿园园本课程资源的挖掘与利用路径。

二、基于《指南》乡村幼儿园园本课程资源的分类挖掘

（一）物质资源

乡村幼儿园的自然环境可谓得天独厚，空气清新，物种丰富。《指南》把幼儿园的课程分为五大领域，根据五大领域的要求来对自然环境中的物质资源加以利用。例如健康领域的体育运动，乡村幼儿园所处地形各异，幼儿园

① 叶蔚青. 挖掘乡土资源，创设农村幼儿园特色区域活动［J］. 学前教育研究，2008.

可以利用各种地形来开展活动，如：北方的幼儿园地势平坦，可以多组织一些地面竞赛的活动，例如滚铁环；南方则地势变化较大，凹凸不平，山河交错，可以利用这种自然地理环境多设计一些爬山、爬坡的活动，提升幼儿的体能。又如艺术领域，可以根据当地地理环境，描绘不同的地理特色，探究学习当地不同的音乐形式。无生命物质主要包括空气、水、沙、石、土等物质。在探索它们的普遍特征的同时，可以挖掘每一个地区特殊的无生命物质的特色，如土壤，有黄土、黑土、红土之分，这些不同种类的土壤是乡村幼儿园的特色资源。有生命物质主要是指动、植物，乡村动、植物的种类丰富各异，幼儿园可以根据本园的条件让幼儿观察、饲养或种植一些动、植物，从而获得各领域的关键经验与核心素养。建筑物和生活用具则是人们在不同地域生活条件下为了生存和生活创造的物质环境和条件。如不同地区建造的房屋、桥梁，家用的农具、家具以及当地的乐器等。这些承载着乡村社会中的科学技术、智慧与文明，蕴藏着丰富的乡村精神文化资源。

（二）精神文化资源

乡村幼儿园园本课程的精神文化资源是指乡村幼儿园课程实施中所能利用的一切在人类发展过程中遗留下来的优秀精神文化资源，主要有本地区重要历史事件或历史人物传记、经典民间故事与童谣、科学发现发明、民间工艺等。地方历史故事、历史人物、文化典故等是历史留下的宝贵精神财富，能代表当地优秀的精神文化，又能从幼儿的周边生活中找到较为直观的感知渠道和历史遗留材料，因此有利于幼儿进行学习。民间工艺如陶瓷、绣花、剪纸、窗花、编织等可以根据幼儿的年龄和学习特点进行改造，让幼儿在操作的过程中传承民间文化，既锻炼了幼儿动手动脑的能力，又让幼儿了解当地的风俗人情，增强对自己家乡的自信和热爱。

（三）人力资源

乡村幼儿园园本课程的人力资源是指在园本课程开发的过程中可以利用到的一切人的因素，这些因素包括幼儿家长、社会人士，还包括幼儿园教师自身的特点和专长。乡村幼儿园园本课程建设应当以本园的实际条件为基础，调动一切可以调动的人力资源，为幼儿教育所用。如：可以请家长提供一些活动材料，带领、讲解一些他们熟悉领域的活动；可以利用周边社会中相关人士给幼儿的课程提供技术指导、物质支持，可以让当地艺人进行民间工艺的示范和讲解等。幼儿园教师自身的特点和专长也可以充分加以利用，并在园内相互取长补短，互相帮助、支持以获得提高。

（四）社会组织资源

乡村有一些可利用的社会组织资源，如村活动组织中心、乡村附近的商店、附近城市的一些活动场所。尽可能利用这些社会组织资源来开展活动，不仅可以提升乡村幼儿教育的质量，还可以增强乡村幼儿园和周边社会组织的交流，增强幼儿园的社会影响力和社会服务功能。

三、基于《指南》乡村幼儿园园本课程资源的利用

下文以《指南》中科学领域提到的数学认知目标 1 中 3~4 岁幼儿具体目标“感知和发现周围物体的形状是多种多样的，对不同的形状感兴趣”为例，探讨乡村幼儿园园本课程资源的利用。在生活活动及环境创设中渗透教育，是幼儿园教育的重要特点，一日生活皆是幼儿的课程。如以上感知物体形状的目标，可以引导幼儿在生活中发现周围物体不同的形状，还可以根据此要求，创设相应的生活环境让幼儿认识形状。如：在幼儿园布置不同形状的花及树叶，进行感知、比较、配对、建构等活动。

（一）区域探索与游戏活动

区域探索和游戏活动，也是让幼儿获得整体性生活经验的重要途径，同时，还为儿童提供情绪表达和创造性发展的空间。如以上感知物体形状的目标，可以和幼儿一起采集环境中各种形状的树叶，作为科学区角、绘画手工区角及游戏区角的材料，让幼儿通过对这些材料的感知和操作，进行数学经验的积累，获得对形状的感知，还可以用树叶开展游戏，如做树叶衣服进行表演游戏、做树叶画。由此由一个领域的目标辐射到其他领域的目标达成，衍生出不同领域的区域和游戏活动。

（二）集体教育活动

集体教育活动，可以是单个分领域的活动组织，也可以是几个领域合在一起根据一种资源来进行整合性的主题教育。以上感知物体形状的目标，幼儿园

教师可以根据本园所拥有的环境资源给幼儿设计相关的数学教育活动，如：幼儿园教师可提供不同形状的树叶、花朵、果实给幼儿进行观察比较，从而确定本次数学教育活动的具体目标是观察树叶的不同形状，让幼儿对形状感兴趣。同时，幼儿园教师也可以依据《指南》，把树叶作为五大领域的教学活动资源来进行教学活动设计。比如，健康领域是理解植物和人类健康的关系；语言领域是说一说多种多样的叶子；艺术领域是让幼儿用各种不同形状叶子做印染画，创作或学习和树叶相关的歌曲、舞蹈；社会领域是让幼儿和同伴共同参与有关树叶的建构活动、角色游戏、表演游戏，增强幼儿的社会互动和交往能力等。

综上所述，根据《指南》一个年龄阶段教育目标，幼儿园教师可以充分利用乡村幼儿园周边的资源来设计和组织教育活动。活动可以独立进行，也可以主题活动的方式整合进行。教师可以根据《指南》的一个领域的年龄阶段目标，以幼儿生活中的现象或事件作为一个引发点，衍生出其他领域的相关活动，从而整合不同领域的教育活动、游戏活动和生活活动及相应环境创设对幼儿教育的不同功能，让幼儿得到整体性的发展。开发乡村幼儿园园本课程在当前乡村幼儿园发展中有着重要的意义，是解决当前乡村幼儿园“小学化”问题的关键。乡村幼儿园要依据《指南》的宏观指导，从《指南》的分年龄阶段目标出发，去分类挖掘当地适合幼儿园教育的资源，并按照《指南》的建议，利用这些资源多途径地开展生活活动、游戏活动和集体教学活动等幼儿教育活动，并整合它们的教育价值，让幼儿得到全面的、整体的、和谐的身心发展。

第三节　乡村幼儿园园本课程乡土资源的发掘与运用
——以民间艺术为例

乡土资源是乡村幼儿园非常重要的园本课程资源，它不仅包含着丰富的传统文化，又有浓厚的地方特色，具有可观、可感、可操作的特点。乡土课程是乡村幼儿园在面对现代工业化和城市化的冲击下，形成自身办园特色的有效选择，是乡村幼儿园课程文化的核心和立园之本。[①] 乡土课程资源是乡村

① 杨瑞芬. 幼儿园乡土课程文化：内涵、形成、发展——基于A园的田野研究［J］. 当代教育与文化，2019.

幼儿园的特色资源，其中，本文以民间艺术资源在乡村幼儿园的开发与运用为例，阐述乡土资源在乡村幼儿园的开发思路。

《幼儿园教育指导纲要（试行）》中提出，“城乡各类幼儿园教育都应从实际出发，因地制宜地实施素质教育，为幼儿一生的发展打好基础。”我国幅员辽阔，文化多样，民间艺术作为中华民族传统文化中不可或缺的一部分，自诞生伊始，就承担着满足劳动者自己的生活和审美需求的功能。幼儿处于各种观念形成和发展的关键期，容易受艺术文化的刺激影响，幼儿教育是教育的起步阶段，在一生的教育中起着奠基作用，幼儿时期接触学习的民间艺术将深深烙印在他们的生命中。游戏是幼儿的最主要和最喜爱的活动形式，将民间艺术渗透、融入游戏之中可以让幼儿在快乐游戏的同时潜移默化地受到民间艺术的熏陶，传承中华民族的经典优秀文化，艺术素养得到发展提高。

一、民间艺术在乡村幼儿园游戏中传承的价值

（一）民间艺术资源丰富，受时空影响较小

民间艺术来源于人民的日常生活，在我国广大乡村广为流传，乡村幼儿园教师和家长对民间艺术的认识和了解相较于城市教师和家长更深入，这正是乡村幼儿园搜集、整理和开展民间艺术游戏特有的天然优势。例如广泛流传的民谣儿歌、戏曲、剪纸、扎染、泥塑等，它们不仅是一种艺术形式，更是一类价值极高的幼儿游戏资源。儿歌游戏有大家耳熟能详的丢手绢、猜拳等；给儿童绘制京剧脸谱再播放含有京剧元素的歌曲，易于幼儿理解，幼儿便可以开展表演游戏；教师无需过多干预剪纸、扎染、泥塑过程，幼儿就能沉浸游戏之中体会成功和创造的喜悦。此外，作为传承手段的民间游戏不受时间、地点限制，可以随时开展，极大地助力了民间艺术在幼儿园的传承和发展。

（二）民间艺术贴近幼儿生活，游戏材料取材简单自然

《幼儿园教育指导纲要（试行）》中提出：“玩是幼儿的天性，要发现、保护和引导幼儿固有的天性。”民间艺术取材于生活，更能激发幼儿的亲切感和参与意识，也更能激发幼儿的创造力和想象力。岁时节令、民间故事、祈福安康、生活礼仪作为我国传统民间艺术恒久不变的、并能在幼儿园传承发展的主题，可以展开花样繁多且易于幼儿理解的民间艺术主题游戏活动。例

如端午节，可以交流故事、画龙舟、用纸制作粽子、缝制香包、制作彩绳、划龙舟游戏等，所需材料不过是幼儿园中常见的纸、笔、胶棒、彩绳、木板等，不管是室内游戏或是室外游戏都能简单获取相关材料。

（三）民间艺术丰富乡村幼儿园游戏活动内容

随着乡村幼儿家长对幼儿园教育要求的日渐提高，幼教课程逐渐丰富，乡村幼儿园的自由活动时间一再受到压缩。很多幼儿园教师也逐渐忽视游戏活动的价值，导致幼儿园中自由游戏活动缺失。民间艺术加入游戏活动丰富了乡村幼儿教育内容，艺术性和地方特色的糅合，极好地丰富了乡村幼儿在园的一日生活，弥补乡村幼儿园教育中自主性活动的缺失。民间艺术以游戏的形式融于幼儿教育，更是符合幼儿的学习特点，能够发挥其最大教育价值。同时乡村幼儿园教师工作任务繁重，对园中自由活动的组织缺乏理论和实践的引导，幼儿民间艺术游戏的开展给教师提供了丰富的游戏素材，打开了思维，从更为广袤的民间艺术中取材并将其融入游戏，有利于教师之后组织开展幼儿游戏活动。

二、民间艺术在乡村幼儿园游戏中传承的困难

（一）民间艺术的自由性与乡村幼儿园教育的高结构性形成矛盾

在乡村幼儿园教育活动实施过程中，由于教师在设计和实施教学的过程中往往会更为重视儿童对知识、技能的掌握，幼儿在民间艺术上的学习往往是一个缓慢长期的过程，而幼儿阶段更注重的是良好的体验和积极的情感，因此民间艺术在乡村幼儿园的实施受到极大压力。乡村幼儿园教育的高结构性还表现在，乡村幼儿园在教学活动每一环节的内容、时间上具有高控性，以期望达成更好的知识性教育目标，而民间艺术游戏的自由性却决定了难以这样开展，不同幼儿的最近发展区、兴趣点不同，活动的达成目标往往是教师难以把控的，对民间艺术活动的实施、评价都十分考验幼儿园教师的专业素质。

（二）乡村幼儿园师生比过低可能造成游戏安全隐患

乡村幼儿园一般班额较大，师生比过低。民间艺术的活动形式却常常较为自由，幼儿自我体验、自我创作的时间可能比较长，而且幼儿在民间艺术游戏的体验过程中，往往情绪比集体教学时更加开放、行为的可控性降低。

尤其是泥塑、扎染等这样的艺术活动中，幼儿因其个性化的体验需要更多的教师进行个别指导和关注；同时，在民间艺术游戏活动中，由于乡村幼儿园的材料和设施的安全性不如城市幼儿园，发生危险事件的概率较大。游戏是幼儿的主导活动，乡村大班额的班级背景制约着课程游戏化的进程和质量，民间艺术在幼儿游戏的实施中常常出现指导和监护人员不够的情况，还可能造成一定的安全隐患。

（三）幼儿家长对民间艺术的价值缺乏了解，构成实施阻力

家长对民间艺术存在误解，认为幼儿在幼儿园学习民间艺术浪费时间，民间游戏更是在家自己就可以玩的，不需要到幼儿园来玩。幼儿家长对艺术学习的内涵理解单一，认为只有掌握剪纸、扎染、儿歌等民间艺术技能才算是学到东西、得到发展，而学习过程中对这些民间艺术产生的高昂兴趣和积极的学习态度都不算学习成果。乡村幼儿园为了招生，势必要迎合家长需要，减少民间艺术游戏而增加知识技能课程，因此民间艺术游戏在实施中再度遭遇阻力。

三、民间艺术在乡村幼儿园游戏中创新运用的策略

（一）在民间艺术的内容选择上要注意适宜性、游戏性

民间艺术传承发展至今，遗留下来的自有其流传的价值，但要注意的是，民间艺术总的来说体现了中华优秀文化，但部分内容可能不适应现代社会的教育理念，也难以在游戏过程中牢牢把握住当前幼儿的兴趣点。比如一些民间艺术当中的年画，多数表达了人们对美好生活的向往，但也可能有一些迷信的内容，可进行改造创新。还可以让幼儿直接参与民间艺术融入游戏内容的改编，由幼儿自己改编的游戏更切合幼儿的兴趣点。另外，教师既要避免过分重视艺术技能的传授，以免幼儿在游戏过程中感受不到趣味性，又要让家长看到民间艺术在游戏中对幼儿知识、能力、情感发展的促进作用，从而认同民间艺术游戏的重要教育价值。

（二）在民间艺术的游戏实施中注意规则的灵活性

教师对民间艺术游戏要有充分的理解，了解其价值和意义，在游戏中最

重要的是让幼儿有愉快的游戏体验，并在这种愉快的情绪中学习了解民间艺术，例如扎染，除了常见步骤之外，我们还可以在完成后允许幼儿使用喷枪等对作品进行一些修改，或者自己调配染料来完成作品。又如以前的民间艺术大都是民间艺人的个别创作，而在更强调合作交流的现代教育中，可以让幼儿体会一起创作的乐趣。比如，准备一块大一点的扎染布，合作完成一幅作品或合作完成一个大的泥塑作品。针对乡村幼儿园的课程现状，教师要帮助幼儿在游戏性愉快体验和艺术的学习上找到平衡点。要尊重幼儿的主体地位、给儿童游戏性的愉快体验，保持高昂的游戏兴趣和参与度，给予儿童权利和足够的关怀及信任，可以让幼儿适当修改游戏规则，适应幼儿需要以更好达成游戏目的。营造良好的氛围，让幼儿自然地在环境中学习，教师作为“支架”进行适当引导。

（三）应对民间艺术的游戏材料进行合理的时代性优化创新

实施中应对材料进行创新。民间艺术游戏的材料多来源于日常生活中的物品，人们根据其特性而发掘出可用于幼儿游戏的一面，但这样的材料也有可能存在某些方面的隐患。教师可以根据游戏需要选择园区内的材料取代它来开展游戏，这样一来既使用了园区内的安全材料，又发掘了材料的新用法，有利于儿童创造力的发展，例如，草编、竹编活动是很好的民间艺术塑形活动，但没有经过消毒的草和竹条可能会引起幼儿皮肤的瘙痒或割伤，因此可采用韧性纸条代替草和竹子开展编织活动。尽量选择天然材料，可以增加多样性材料的创作体验。

（四）做好家园沟通，增强民间艺术在亲子游戏中的设计

《幼儿园教育指导纲要（试行）》中指出：“家庭是幼儿园重要的合作伙伴，应本着尊重、平等、合作的原则，争取家长理解、支持和主动参与，并积极支持、帮助家长提高教育能力。”可以通过设计艺术类亲子民间游戏，让幼儿家长认识到民间艺术游戏对幼儿身心发展的价值，从而改变家长的教育观、游戏观，积极承担自己的教育责任，并主动参与到幼儿的艺术教育中来。家长与教师相互理解、配合和支持，将园内和园外两个部分结合起来，确保民间艺术在游戏中的运用得到切实的传承与发展。例如，老鼠嫁女的游戏，可以作为亲子竞技游戏的主题，开展“嫁女抬轿比赛”。不同家庭开展亲子游

戏的侧重点可能不一样（装扮、讲故事、抬和躲闪跑的技能等），幼儿掌握了不同的技能之后，在幼儿园开展该游戏就有了更多可能，重装扮的表演游戏、重体能的竞技游戏等，幼儿回到家中与父母再次开展这个游戏也有了不一样的想法，加深了家园联系，家长、幼儿、教师之间有了共同话题，切实有效地促进家园合作。

总之，民间艺术承载着中华民族几千年的历史，凝聚着民间的生活智慧和经验，对当今的幼儿教育有丰富的教育价值和文化价值，是助力我国教育事业发展的一笔宝贵财富。作为乡村教育事业工作者要清晰深刻地认识到民间艺术的价值和意义，并采用行之有效的手段将其运用到乡村幼儿园的游戏活动中，从而更好地促进乡村幼儿的身心健康发展，同时让民间艺术以最好的方式在幼儿身上得到传承和发展。

第四节　乡村幼儿园园本课程资源开发的现状、困境与对策

为了解我国乡村幼儿园园本课程资源开发与利用的实际情况，李重阳等人于2020年随机抽取了湖南省娄底、怀化、常德、湘西四个城市共52所乡村幼儿园进行调查。以信函、电子邮件或直接到幼儿园发问卷等形式发放教师问卷120份，收回有效问卷100份，回收率83.3%。本次调查回收的有效问卷中，来自娄底的28份，怀化28份，常德27份，湘西17份。另外，研究者还大量访谈了相关幼儿园园长和教师，符合教育调查的要求。对所回收的有效问卷，采用人工统计和SPSS 10.0相结合的方法进行数据处理，获得相应的统计结果。

一、调查结果

（一）抽样情况描述

1. 建园时间较长，各种幼儿园取样较为均衡

本次调查的幼儿园按照各类幼儿园基本均衡的原则进行抽样，在取样比

例上，总体上公办幼儿园占比较大，考虑到公办幼儿园往往起到表率和示范的作用，乡村公办幼儿园必将是乡村幼儿园园本课程开发的先行者和带动者，但在地区上的选择上，我们稍稍偏向偏远地区，也就是在选择常德、娄底、怀化三个基本能代表湖南高、中、低经济水平以及地域的偏远程度的城市外，还另外选择了湘西地区进行了调查，因为从地域上来说，偏远的地区既是课程资源开发较难辐射到的点，又是园本课程资源开发的难点，在园本课程资源开发中也具有典型性和示范性。(见表 4-1)

表 4-1　乡村幼儿园的基本情况

来自市、县	小计	比例
娄底	28	28%
怀化	28	28%
常德	27	27%
湘西	17	17%
本题有效填写人次	100	
建园时间	**小计**	**比例**
1~2 年	7	7%
3~4 年	17	17%
4~5 年	8	8%
5 年以上	68	68%
本题有效填写人次	100	
主办单位性质	**小计**	**比例**
公办	61	61%
民办	39	39%
本题有效填写人次	100	

2. 教师年龄、学历结构有待提升，基本具备园本课程资源开发的潜力

本次调查的乡村幼儿园教师的年龄结构较为合理，学历层次符合幼儿园教师的基本要求，但从幼师专科学校毕业的教师只占总人数的 27%，虽然部分教师近年来逐渐取得了大专以上的自考或函授文凭，这说明乡村幼儿园教师都渴望并在努力提高自己的学历和专业能力，但持全日制学历人数占比并不高，且多来源于和幼儿教育不相关的领域，这种学历来源结构从某种程度

上制约了乡村幼儿园教师的专业能力的提升。但是，我们也看到有一部分幼师专业的毕业生到乡村幼儿园进行就业和发展，他们具备较好的专业能力，可以成为乡村幼儿园园本课程资源开发的主力军，带动乡村幼儿园园本课程资源的全面开发。

乡村幼儿园教师整体素质近年来已经逐渐在向专业化方向发展，在未来几年中，随着乡村幼儿园教师的待遇和评聘机制逐步科学化，乡村幼儿园教师的整体素质有提升的趋势，具备园本课程资源开发的潜力。（表 4-2）

表 4-2 乡村幼儿园教师的基本情况

年龄结构	小计	比例
20 岁以下	3	3%
20~25 岁	23	23%
26~30 岁	17	17%
31~35 岁	18	18%
36~40 岁	16	16%
40 岁以上	23	23%
本题有效填写人次	100	
最高学历或文凭	**小计**	**比例**
初中	3	3%
高中	6	6%
幼师大专	27	27%
函授或自考大专	30	30%
函授或自考本科	30	30%
研究生	0	0%
其它（幼师职中、中专等）	4	4%
本题有效填写人次	100	

（二）乡村幼儿园园本课程资源开发利用的现状

1. 乡村幼儿园园本课程资源开发不充分，课程资源利用不全面

从调查结果来看，乡村幼儿园园本课程资源开发不够充分。在被调查的幼儿园中，51%的幼儿园还没有进行园本课程资源的开发，即使有少数幼儿

园进行初步的园本课程资源开发，其开发的年限也非常短，开发时间为 1~2 年的居多。调查显示，乡村幼儿园对课程资源的利用也不全面。当问到“是否充分利用了幼儿园周围自然环境和场所或周边特有的材料和旧物品为孩子们组织活动”时，只有 16%的幼儿园教师表示已充分利用，大部分幼儿园教师主要是在节假日组织了一些和当地资源有关的庆祝活动，园本课程资源的开发没有常态化。(见表 4-3)

表 4-3　幼儿园园本课程资源开发的时间的基本情况

幼儿园园本课程资源开发的时间	**小计**	**比例**
1 年以下	15	15%
1~2 年	20	20%
3~5 年	10	10%
6 年及以上	4	4%
无	51	51%
本题有效填写人次	100	
是否充分利用了幼儿园周围自然环境和场所或周边特有的材料和旧物品为孩子们组织活动	**小计**	**比例**
很少利用·	14	14%
部分利用	70	70%
充分利用	16	16%
本题有效填写人次	100	
是否组织过与当地传统节日有关的活动（如春节、端午节、清明节、中秋节等）	**小计**	**比例**
没有	7	7%
偶尔	38	38%
经常	55	55%
本题有效填写人次	100	
是否跟孩子讲述当地重要的历史人物、名人故事或参观他们的故居	**小计**	**比例**
没有	24	24%
偶尔	56	56%
经常	20	20%
本题有效填写人次	100	

2. 幼儿园教师对课程资源的认识浅显，不够清晰

调查表明，乡村幼儿园教师对园本课程已经有了比较多的了解和认识，但对其概念的理解仍不够清晰。85%的教师认为开发园本课程资源可以“促进幼儿的身心发展”，78%的幼儿园教师认为开发园本课程资源“是本园幼儿课程开展的重要条件”，这说明幼儿园教师比较认同园本课程资源对于幼儿发展和幼儿园课程开展的基础性作用。56%的教师认同“园本课程资源是幼儿园园内的资源”，这固化了园本课程资源的内容，窄化了园本课程资源的范围。(见表4-4)

表4-4　乡村幼儿园教师对课程资源的认识的总体情况

开发园本课程资源的作用（多选）	小计	比例
促进幼儿的身心发展	85	85%
是本园幼儿课程开展的重要条件	78	78%
本园办园特色的基础	72	72%
其他	1	1%
本题有效填写人次	100	
园本课程资源的定义（多选）	**小计**	**比例**
为了本园幼儿发展、基于本园实际情况开发的课程资源	75	75%
园本课程资源是幼儿园园内的资源	56	56%
园本课程资源是幼儿园能够找到利用到的资源	66	66%
不知道	5	5%
本题有效填写人次	100	

3. 乡村幼儿园教师对园本课程资源开发的认同度较高

从调查结果可以看出，乡村幼儿园教师对园本课程资源开发的认同度很高。有98%的乡村幼儿园教师认为园本课程资源的开发能促进幼儿身心发展，88%的乡村幼儿园教师认同园本课程资源的开发能促进幼儿园教师专业的成长。这说明从专业的角度来考量，乡村幼儿园教师是非常认同并希望进行园本课程资源开发的。(见表4-5)

表 4-5　乡村幼儿园教师对园本课程资源开发的认同度情况

开发利用园本课程资源对幼儿的成长重要吗？	小计	比例
重要	98	98%
不重要	2	2%
本题有效填写人次	100	
开发园本课程资源能促进教师自身专业的成长吗？	**小计**	**比例**
能	88	88%
一般	6	6%
不太确定	6	6%
不能	0	0%
本题有效填写人次	100	

（三）当前乡村幼儿园园本课程资源开发的困境

1. 乡村幼儿园园本课程资源开发意识薄弱

乡村幼儿园园本课程资源开发意识薄弱，对园本课程的认识不到位，是乡村幼儿园园本课程开发的一大困境。从调研来看，乡村幼儿园教师已经有了对园本课程资源开发的意识，也认同开发园本课程资源是帮助本园幼儿发展的重要条件，但是因为乡村幼儿园对园本课程开发的意愿不强，意识薄弱，如一些乡村幼儿园园长认为“开发园本课程就是开发特色课程，乡村幼儿园教师基础教育都还没有做好，更没有精力开发园本课程”；另一些乡村幼儿园园长则认为乡村“课程资源贫乏，无法开发园本课程资源”。乡村幼儿园更多迎合乡村幼儿家长的要求，对周围环境资源缺乏重视。

某公办乡村幼儿园园长 A：我们其实也很想开发园本课程，也在尝试做一些本土特色的活动，比如包粽子、划龙舟、包饺子等。在这些特色的民俗节日时，我们会组织一些活动，也会组织儿童到外面去踏春，等等。但是这些活动在家长的眼中似乎都是一些点缀，他们觉得这些活动是好玩的游戏，心里还是很关注孩子在幼儿园里面学了多少字、有没有学会加减法，等等。目前持这种观念的家长还比较多。

某民办乡村幼儿园园长B：乡村幼儿园如果要重新开发园本课程，对幼儿园来说是很困难的。幼儿园教师本身的工作任务已经很重了，他们又没有很强的专业能力，重新去研究一套新的园本课程，基本上没有那个精力。现在也没有相应的政策支持和技术支持，我觉得老师们好好地把原有的课程上好，活动做好就行了，没有精力去做这些多余的事情。

从以上可以看出，乡村幼儿园的教育方式仍深受家长观念的影响，公办幼儿园已经调整了部分的课程，但是也还很难进行系统的园本课程资源开发；而民办幼儿园更是因为招生多，把更多的精力放在对幼儿的日常照管和事务处理上，对园本课程资源的开发也存在着诸多误解。

2. 乡村幼儿园园本课程资源开发目的模糊不清

乡村幼儿园园本课程资源开发的目的是什么？很多一线的乡村幼儿园教师对此认识不足。首先，对中国乡村幼儿教育特有的使命了解不清晰，盲目地追求国外的知名课程或者照搬城市幼儿园的课程模式，并认为就是园本特色课程，培养出来的儿童缺乏对自身环境的认知、对本土的感情和对家国的热爱。其次，因为缺乏幼儿身心发展的基本专业知识，乡村幼儿园教师在园本课程开发的过程中无法对课程、年龄、目标精准定位，从而大大增加了园本课程开发的难度。课程资源开发的最终目的是达成教育目标，乡村幼儿教育目标及其课程目标的模糊造成乡村幼儿园教师在课程资源开发过程中无的放矢或是浮在表面，无法深入进行课程建构。

在乡村幼儿园中，幼儿园教师逐步理解游戏是幼儿园教育的重要形式，但是对于游戏和幼儿所处的环境有什么关系似乎并不清楚，游戏开展的目的也不是特别清晰。游戏确实是幼儿学习的重要方式，但是有些幼儿园教师认为幼儿园教育只要有了游戏的形式，其教育就能够达成目标，这种理念是本末倒置的。从根本上来看，乡村幼儿园教师仍然不太能够深刻理解乡村幼儿园园本课程资源开发的目标，他们也会找到一些本地的资源来进行活动的开发，但是为什么要进行资源的开发，幼儿园教师认为主要是为了丰富幼儿的活动形式，让幼儿园活动“显得更加有趣一些”。

乡村幼儿园园长C：我们也想开发园本课程，打造一些特色的幼儿园课程，有时想着引进一些先进的课程，但是很多优秀的课程都需要培训，资金需求比较大。有时我们也带孩子们去园外做一些活动，但还是很难做成系列的活动，做这些活动的意义是什么，老师们也不是非常理解。

乡村幼儿园教师A：有时候我们也想让幼儿多出去玩玩，但是他们的家长希望他们多掌握一些知识，出去玩感觉比较浪费时间，而且我们带孩子们出去到外面走走看看，除了观察一下身边的动植物，发现了一些平时不常关注的现象，也不知道可以组织幼儿开展一些什么活动。

以上可见，乡村幼儿园教师面对自然环境，不能从儿童身心发展的角度来攫取资源，帮助幼儿获得相应的发展，而对传统文化的把握也仅仅停留在节日的庆祝上，还未能对中华民族的文化进行深入的探索，所以这种富有中国特色的文化只是现有课程的一些装饰，并没有深入体现在课程的整体目标的设定中。

3. 乡村幼儿园教师对园本课程的话语权和参与度偏低

在调查中，大部分的乡村幼儿园教师表示有意愿开发园本课程资源，尤其是当地的自然资源和当地传统文化资源，他们认为开发乡村幼儿园特有的园本课程资源，不仅可以提升教育质量，还可凸显乡村幼儿教育的特色，体现乡村幼儿教育的独特价值，但是在大部分的乡村幼儿园里，幼儿园教师还充当课程的主要执行者，在园长的安排下，按照既定的课程方案进行教育活动的组织，很难触及对于课程的顶层设计，也认为自己难以胜任园本课程的设计。尤其是在园本课程的理念设计和评价的部分，乡村幼儿园教师往往处于被动的地位，他们的参与程度也很低。

乡村幼儿园教师B：我们每天的常规活动就是按照幼儿园的一日流程来开展，主要关注的还是幼儿的吃喝拉撒与安全问题，能够顺利地进行保育和教育工作已经占据了教师们大多数的时间，一般幼儿园的教育理念和教育评价这些关于课程的大方向的问题，我们一般是不参与讨论的，我们是按照园长的教育理念和活动安排去执行，在组织活动的过程中我们可以按照我们的理解来变化一些形式，这些倒是可以的。

4. 乡村幼儿园教师园本课程资源开发能力不足

乡村幼儿园园本课程资源开发能力不足也是当前乡村幼儿园课程建设的一大困境。首先，课程资源包括哪些？哪些是最重要的课程资源？乡村幼儿园教师对这些缺乏系统的认识。多年来，教材似乎被幼儿园教师看作最主要甚至是唯一的课程资源，生活中的课程资源只是偶尔作为“书本学习的补充”，没有被系统地开发出来，对人力资源、社会资源的开发更是有限。其次，如何全面开发和系统整合这些课程资源？乡村幼儿园教师对五大领域的课程资源整合开发的能力也不够。

乡村幼儿园教师C：我们也常常考虑选一些当地的题材来开展课程，比如端午节包粽子、元宵节吃汤圆，我们也是尽量给幼儿动手的机会，让幼儿进行操作。但是除了这些节日，我们也想不出还可以开展哪些园本特色的活动了。

面对大自然、大社会，缺乏生态学的分析，幼儿园教师很难明白这些课程资源对于幼儿到底有些什么学习价值，而课程资源的开发不仅仅需要幼儿园教师去发现课程资源，更是要明白这些课程资源对于幼儿身心发展的作用。比如自然当中的植物，单个地看，它只是一株植物，除了观察它的外形特点，似乎对幼儿没有什么学习价值。但是从生态学的角度来看，植物是整个生态系统的一部分，它有自己的生态位，有自己的生态圈，可以从一株植物去研究它的种属，在植物生态系统中处于什么位置。因此，由于缺乏生态系统观念，乡村幼儿园教师在挖掘课程资源时常常浮于表面，不能根据儿童的年龄特点对园本课程资源的学习价值进行深入、系统地挖掘，从而造成乡村幼儿知识学习的表面化、碎片化，他们也难对人力资源、社会资源进行系统地开发，无法助力乡村幼儿园园本课程的开展。

乡村幼儿园教师也很难以一已之力去改变整个局面。同时，当前部分乡村幼儿园教师整体学历偏低，专业能力仍然较弱，对于园本课程及园本课程资源的开发有着众多的误解，缺乏园本课程资源开发意识，因此对于周边环境的教育资源尤其是丰富的自然资源“熟视无睹”，不知道这些资源可以纳入教育教学活动中，更不会系统地开发幼儿园园本课程。

（四）乡村教师在幼儿园园本课程资源开发与利用中的困难

1. 乡村幼儿园教师评聘制度不完善，不能体现教师的专业地位

要进行园本课程资源的全面开发，幼儿园教师的职业认同和专业地位是

非常重要的，而健全的评聘机制是确认幼儿园教师专业地位的重要方面。从目前乡村幼儿园教师的职称评定情况来看，只有32%的乡村幼儿园教师参与了职称评定，68%的乡村幼儿园教师没有评定职称。可见，乡村幼儿园教师的专业地位不能得到很好的体现，绝大部分乡村幼儿园教师的工资水平较低、没有编制、福利待遇不好，这导致乡村幼儿园教师工作不具有竞争优势。这样的身份和待遇会让幼儿园教师缺失专业发展的意识，不能专注于乡村幼儿课程资源的深入开发和利用研究。(见表4-6)

表4-6　乡村幼儿园教师职称与工资水平情况

职称评定情况	小计	比例
小教高级	6	6%
小教一级	11	11%
小教二级	15	15%
暂未评定	68	68%
乡村幼儿园教师工资水平	**小计**	**比例**
1000元以下	1	1%
1000~1500元	6	6%
1501~2000元	15	15%
2001~3000元	47	47%
3000元以上	31	31%
本题有效填写人次	100	

2. 园本课程资源开发与培训机制不健全

从调查结果来看，乡村幼儿园教师在开发幼儿园课程资源时从自身的能力到外部的条件和支持都不够。教师认为，教师自身能力有限（56%）、教师积极性不高（41%）、幼儿园资金不足（65%）、园内条件不允许（51%）等因素是主要困难。其次，外部存在幼儿家长不支持（48%）、社会机构不关心帮助（28%）的问题。幼儿园教师缺乏关于园本课程资源开发的培训，56%的乡村幼儿园教师表示“幼儿园没有关于园本课程资源开发的园本教研”，81%的乡村幼儿园教师表示没有或很少参加开发幼儿园园本课程资源的培训(其中从来没有参加过的占43%)。(见表4-7)

表 4-7　乡村幼儿园教师开发对园本课程资源的困难

在开发乡村幼儿园园本课程资源的过程中遇到的困难（多选）	小计	比例
园长不鼓励	11	11%
幼儿园资金不足	65	65%
幼儿家长不支持	48	48%
同事不理解	12	12%
社会机构不关心帮助	28	28%
园内条件不允许	51	51%
教师积极性不高	41	41%
教师自身能力有限	56	56%
本题有效填写人次	100	
幼儿园是否有关于园本课程资源开发的园本教研	**小计**	**比例**
有	44	44%
没有	56	56%
本题有效填写人次	100	
是否参加过开发幼儿园园本课程资源的培训	**小计**	**比例**
没有	43	43%
偶尔一次	39	39%
经常	18	18%
本题有效填写人次	100	

（五）乡村幼儿园教师对幼儿园园本课程资源开发与利用的诉求

1. 乡村幼儿园教师渴望得到幼儿园园本课程资源的相关培训

在被问到“假如贵园要开发园本课程资源，您希望解决的问题是什么”时，59%以上的园长和教师希望首先学习园本课程资源开发与利用方面的知识，57%的园长和教师希望加强对教师各方面的培训，而只有15%的幼儿园教师比较关注建立合理的评价制度。90%以上的乡村幼儿园教师都希望得到园本课程资源开发的培训。这说明当前乡村幼儿园教师在职业待遇非常有限

的情况下，仍然非常乐于追求自身专业的提升。(见表 4-8)

表 4-8　乡村幼儿园教师对园本课程资源开发相关培训的需求

开发园本课程资源，希望首先解决的问题（多选）	小计	比例
加强对教师各方面的培训	57	57%
建立合理的评价制度	15	15%
激起教师的参与意识	31	31%
学习园本课程资源开发与利用方面的知识	59	59%
本题有效填写人次	100	
将来若有机会，是否想参加开发幼儿园园本课程资源的培训	**小计**	**比例**
想	90	90%
一般	9	9%
不想	1	1%
本题有效填写人次	100	

2. 乡村幼儿园教师在开发园本课程资源过程中希望获得各方面的支持帮助

从调查结果来看，85%的乡村幼儿园教师选择在开发园本课程资源的过程中寻求帮助，而寻求帮助的对象依次是同事（65%）、园长（58%）、家长（44%）、课程开发专家（39%）、社会机构（21%）、民间艺人或艺术家（27%）。这说明幼儿园教师的社会资源还不够，尤其是向外部的社会机构和课程开发专家求助的途径非常有限，而这些本应该成为乡村教师重要的课程开发支持者。在访谈的过程中，民办乡村幼儿园教师特别表示，尤其希望得到家长的支持，获得乡村幼儿家长的认可。(见表 4-9)

表 4-9　乡村幼儿园教师对园本课程资源开发相关培训的需求

在开发园本课程资源的过程中，是否会寻求帮助	小计	比例
独自完成	5	5%
寻求帮助	85	85%
没有考虑	10	10%
本题有效填写人次	100	
在园本课程资源开发中寻求帮助的对象（多选）	**小计**	**比例**
园长	58	58%
同事	65	65%

续表

家长	44	44%
课程开发专家	39	39%
社会机构	21	21%
民间艺人或艺术家	27	27%
本题有效填写人次	100	

二、乡村幼儿园课程资源开发问题的原因分析

“当城市的幼儿园注重生态教育、走进大自然，带领儿童体验大自然时，农村的幼儿园却置自己得天独厚的自然环境、自然资源于不顾。”① 从教育生态学的视角来看，幼儿园园长和教师作为乡村幼儿园园本课程资源开发的直接责任人，并非不愿意进行园本课程资源的开发，相反，他们对园本课程资源开发对于幼儿的发展和自身的专业发展的作用都有较为积极的认知，并渴望得到相关的培训和支持。“教育是一个有机的、复杂的、统一的系统，教育生态系统中的各因子（学校和其他教育者）有机地联系着，这种联系又动态地呈现为平衡与失衡、矛盾与统一的状态。”② 作为整个教育生态系统的一个因子，乡村幼儿园教师已经对园本课程资源开发有了一定的了解，然而，在开发过程中缺乏相应的专业能力以及外界的支持。其中，直接的表现是缺乏幼儿园园长、幼儿家长和地方教育行政部门的重视，间接的表现是缺乏强有力的国家政策，其他临近幼儿园、社会学术机构及其他社会组织等支持不足，因此，乡村幼儿园教师在园本课程开发方面多“心有余而力不足”。

作为生态系统当中的教师个体，乡村幼儿园教师有他们在乡村幼儿园系统中生存的困惑，根据马斯洛需要层次论，乡村幼儿园及其教师的教育行为的抉择常常和他们的需要紧密联系。园本课程资源开发从某种意义上调动了乡村幼儿园教师自我发展、自我实现等较高层次的需要，但因为地方教育部门、家长及幼儿园并不十分清楚乡村幼儿园园本课程开发的重要意义，从而降低了乡村幼儿园教师开发园本课程资源的认同感，甚至威胁其生存需要。

① 王春燕. 幼儿园课程论［M］. 北京：新时代出版社，2016.

② 范国睿. 教育生态学［M］. 北京：人民教育出版社，2014.

因此，即使乡村幼儿园教师“热爱幼儿、追求成长”，也很难“不顾生存”地去深度开发乡村幼儿园园本课程资源。作为一个生态系统当中的个体，首先是要获得资源、求得自己的生存和发展。而生存需要在前，发展需要在后。所以从以上的分析来看，乡村幼儿园教师有着开发园本课程资源的热情，但碍于自己在乡村幼儿园的环境限制和能力限制，有时也不得不采用“自己内心也并不认同的教育形式”。

三、促进乡村幼儿园园本课程资源开发的对策建议

（一）构建层层推进的乡村幼儿园教师培训网络

乡村幼儿园教师在无法整体把握园本课程全面开发的情况下，可以先从开发园本课程资源入手，把这些园本课程运用在活动当中，逐步熟悉园本课程的内涵和开发的方法。从调研来看，乡村幼儿园教师缺乏相应的课程资源开发的培训，尤其缺乏实践式的入园培训。因为地处偏远，能够得到相关的培训和转接的支持都非常有限，所以要促进乡村幼儿园园本课程资源的开发，园本课程资源开发的培训应该先行。

幼儿园教师开发园本课程资源需要专业知识和能力，但以往相关部门针对乡村幼儿园园本课程资源开发的教师培训非常少。从生态系统来看，乡村幼儿园教师虽然地处偏远，但是仍然可以通过连接成为整个学前教育系统的重要部分。相关部门可以地方高校和县教师进修学校为联系基地，构建“国家—省—市—县”四级培训网络，以中心园试点的方式开展辐射性培训。可以通过网络的方式分区建群，以当地教育政府部门和教育培训部门牵头，联合力量深入乡村幼儿园，进行跟进式的课程开发指导。

（二）打造园本课程资源开发试点幼儿园，树立典范，带动其他

在一个系统当中，各个要素都是互相联系的，要让全局发生改变，可以先从几个幼儿园开始。选择几所典型的乡村幼儿园来进行试点，比如有师资和专家资源优势的中心幼儿园、有乡土特色的偏远地区的民族幼儿园、条件比较简陋但自然资源丰富的小型乡村幼儿园。采用试点的方式，先让一些师资力量比较好的幼儿园先开发，逐步带动有自然资源特色的、文化特色的幼儿园开展园本课程资源的开发与利用，以点带面，逐步实施。

目前城乡帮扶已经对乡村幼儿园课程质量的提升产生了较好的推动作用。但是目前很多城市幼儿园优秀教师深入乡村幼儿园，往往是把城市的课程带入乡村幼儿园，强调游戏代替以前“小学化”的教育方式。适合城市幼儿的游戏未必就适合乡村幼儿，这种城市化的课程也有可能让乡村幼儿对自身的身份认同产生困难。因此，真正的课程帮扶是帮助乡村幼儿园从自己周围的课程资源出发，来探索自己的课程方案。因此，可以乡村中心幼儿园为例，进行示范性的课程设计和实施，逐步带动乡村其他幼儿园来进行课程的学习和园本化，从而实现乡村幼儿园园本课程的全面开发。

（三）健全相关的国家政策和幼儿园的制度建设

政策和制度，往往是行动的方向标。在一个系统当中，政策和制度引导了教师的教育行为的抉择。

从国家层面来看，《幼儿园教育指导纲要（试行）》《3-6岁儿童学习与发展指南》都较为明确地指出了幼儿园的活动应当因地制宜、幼儿的活动应当和周围的环境相结合。这些政策给乡村幼儿园园本课程的开发指明了大的方向。但是，在对乡村幼儿园及乡村幼儿园教师的考核中，却并没有明确的规定。因此，相关部门要制订乡村幼儿园课程的评定机制、乡村幼儿园教师的职称评定机制，乡村幼儿园课程评价制度、乡村教师评价机制，使乡村幼儿园教师在开发课程资源的过程中获得相应的积极评价和专业支持，让积极开发园本课程资源并卓有成效的教师获得认可。而幼儿园也应当针对本园教师在园本课程开发中的态度和能力，做出相应的奖惩和支持。尤其对那些业务突出，能够在园本课程资源开发中积极学习、有创意的乡村幼儿园教师，可以给予精神和物质的鼓励。

（四）加强宣传，改变社会认知

园本课程资源的开发涉及乡村幼儿园的一些物质和相关场地的运用，在人力上也要依靠家长和社会。所以，需要加强对课程知识的宣传，如陈鹤琴的“大自然、大社会都是活教材”的口号在今天仍然具有号召力和感染力，可以通过宣传标语、幼儿园的家长宣传栏以及外出宣传、媒体宣传的方式提升乡村幼儿园对幼儿教育及园本课程的认知，从而争取全社会的支持。

加强对乡村幼儿家长的教育，做好家园共育工作。虽然部分乡村幼儿家长的一些观念仍然较为落后，但是也不乏一些愿意参与幼儿园活动、思想观念较新的年轻家长，他们见识较广、比较容易接受新事物。应当以这些家长为切入口，通过他们的参与和宣传，逐步改变大部分乡村幼儿家长的观念。

(五) 变“家长阻力”为“有力资源”

“《3-6岁儿童学习与发展指南》的颁布给乡村幼儿园园本课程资源的开发提供了宏观的指导，还提供了具体的建设性的思路。”① 乡村幼儿园教师要和家长多宣传《3-6岁儿童学习与发展指南》，多设计园本亲子活动课程，更新家长的教育观念，提升家长的教育能力。国家教育部门应多进行宣传和引导，并以公办的中心幼儿园或师资较好的民办幼儿园为试点，进行园本课程资源的开发研究，对优秀的具有乡村特色的乡村幼儿园课程模式进行宣传、表彰，促进乡村幼儿家长教育观念的转变。

① 李重阳，李国强，施东城．农村幼儿园园本课程资源开发与利用路径探析——基于《3-6岁儿童学习与发展指南》[J]．教育导刊（下半月），2019.

第五章　生态学视域下国外优秀幼儿课程在乡村幼儿园的园本化

除校本课程外，国外课程模式也对我国的园本课程产生重大影响，如蒙台梭利课程、瑞吉欧课程、高瞻课程、银行街（Bank Street）早期教育方案、方案教学（Project Approach）等模式。因这些幼儿教育课程模式和理念都有其独特性，它们各自产生的原因、历史时期和条件不同，带有明显的地域特色，所以这些教育模式也可以称之为各国具有地域特色的园本课程。在本幼儿园教师尚不具备系统的课程开发能力的条件下，引进经典的幼儿教育课程并进行园本化可以比较快速地提升幼儿园教育质量，运用优秀的课程团队组织系统的课程培训，迅速吸收好的教育理念，能比较快速地提升教师的专业能力。

第一节　国外优秀幼儿课程对我国乡村幼儿的教育价值

国外优秀的幼儿园教育课程历经几十年甚至几百年的沉淀，经过时间的打磨和不断的完善，以及学术界的深刻讨论和一线幼儿园的不断实践，已经具备了一套较为科学和系统的课程架构体系和实践经验，这些是幼儿园课程建设史上的一些瑰宝，某种意义上也代表了国外优秀幼儿教育的发展历史，值得好好地学习和借鉴。通过学习并实施这些经典的幼儿教育课程，可以让幼儿园教师们更加深刻地领悟到幼儿教育的精髓，从而加深对课程的认知，提升自己的课程开发与设计的能力。以下以蒙台梭利课程、高瞻课程、瑞吉欧课程为例来剖析其深刻的幼儿教育价值。

一、蒙台梭利教育的重要思想及对我国乡村幼儿的教育价值

（一）蒙台梭利教育的重要课程思想

蒙台梭利提出了几大理论教育，即环境适应论、独立成长论、生命自然发展论、吸收性心智论、工作人性论、奖惩无用论，她的教育思想对乡村幼儿有着非常重要的价值。

1. 儿童具有“吸收力的心灵”

蒙台梭利主张儿童具有“内在生命力”，而要把这潜在的生命力激发出来进而促进发展靠的是他们的“吸收力的心灵”。吸收力的心灵指的是儿童的学习能力、吸收能力。蒙台梭利认为，儿童在无意识的时候就能吸收所处的环境中的各种经验，和其本身的“内在生命力”结合，进而获得成长。例如语言的获得，在蒙台梭利的观点里，儿童能在充满各种声音的环境中区分不同的人说话的声音，随着时间的推移，自然而然地记住母语的语音、语词、语义和语法，而不需要任何人特意地传授，也不需要儿童刻意地付出努力去学习。

2. 儿童发展存在敏感期

蒙台梭利认为，儿童的发展过程中，在不同时期的某段时间内会对特定事物产生浓厚的兴趣，引发儿童对这类事物产生强烈的想要尝试或学习的热情，直到满足了这内在驱动力，顺利度过这段时间才会停止。而这段时期就被称为“敏感期”，也叫“关键期”。在关键期学习对应的事物能取得事半功倍的效果，反之，若是错过了关键期，儿童这一方面的发展就需要更多的时间来训练，且很难弥补。因此蒙台梭利认为儿童发展有很多的敏感期，教育应该抓住这些敏感期来进行。

3. 儿童发展需要有准备的环境

为了能更好地帮助儿童发展，蒙台梭利还对儿童发展的敏感期进行了归纳，主张教师应该熟悉儿童发展过程中的每一个敏感期，蒙台梭利提到的有准备的学习环境指的是自由的环境，儿童能随时选择最感兴趣的活动材料和经验，这种“工作”才能够满足儿童内部发展需要，同步锻炼专注力并由此

发展出自我规则意识①；它也应该是有秩序的环境，每天的活动进程安排都要在一定的周期内进行，所有的活动材料都能够在儿童期望的地方找到；它还应该是现实和自然的环境，蒙台梭利认为儿童手里拿的活动材料必须是真实、可操作的、与儿童身体大小相匹配的，避免采用材质不好、不便重复使用的或与现实生活脱节的材料，必须让儿童始终生活在现实世界里，这有利于儿童认知结构的初步建立，且日后无需再打破和重建；它又应该是具有美感的环境，蒙台梭利所制成的教具都是质地很好且看起来很美观的，除了物质层面上的美，环境本身必须具备和谐、尊重、安全的氛围。

4. 和平与爱的教育

蒙台梭利曾经三次被提名“诺贝尔和平奖”，她的教育体系对于世界和平教育产生了深远的影响。她希望通过幼儿教育建立一个充满和平和爱的世界。在蒙台梭利的教室当中，她的蒙氏圈首先就给人一种整体感、和谐感。教室里面物品摆放错落有致，具有自然气息，让儿童从小体验大自然的秩序感和和谐感。教室的“三不”原则，即不伤害自己、不打扰他人、不破坏环境，帮助儿童处理与自我、与他人、与环境之间的关系，这和陈鹤琴的生态学思想不谋而合。为了维护和平，相互之间都要遵守一定的规则，而真正的和平来自内心的平和，即每个孩子在教室当中都能找到自己擅长的领域，找到自己喜欢的“工作”并从中获得成就感。在蒙台梭利教育当中，奖牌有时会被孩子当作玩具，因为儿童是通过内在获得充盈感来进行自我激励的，所以蒙台梭利提出“奖惩无用论”的观点。因为每个人都能找到自己喜欢的“工作”并沉浸其中，所以教室里面都是忙碌的小身影，他们自给自足，又互相尊重，互相帮助。

5. 混龄教育

混龄教育是一种将不同年龄（一般年龄跨度在12个月以上）的幼儿组织在一起学习、生活、游戏，以促进幼儿的认知、情感和社会性等方面发展的教育组织形式。混龄教育教师应该依据不同幼儿的身心发展情况投放丰富多样的材料，创设一个富有层次性的弹性环境，从而激发不同年龄阶段幼儿的潜能。同龄教育更强调竞争，而混龄教育更强调互帮互助。混龄教育还有一

① 傅晨. 蒙台梭利幼儿园的教育现状与对策研究［J］. 教育实践与研究，2016.

个优势，就是每个阶段的儿童的发展机会更多，因为他们可以选择任何年龄阶段的材料进行学习，对于那些学习能力较弱或者学习能力较强的幼儿，混龄教育提供了更大的一个教育空间。

（二）蒙台梭利教育课程对我国乡村幼儿的教育价值

对于蒙台梭利的幼儿教育实践和理论，世界上很多教育家也给予了充分赞誉和高度评价。美国教育家杜威在《明日之学校》中指出："在传播对任何真正的教育都不可少的自由的福音方面，蒙台梭利已成为一个最重要的人物。"① 瑞士心理学家和教育家皮亚杰在《教育科学与儿童心理学》中指出："蒙台梭利……对于特殊儿童心理机制的细致观察，便成了一般方法的出发点，而这种方法在全世界的影响是无法计算的。"② 当代澳大利亚教育家康内尔在《二十世纪世界教育史》中指出："蒙台梭利的影响是深远的，也许对世界上每一个国家都有影响。在幼儿教育方面，自德国幼儿教育家福禄培尔时代以来，蒙台梭利的影响是最大的……蒙台梭利对20世纪教育潮流的主要贡献，并不是在于她的那些建议，而是在于她的儿童教育思想以及对教育过程的态度的影响。"③

她的这些理论，为我们科学研究乡村幼儿打下了基础，对于推动乡村幼儿教育的科学发展也有着极为重要的意义。研究乡村幼儿的发展规律，并组织适宜的活动，是当前乡村幼儿教育的首要任务。蒙台梭利的教育帮助教师发现乡村幼儿的发展和内在动力，从而创设相应的环境和材料来帮助乡村幼儿发展。

1. 蒙台梭利的感官、语言、数学内容比较适合当前乡村幼儿教育

蒙台梭利教育比较注重儿童智力的开发，儿童通过操作一些教具能够快速地达到思维训练、提升学业成绩的效果。目前我国乡村幼儿园小学化现象仍然非常严重，一些乡村幼儿园教师还在用小学纸质化、死记硬背的方式让儿童学习数学、抄写拼音及汉字，这些都违背了幼儿教育初衷。但是，乡村幼儿园教师课程设计能力弱，而乡村幼儿家长文化水平偏低，仍然希望孩子

① 约翰·杜威. 学校与社会·明日之学校［M］. 赵祥麟等译，北京：人民教育出版社，1994.

② 皮亚杰. 教育科学与儿童心理学［M］. 傅统先译，北京：文化教育出版社，1981.

③ W·F·康内尔. 二十世纪世界教育史［M］. 张法琨等译，北京：人民教育出版社，1990.

“不要输在起跑线上”，希望老师“多教拼音、学会算数”，一些私立乡村幼儿园碍于家长的压力，不得不私下提前教授小学内容，大量的集体教育和小学化的教育方式禁锢了乡村幼儿的发展。而蒙台梭利的语言、数学教育，通过让儿童通过感知、操作以及表征的方法，用科学的方法促进幼儿对于拼音、汉字和数学的感知，积累感性经验，对于儿童的动作训练又能够锻炼到儿童的手部肌肉，为小学的数学做好准备。考虑到乡村幼儿园的实际情况，引入蒙台梭利的一些语言、数学的教具，可以帮助乡村幼儿运用蒙台梭利科学操作的方法来学习，这样，既能符合乡村幼儿园发展的现状，又能真实地促进乡村幼儿的发展。

2. 蒙台梭利教育注重面向宇宙的科学教育，适宜乡村幼儿

蒙台梭利教育不仅仅限于教具，更让儿童把眼光投向宇宙、投向大自然，蒙台梭利的科学教育帮助儿童了解植物、动物的构造，一年四季的轮回，植物、动物生长的历程，重视科学地研究大自然、研究宇宙。大自然是乡村幼儿的生活地，他们离自然最近，对自然的感受最深。但是，乡村幼儿却又往往缺乏对自然和研究。乡村里长大的孩子却不知道稼穑的规律，不能用科学的方法来对待大自然，反而因为乡村的一些旧思想或乡村家长的错误教育方式，乡村幼儿对于很多事物的看法有迷信的误区，对大自然和人的生死有着潜意识的恐惧。所以，研究大自然、研究宇宙，不仅能够使乡村幼儿摆脱愚昧，而且能对大自然产生好奇，心生敬畏，从而成为具有良好科学素养的中国公民。

3. 运用蒙台梭利的混龄教育和规则教育帮助乡村幼儿建立规则意识

乡村幼儿的特点是具有野性、竞争性，而乡村教师维持纪律往往是通过强制和高压的方式来达成，这样的纪律意识其实是在强压之下的一种屈服，这种屈服带着一种对环境的恐惧，极大地损伤儿童的自主性和自尊心，而环境压力一旦消除，会变成一种无名的反抗力量，可能造成一些负向的心理能量，在儿童成年后表现出来。因此，乡村幼儿虽然身处在大自然当中，有着非常好的情绪资源，但却往往不懂得节制和控制自己的情绪。乡村幼儿要成为高素质的未来文明的公民，需要先有文明的教育。蒙台梭利的混龄教育和规则教育，就是爱与和平的教育。一方面，在混龄教育当中，蒙台梭利教育淡化竞争、强调合作，让大孩子帮忙照顾小孩子，老师带领孩子们互相帮助，

共同学习；另一方面，蒙氏的规则教育也让人看到自己在环境中需要遵守的规则。这种规则教育是儿童通过观察环境、因为保持对环境和他人的敬畏而自觉发生，这种素养能够帮助儿童适应各种环境。

二、高瞻课程的重要思想及对我国乡村幼儿的教育价值

（一）高瞻课程的重要课程思想

“高瞻”的英文由两个英文单词 High 和 Scope 组成，前一个词指高度的热情，后一个词指广泛的兴趣，即让儿童具有高度的热情和广泛的兴趣。高瞻课程诞生于 20 世纪 60 年代的美国，历经半个多世纪的建构、解构与重构，已经成为当今世界学前教育领域举足轻重的幼儿园课程模式。可以说，高瞻课程模式是以公立幼儿园儿童为主要对象，以支持儿童学会主动学习（Active Learning）为基本价值取向和主要教育目标，以为儿童提供支持性学习环境为基本资源依托和主要教育条件，以助力儿童在一日活动流程（Daily Routine）和“计划—工作—回顾（Plan-do-Review）”的活动中持续学习为基本实施思路和主要教育过程，以系列关键发展指标（Key Developmental Indicators）及其水平层级为基本进阶指引和主要教育内容，以建构儿童在活动过程中对周围的自然与社会产生高度的热情和广泛的兴趣为基本评价框架和主要教育效益，以帮助教师通过主动学习胜任专业岗位和持续岗位进阶为基本启动范式和持续质量保障的一种幼儿园课程模式。

高瞻课程模式有独到且有影响力的课程价值取向、课程框架、课程方法、课程组织形式和课程评价体系，是理性光辉和实践智慧的相辅相成，是儿童发展与教师发展的交相辉映，是实践性课程、反思型教师和发展性评价的三位一体。可以说，尽管高瞻课程模式仍处在发展过程之中，仍存在这样或那样的不足和尚待商榷的问题，但没有任何人可以否认，它是经历了时间和空间检验的优秀幼儿园课程模式，在世界主流幼儿园课程模式的舞台上占据重要地位。

（二）高瞻课程对我国乡村幼儿的教育价值

对于今天的乡村幼儿来说，高瞻课程模式有着非常重要的价值。

（1）高瞻课程非常重视幼儿学习的主动性。高瞻课程帮助儿童主动地求

知，广泛地涉猎，又有实际的操作。高瞻课程给幼儿提供很多的区角活动，他的区角活动和蒙台梭利教育活动有所不同，这些活动是和幼儿生活相关的真实的活动，材料也趋于真实。比如在木工区，高瞻课程中提供给幼儿的锯子、斧子等基本是真实的。借鉴高瞻课程的理论来进行乡村幼儿园园本课程设计，则能够更多从自然中取材，“做中学”的思想可以得到更加深刻的体现。

（2）高瞻课程的主动学习思想能够提升乡村幼儿学习的主动意识和问题意识。陈鹤琴曾经提出，要幼儿研究大自然、大社会，主动解决大自然、大社会的问题。高瞻课程能够提高幼儿的主动探究精神，其活动将自然活动和游戏活动较好地结合，在生活和游戏中都能让儿童以主人翁的身份来进行活动的自我设计，这种精神目前是乡村幼儿比较缺乏的。

（3）高瞻课程提出关键经验的建立。高瞻课程全面分析了各大领域中幼儿需要获得的基本经验，从而较为科学地为乡村幼儿需要获得的经验进行了分区和编码，是一种比较科学严谨的课程编制方法。

（4）高瞻课程能够有效地帮助幼儿园教师观察儿童、发现儿童。高瞻课程提供了一系列评价幼儿关键经验的评估指标，这些为乡村园本课程的评价提出了一些思路，可以成为评价乡村幼儿学习质量的考评指标。

三、瑞吉欧课程的重要思想及对我国乡村幼儿的教育价值

（一）瑞吉欧课程的重要思想

瑞吉欧课程（Reggio Emilia Approach），是一种源于意大利的儿童教育理念，注重培养孩子的创造力、思维和独立性。这种教育理念将孩子视为有能力、潜力和渴望学习的主体，强调通过项目化、探究式的学习方式，让孩子在实践中主动参与、发现和解决问题。

瑞吉欧课程的几个要点：

（1）尊重和信任孩子。瑞吉欧教育法坚信每个孩子都有天生的好奇心和求知欲，只需给予适当的引导和鼓励，孩子就能展现出惊人的学习潜力。因此，教师需要发掘孩子的内在动力，关注他们的兴趣和需求。

（2）项目化学习。学习经常通过主题项目进行，教师会根据孩子的兴趣来设计相应的项目，让孩子在实际操作中学到相关知识和技能。这种方式有

助于提高孩子们的积极参与度和创造力。

(3) 环境作为第三位教师。瑞吉欧教育法强调环境对孩子的发展具有重要作用。除了教师和家长的引导，教室和周围的环境也会直接影响孩子的学习和发展。因此，要创造一个充满启发性的学习环境，激发孩子们的探索欲望。

(4) 跨学科整合。瑞吉欧课程鼓励将不同学科知识整合在一起，寓教于乐。通过跨学科的活动，孩子们可以在学习的过程中全面发展各个方面的能力，如艺术、科学、数学、语言等。

(5) 100 种表达方式。这种教育方法相信孩子可以用多种不同的方式来表达自己的思想、情感和观点。教师应尊重孩子的表达方式，鼓励他们尝试绘画、音乐、舞蹈、雕塑、戏剧等多种艺术形式，以便促进孩子的全面创造力培养。

(6) 记录和文档。瑞吉欧教育法强调捕捉和记录孩子们的学习过程和成果。教师通常会使用照片、录像、作品集等方式来对孩子们的学习进行系统性的记录和展示，以创造一个共享学习经验的环境。

(7) 师生互动。师生之间的合作和对话至关重要。教师既要指导学生，还要成为学生探究的伙伴，共同参与学习过程。这种互动有助于孩子更好地吸收知识和技能。

(8) 家庭参与社会参与。瑞吉欧课程鼓励家长参与孩子的教育过程，共同为孩子提供丰富多元的学习环境。家长可以通过参与学校活动、提供学习资源、分享家庭故事等多种方式，与教师一起培育孩子。

(二) 瑞吉欧课程对我国乡村幼儿的教育价值

瑞吉欧课程对于乡村幼儿有着独特的教育价值，即把幼儿当作独特的个体来看待，并且非常注重发挥每一个幼儿的创造性。

(1) 把每一个幼儿看为独特的个体。瑞吉欧课程特别注重每个幼儿的独特性，认为儿童有 100 种语言，也就是说，100 个儿童有 100 种认识世界的方法，也有 100 种表达自己的方式。所以，在瑞吉欧课程的教育当中，幼儿是被欣赏的个体，他们身上似乎有着神奇的力量，值得被敬畏和尊重。这样的课程，能够充分发挥幼儿的创造性，把幼儿独特的潜质发挥出来。

(2) 重视自然界的教育艺术。瑞吉欧教育的特殊环境的创设，让幼儿在自然环境当中体会光影的重叠，学会用科学和艺术的眼光去发现身边的事物。在艺术当中发现科学，在科学探究的同时感受艺术。能够帮助乡村幼儿在看似平淡的自然环境中发现世界的美妙，增加对自然的喜爱之情。

（3）瑞吉欧课程帮助推进乡村幼儿的过程性评价。成长记录袋能够为乡村幼儿园教师进行乡村幼儿的过程性评价提供依据。乡村幼儿教育目前的教育比较偏纸质化，注重结果性评价。过程性评价则更多关注幼儿本身，能够让幼儿园教师真正关注幼儿的学习和发展过程，从而有效地帮助幼儿进行学习。

（4）瑞吉欧课程的家园联系和社区教育助推乡村幼儿发展。乡村幼儿留守儿童较多，大部分家长缺乏对幼儿的关注，隔代教育也非常普遍。所以乡村幼儿比较容易出现孤僻、不合群等性格特点。家园联系和社会教育是瑞吉欧比较出色的一部分，其活动设计的深度和丰富性值得借鉴。

综上所述，从生态学的角度对国内外优秀幼儿园课程模式进行分析，这些优秀的课程模式各有千秋，所培养的素养和能力倾向有所差异，但是他们都具备以下几个重要的特点：

（1）关注儿童本位，从儿童的视角出发帮助儿童发展。如蒙台梭利对幼儿的发展进行了长达几十年的研究，深刻论述了幼儿发展的深层心理机制，指出幼儿发展具有内在的动力，即吸收性心智，他们能自己判断环境，对环境做出反应，并从环境当中学习。蒙台梭利的教育思想主要是认为教育者必须信任儿童内在的力量，为儿童提供一个适当的环境，能够让儿童自由地活动，研究儿童发展的身心规律，以科学的方法为教育根本，是对幼儿实施素质教育和开发潜能的优秀教育模式。瑞吉欧课程也注重培养孩子的创造力、思维和独立性。安吉游戏赋予儿童游戏的权利，成人在活动中起支持作用，让幼儿在没有成人干预、充满爱和安全感的环境中不断挑战自己能力的边界。以上课程模式的本质都是支持儿童的发展，从环境中寻找各种有利于儿童发展的要素，并组织这些要素为儿童的发展服务。

（2）关注儿童环境的布置和材料的投放，积极帮助儿童与环境互动。蒙台梭利非常重视儿童与环境的关系。他认为要为儿童提供“有准备的环境”，让儿童“在环境中学习，通过环境来学习”，这个有准备的环境并不只是让儿童生活在舒适的环境里。环境的舒适主要是来自教室的秩序性、整洁性和教师及同伴的爱，而环境中的挑战在于儿童需要不断地练习，成为一个拥有新的认知水平和能力的人，蒙台梭利教育环境的重点是可以帮助儿童找到自己合适的学习内容并不断提升自己，最终和环境之间保持和谐。这个环境不仅能够让儿童感受到温暖和舒适，也能够让儿童不断战胜自己，不断获得成就感，值得注意的是，有些人误解蒙台梭利教育就是让儿童在教室中操作教具，这是和蒙台梭利的教育思想相违背的。蒙台梭利的教具确实是非常伟大的发明，能够给幼儿提供认识世界的支架，但蒙台梭利本人也说过，教具只是教育的一个手段，绝非目的，而她更看重儿童放眼宇宙，与自然环境的积极互动。高瞻课程非常重视环境的创设，在环境创设上也非常大胆，并能够较多地采用真实的材料。瑞吉欧课程非常重视幼儿与环境的互动，并鼓励儿童用自己的方式表征，五指活动课程是注重儿童与真实环境的互动，注重“做中学、做中教、做中求进步”，学习做“中国人、现代中国人”。安吉游戏把儿童看作是一个有冒险精神的人，他们积极地适应环境、应对问题，在探究和挑战中获得成长。

第二节　国外优秀幼儿教育课程在乡村幼儿园园本化的策略
——以蒙台梭利教育为例

一、国外优秀幼儿教育课程引入和园本化的基本路径

国外优秀幼儿教育课程在乡村幼儿园园本化有两个基本的路径：一种是以他为主，进行改造。这种方式是整体学习的一种经典的教育模式，学习其中的教育精髓，逐步将其中的部分教育要素进行置换。另一种是以我为主，他为我用。这种方式则是在系统地设计自己需要的课程的同时，对于经典教育模式当中能够为乡村幼儿园所用的一些课程元素加以利用。

在师资条件太弱、毫无课程设计理念和框架的情况下，可以考虑选择第一种路径；在师资情况比较好、可以灵活设计自己的课程体系的情况下，可以更多采取第二种路径。另外，对于一些条件较差的乡村幼儿园，可以先从优秀课程的某个部分引入开始，比如，可以部分引入蒙台梭利的教具，从教具的操作培训当中学习到一些经典的蒙台梭利课程思想。

从总体上来说，蒙台梭利教育虽然在我国一度很“热”，但是因为蒙台梭利教育对教师的要求很高，教具又相对昂贵，纯正的蒙台梭利教育在乡村幼儿园实施非常困难。徐芳羚子为了解蒙台梭利教育在幼儿园本土化实践的现状，采用了问卷调查法和访谈法，对上饶各县市的幼儿园中蒙台梭利教育法的运用情况进行探索。结果发现幼儿园教师对蒙台梭利教育的接受度高，但是采用纯正的蒙台梭利教育的幼儿园稀少，混龄班级有所欠缺，了解蒙台梭利教育法的幼儿园教师缺乏，蒙氏教具也不足。[①]

以蒙台梭利教育课程为例，经典优秀幼儿课程的引入和园本化策略有以下几点：

（一）了解蒙台梭利教育的精髓，运用到本园的教育活动当中

蒙台梭利教育的精髓比蒙台梭利的教具以及她的教学法、操作法更能体现蒙台梭利教育的本质。蒙台梭利教育的理论精髓是要尊重儿童、了解儿童，并帮助儿童发展。蒙台梭利教育的本质就是要从儿童的天性出发，让儿童在大自然当中学习，而蒙台梭利的教具只是帮助儿童了解世界的一些工具。因此，乡村幼儿园教师应当多读蒙台梭利的书籍，真正了解蒙台梭利对于幼儿发展的重要思想，而非单纯追求某个或某些教具的使用，或者某些教学程序的机械模仿。当了解了蒙台梭利的儿童观、教师观和教学观，才能深刻理解幼儿园教师自身的地位，放下对儿童的控制，真正帮助儿童发展。

蒙台梭利有着医学博士的背景，对于幼儿的发展有着科学、严谨的态度。她通过观察幼儿的方法，了解儿童学习的规律，并设计出一套相应的教具来帮助儿童发展，她提出“儿童是成人之父”，意思是童年孕育着成年以后的发展路径，对幼儿阶段应当怀有重视、敬畏之心。乡村幼儿园教师同样也需要对乡村幼儿怀有“敬畏之心”，看到每个乡村幼儿的独特性，研究他们的发展规律。比如其《吸收性心智》一书指出，儿童是主动学习者，乡村幼儿也是一个主动学习的人，他们的环境是他们的另一个老师，无时无刻不在影响着幼儿的发展，了解儿童的关键期，认识到幼儿是有学习能

① 徐芳羚子. 探索蒙台梭利教育法于幼儿园实践中的运用——以上饶市幼儿园为例 [J]. 四川职业技术学院学报，2023.

力的个体，就能改变对乡村幼儿粗野、顽皮的刻板印象，提供“有准备的环境”来促进儿童的发展。乡村教师应当深入学习蒙台梭利对待儿童的科学精神，它不仅仅是一种教育思想、教育模式，更是作为教育者普遍需要学习的一种态度。

（二）灵活运用和创造蒙台梭利的教具，帮助本园幼儿发展

蒙台梭利的教具富含深刻的学习内容，尤其是感官领域、数学领域和语言领域的教具，能够有效地帮助幼儿积累感性经验，达到掌握知识和提升思维的目的。但是蒙台梭利的教具费用较大，可玩性也较低。所以乡村幼儿园教师需要领会蒙台梭利教具创设的原理，并利用周围环境加以创造。如数学教育当中关于图形的认识，蒙台梭利的教具有几套是可以帮助幼儿了解拓扑图形的，这些图形基本来自生活当中各种事物（如树叶、石头），乡村幼儿园教师完全可以帮助幼儿通过描摹、拓印的方式来了解事物的形状，而不一定要购买昂贵的图像镶嵌板，由此可见，蒙台梭利的教具使得蒙台梭利教育以一种比较鲜活的方式保存和传播。但是，蒙台梭利的教具却不是蒙台梭利教育的全部，只能部分反映蒙台梭利的思想。同时，蒙台梭利的教具需要灵活地掌握它的设计精髓，了解教具想要抓住的学习元素，从乡村幼儿园周围环境中找到相应的资源进行替换，从而帮助幼儿在灵活、多样、生活化的教具当中获得发展机会。

二、乡村幼儿园引入蒙台梭利课程和园本化的现实困难

从现有的情况来看，蒙台梭利教育引入乡村幼儿园存在着现实困难。

首先，乡村幼儿园教师或家长认为蒙台梭利教育是高端教育，不适合乡村幼儿园。事实上，蒙台梭利教育是从贫民窟开始的，是蒙台梭利为了支持困难儿童而发起的一种教育模式。但是因为蒙台梭利教育的卓有成效，被世界上几百个国家所竞相效仿，其发展模式和教具体系不断完善，逐步成为一种质量高、价位高的教育。蒙台梭利教育的昂贵主要体现在教师培训费用较高、教具的花费高两方面。应该说，蒙台梭利教具蕴含着非常丰富的教育价值，却并不被一般的幼儿园教师所熟知。其次，蒙台梭利教育看似室内活动偏多，让大家以为幼儿主要是在室内玩教具，而乡村幼儿园的园本课程倡导幼儿教育应当要面向大自然、大社会，所以陈鹤琴等人也曾经讨论过这个教

育模式的弊端。事实上，蒙台梭利创设的教具并不是课程的全部，相反，她是通过这些教具帮助幼儿“放眼宇宙，看向自然”，如果误以为蒙台梭利教育就是单纯地操作教具，则是对她教育思想的误会，也导致了一大批蒙台梭利幼儿园对户外活动的忽视。最后，蒙台梭利的教具可玩性偏低，且和生活的关系不大，需要经过培训，幼儿园教师才能将其改造，并加以合理的运用。比如说蒙台梭利的数学教具，每一套教具都有代表性地突出了一些数学主题和数学元素，但是没有经过培训的教师往往只让幼儿操作这些教具，却不能根据这些教具的精神从生活中去选取相应的材料进行扩充，这样的训练虽然锻炼了儿童的数学思维，却不能帮助儿童将其和实际生活联系起来，便没有很好地发挥它的功效。

三、生态学视域下乡村幼儿园引入蒙台梭利课程与园本化的策略

蒙台梭利教育课程是国外经典的幼儿教育课程，蒙台梭利课程的园本化有两个重要的方式。第一，可以组织乡村幼儿园教师先学习该课程的基本理论，尤其是学习蒙台梭利的著作，帮助幼儿园教师从科学的角度理解儿童，帮助儿童发展。然后在蒙氏教育活动过程中，和本幼儿园的生活实际联系起来进行活动。第二，可以引入蒙台梭利教育的线上活动或者教具，结合本园的情况进行创新。蒙台梭利数学领域的教具，可以让教师思考如何运用生活中的材料来替换蒙台梭利的教具材料。但是，在没有接受正规的蒙台梭利教师培训之前，教师往往很难利用好蒙台梭利的教具。因此，可以加大蒙台梭利教具的实用培训，尤其是结合乡村幼儿园的本土资源来帮助幼儿园教师理解教具并运用教具。而高瞻课程的书籍对于一线幼儿园教师来说更加难以把控与理解，高瞻课程的开展需要幼儿园教师具备关键经验的课程理解能力，对于材料的要求也往往比较高。因此，这些课程的引入都需要进行园本化处理，简化课程，学习其精华，采取和乡村幼儿园相适合的材料来进行改造。相较于国外的优秀课程，国内的五指课程和安吉游戏也有很大的价值。这些课程同样要和当地幼儿园的资源条件结合起来，尽量使用当地的材料来开展活动。

第三节 自然生态教育视角下蒙台梭利数学教具在乡村幼儿园的创新运用

蒙台梭利教育体系从1913年至1922年这一时段集中传入中国后，不断发展，20世纪90年代后，蒙台梭利教育以一发不可挡之势在中国大地上轰轰烈烈地开展起来。① 蒙台梭利教育在中国得以发展是我国教育界同仁们薪火相继、不断努力传播的结果。② 近年来兴起的自然生态教育对学前教育也产生了较大的影响。蒙台梭利有一套自然教育观，其教具倡导使用木质材质，具有一定的生态性。本文根据蒙台梭利教具的设计原则，结合自然生态教育理念，利用乡村幼儿园自然和环境资源，来进行蒙台梭利教具的创新。

一、蒙台梭利教具设计特点概述

对儿童来说，心理发展和心理飞跃的发生需要借助外部手段来进行，合适的教具就显得非常重要。蒙氏教具的设计主要遵循四个特点：抽取性、抽象属性的具体化、遵循儿童身心发展的规律、错误订正或正确指引。

（一）抽取性

抽取性指事物的各部分虽然是一个整体，紧密联系，但却可以抽离出部分的构造和部分的功能、本质或特质，使其功能发挥到极致。当一个整体中各部分的功能都发挥到极致时，整体生命也就呈现所能发展的最佳状态。此外，除了将整体中的部分抽取出来的意思，抽取性教育原则还有一个意思，即将教育的某个部分抽取出来。简言之，抽取性原则即在单个因素操作的状态中实施孤立化的教育，以使教育效果达到最佳。抽取性的具体表现有三：第一，把事物的特性分别抽取出来，形成一个操作系列，区分日常生活教育、语言教育、文化教育、感官教育、数学教育等五大教育领域，也就是把儿童

① 田正平. 蒙台梭利教育思想在近代中国——纪念蒙台梭利“儿童之家”创办一百周年［J］. 河北师范大学学报（教育科学版），2007.

② 张红兵等. 蒙台梭利教育理论概述［M］. 北京：北京理工大学出版社，2007.

各个领域的学习进行抽取。第二，五大教育领域中的教育也都是采用抽取的教育原理。以感觉教育为例，通过感觉刺激抽取的原理，将视觉、听觉、触觉、嗅觉、味觉分别作为孤立的状态来利用教具进行刺激。第三，将教育的主体——儿童与环境进行某种程度抽离。即将儿童和他所处的环境孤立出来，这时候儿童已和他所处的环境没有关联，完全沉浸在自己的学习世界中。这样的教育原则可以有效避免教师打断幼儿的沉浸状态。蒙台梭利在综合教育环境、教具特点及教学提示方法方面必须考虑儿童独立性的相关问题，提出了几项特殊的孤立化：感觉刺激孤立化、对象的孤立化、困难度刺激的孤立化、概念的孤立化、由环境中孤立化。①

(二) 抽象属性的具体化

抽象属性的具体化指先抽取具体事物中的某一种属性，然后再将抽象的属性加以整理使之具体化。例如，当蒙台梭利想取“大小”属性时，她会等间距地缩短某个教具的长、宽、高；要取“粗细”的性质时，她会固定某种教具的长，等间隔地缩短高和宽。儿童在操作教具的时候并不会注意教具的属性，但教具却将其特有的属性以看得见、摸得着的实物形式呈现给儿童。儿童在反复操作教具后就会开始有意识地去探索教具真正的含义。这种探索的过程恰恰是儿童集中注意力、提高专注力、丰富想象力、增强记忆力、发展思维的过程。②

(三) 遵循儿童身心发展的规律

蒙台梭利认为教育要让儿童自由自然地生长，这就要求教育者了解和遵循儿童身心发展的层次性和阶段性。为了适应幼儿的年龄阶段性，蒙台梭利的每套教具都遵循由简单到复杂的规律，其使用方法基本上是在不同的发展阶段以配对、分类、排序为基础来设计引导方案。蒙台梭利指出：“给儿童提供的教具不能是一成不变的，而要起到不断刺激儿童心理变化的作用，引导儿童一步一个脚印，攀上不同的、更高的台阶，令其心理需求得到不断

① 张红兵等. 蒙台梭利教育理论概述 [M]. 北京：北京理工大学出版社，2007.
② 张红兵等. 蒙台梭利教育理论概述 [M]. 北京：北京理工大学出版社，2007.

满足。”①

（四）错误订正或正确指引

蒙台梭利提出了幼儿教育的两个原则：“重复练习”与“自由选择”。幼儿在环境中自主选择想要做的工作，有的幼儿可能会连续一段时间选择同样的工作。蒙台梭利认为儿童是创造者②，当儿童沉浸在工作里的时候不应该介入打扰。如何在成人不介入的情况下让儿童知道自己的操作是否正确？这就要求教具本身能够完成错误订正。蒙台梭利如是说：“为儿童提供的物体的特质，不仅要看他能给儿童带来的直接反应，同时还要有可控制错误的特点。这两方面，是确定物体特质的重要因素。”③ 错误订正可机械控制，以教具插座圆柱体为例，每个圆柱体和对应的插座严丝合缝，如果儿童不能完全正确地把所有圆柱体都放在相应位置，最后必然会有插不进去的圆柱体被剩下。儿童在发现这些错误后，会显得很兴奋。他们会充满兴趣地投入“错误订正”中，直到错误被完全纠正后，这个过程才能结束。④

二、自然生态视域下蒙台梭利教育在乡村幼儿园的园本化

党和政府历来重视生态文明教育，先后多次召开国家层面的会议，出台了很多生态文明建设的政策文件、法律法规。1990 年发布的《国务院关于进一步加强环境保护工作的决定》中要求增强全民族的环境意识，高等院校应有计划地设置有关环境保护的专业或课程，中、小学及幼儿教育应结合有关教学内容普及环境保护知识。⑤ 应认识到，人同时具备社会属性和自然属性，这使得人在体会人类之爱的同时也需要从自然中获取力量，这种力量可以促进人身心的发展。人与自然界须臾不可分离，自然界对人身心的发展起着不可忽视的作用。因此我们在培养孩子适应社会生活的能力时，也要让孩子适应自然界，使其成为属于社会也属于自然界的人。⑥

① 蒙台梭利. 儿童的自发成长 [M]. 李芷怡译，北京：北京理工大学出版社，2015.
② 蒙台梭利. 儿童的自发成长 [M]. 李芷怡译，北京：北京理工大学出版社，2015.
③ 蒙台梭利. 儿童的自发成长 [M]. 李芷怡译，北京：北京理工大学出版社，2015.
④ 蒙台梭利. 儿童的自发成长 [M]. 李芷怡译，北京：北京理工大学出版社，2015.
⑤ 蒙台梭利. 蒙台梭利早期教育法 [M]. 李芷怡译，北京：北京理工大学出版社，2015.
⑥ 霍雨佳. 以“自然”为“学校”——儿童生态教育的实践与思考 [J]. 中国校外教育，2015.

（一）倡导人向自然学习

人类生于自然，不能脱离自然的恩赐与教导。远古时期，人们就通过观察自然获悉自己生存发展的渠道和路径。台湾学者汪静明用7个词语，简明有效地概括了自然生态发展的规律和特征：物物相关、相生相克、能流物复、时空有宜、承载定额、协调稳定、环环相扣。社会生态的规律也在这7个词语当中体现出来，可以作为指导儿童生态教育的理念和思想。

（二）以儿童为本

生态项目提出，要探索和实施体现“以儿童为本”的教育行动方案。我们将这类方案的特征总结为源于儿童生活与经验的教育主题、体现“儿童参与”的教师指导策略、“体验和探究式为主”的教育方法以及“开放型”的教育目标。教育目标的选取，要以儿童的生活和经验为基础，将生活中的事情作为教育材料，以“儿童生活和经验”的教育才是“活教育”。

三、自然生态教育视角下蒙台梭利数学教具在乡村幼儿园的创新运用思路

蒙台梭利认为幼儿自然教育的含义主要包含以下几个方面：一是培养孩子对生物的关爱之心；二是在饲养动物中学会自主教育，并培养预见力；三是培养孩子的耐心和信心；四是引导孩子热爱大自然。涵盖了认知、能力、情感三个维度的目标，与我国当代的教育方向一致。自然生态教育的观念和规律可作为主线贯穿蒙台梭利教具的生成和设计当中。

（一）从“能流物复”视角出发

“能流物复”是指在生态系统内，能量在不断地流动，物质在不断地循环。该规律诉诸人类社会的能量在更大范围内——一个民族，一国国民，全人类的代际纵向流动形成历史。生态学中的“能流物复”还有一层含义：单向的能量流动在流动过程中递减，有一部分转化为热能逃逸散落到环境中。为了维护生态平衡，必须尽可能地充分利用能量，减少散入环境量。这层规律诉诸人类社会应该注意代际间的可持续发展。结合教育实践来说，就是我们应当注意教具的可持续性和环保性，教师可直接从自然中取材，来自制

教具。

例如蒙台梭利教具中的纺锤棒箱，教师可自行制作。选取一个废弃纸箱，用纸板分隔成五等份，由左向右依次写上数字“1—10”。纺锤棒则可以用树木下捡到的细树枝制作。将细树枝进行打磨，磨去可能划伤幼儿的部分，再将细树枝切割为长度相等的小棒。再用卡纸制作比对版，使教具具有错误订正功能。幼儿操作时，将细树枝做的小棒按照纸箱上的数字指示放入相对应量，再对照错误订正版进行纠正。如此自制完成一套环保的蒙氏教具“纺锤棒箱”。既能节约成本，提高经济性；又符合了生态教育观，具有环保性。此外，也可适当让幼儿参与教师的教具制作过程，幼儿参与了教具的制作后，懂得自然物通过人类加工可以变为各类工具的道理，体会与大自然的不可分割感，并对教具产生更强的操作兴趣，能更专注地投入对教具的制作中。

（二）从“以儿童为本”视角出发

蒙台梭利主张要解放儿童自由的天性。这与生态教育“以儿童为本”的主张不谋而合，二者都是站在儿童本位，从儿童出发来进行教育的。“以儿童为本”观念如何体现在蒙台梭利教具中呢？可从以下两种思路出发：第一，从儿童的兴趣出发，在幼儿园课程实施阶段进行教具的生成。即教具不是事先全部安排好的，而是先发现儿童的兴趣再根据兴趣投放的。例如，儿童在数学集体教学活动中学习了“长短”的概念，教师仔细观察幼儿后发现孩子们对于该概念有较强的兴趣，此时可生成教具“数棒”。教师选取自然或环保材料自行制作，把握住前文所提出的教具设计四个原则，因地制宜，就地取材。第二，儿童参与教具制作过程。如果教师决定自制教具，那么可先收集材料，而后将收集好的材料带至幼儿园班级，在幼儿自由活动期间进行制作，感兴趣的幼儿可自行加入制作活动中。需要注意的是，教师如在自由活动期间制作教具，就无法很好地观察和保护幼儿，须做好视频记录并让其他的教师对幼儿进行必要的观察保护。

生态文明教育需要引导幼儿形成生命共同体的价值观念，促使幼儿萌生热爱自然、保护自然的情感，认识到自然应当受到尊重，人与自然共生共荣，爱自然是人的责任。蒙台梭利主张幼儿的自由发展，主张成年人要为儿童提供合适的成长环境，这个环境包括满足儿童的身体和精神双重成长的外界条件。蒙台梭利主张教育要顺应儿童身心发展规律且不对儿童施加不必要的限制。儿童应该通过教育获得一种自发的向上向善的心灵力量。儿童在接触自然、体验自然、探索自然的过程中会得到心灵的舒缓和慰藉，并能激发出他们原本的生命力和心灵力量。生态教育视角下的蒙台梭利教具创新就是要把自然生态的规律投射到教具上。儿童在与这些教具的交互中，在与自然生态规律所引导下的教育方式的交互中，会潜移默化地领会到有关大自然规律的观念，萌发出热爱自然、亲近自然、保护自然的情感，从而为他们一生的全面发展和成为新时代合格公民打下良好基础。

第六章 乡村幼儿园园本课程案例设计与评析

为了帮助一线乡村幼儿园开展园本课程开发，本研究选取娄底市娄星区某乡镇A幼儿园作为试点，运用生态学的课程设计思路，帮助该幼儿园进行园本课程的设计。A幼儿园地处娄底市娄星区，是一所全新的乡村幼儿园，占地面积2000平方米，建筑面积2800平方米，户外活动面积1000平方米。2021年秋季开园招生，现开设4个班级，约有110名适龄幼儿入园。该幼儿园是一所有着较好师资条件的幼儿园，离娄底市区大约40公里，拥有娄底城区的一些公共资源，如石马公园、娄底市博物馆、石花彭氏支祠、仙女寨玄真观等旅游景点，有铁山杨梅、梅山三合汤、湘中香稻、娄底草菇、娄底茶树菇、双江荞头等特产，有新化山歌、涟源民间剪纸、枫坪傩狮舞、溪砚制作工艺、涟源珠梅“抬故事”等民俗文化。近年来接受的送教、助教活动比较多，因此幼儿园园长和教师思维较为活跃，有比较好的专业视野和专业能力。本案例是笔者和娄底恩雅幼儿园以及A幼儿园园长、老师共同研讨、为A幼儿园研发的乡村幼儿园园本课程的方案。本案例旨在从乡村幼儿园的环境和条件出发，开发属于A幼儿园自己的乡村幼儿园课程案例。

第一节 乡村幼儿园园本课程案例设计

——以娄底市某乡村幼儿园为例

案例：乡村幼儿园11月主题活动“保护我们美丽的家园”

一、主题活动设计意图

11月，渐渐进入冬天，环境保护是我们非常重视的课程内容，因此，本月的主题是“保护我们的家园”，结合天气变化及对人类、动植物的影响，运用出去散步等方式，发现环境中动植物的变化，以及环境中有哪些污染，来思考我们如何和环境和谐相处，保护环境。本活动围绕乡村的美好生活及其中可能出现的一些危害或者危险的事情，进行教育，帮助幼儿认识环境的基础上热爱周围环境并保护环境。

二、主题活动思路与整体活动框架

（一）活动思路

从幼儿关心的天气变化、动植物入手，以集体教育活动带动区角活动、日常活动、家园联系和社区实践活动，并从日常活动、家园联系和社区实践活动发掘生成新的活动。遵循“认识冬天乡村的环境—认识冬天里的动植物—认识冬天里的人们—保护环境”的基本思路来开展活动。

（二）活动框架设计

【集体教育活动】（略举几例）

1. 大班科学活动

科学活动：“立冬”“小雪”“小动物们去哪儿了？”“动物怎么过冬”“植物在冬天怎样喝水？”“垃圾分类”“这些可以用来做什么呢？”。

数学活动：“快乐等分”“温度的测量”“奇妙的箱子”。

2. 大班语言活动

古诗活动：“画鸡”“相思”。

谈话与阅读活动：“如果地球被我们吃掉了”“地球生病了”“塑料瓶到哪里去了”“树真好”。

3. 大班社会活动

“变废为宝”“了不起的清洁工”“村里的垃圾都去哪里了”“我们村里的垃圾处理”。

4. 大班艺术活动

音乐活动：“小魔仙的能量水”“家乡多美丽”“环保服装设计师”。

美术活动：“美丽的地球”“我爱我的家”“环保服装设计师”“可爱的环保标志”。

手工活动："制作垃圾桶"。

剪纸活动："小动物"。

5. 大班安全健康活动

"动物可爱，也会伤人""危险玩具要远离""不能吃垃圾食品"。

【日常活动】

1. 徒步：有阳光的天气每天在幼儿园室外徒步一个小时左右，感受冬天的天气特点、周围景色。

2. 观察：观察冬天的特征和现象，探索季节对人或动植物的影响。

3. 户外调查活动："哪些动物不见了？"。

4. 户外体验："幼儿园周围哪里空气最好？"。

【区角活动环境创设】

区角活动：

1. "给大树分类"。

2. "小动物过冬"。

3. "垃圾分类"。（1）在教室里创设冬天的氛围，挂上雪片、放上小雪人等；（2）各种大树的拼图和分类板；（3）投放动物过冬的图片，让幼儿进行分类；（4）投放垃圾分类盒和部分生活垃圾图片，帮助儿童了解垃圾分类。

【家园联系】

1. 户外徒步：家长陪伴幼儿到户外去散步，观察动植物在冬天有哪些变化。

2. 观察：家长和幼儿一起观察冬天里农作物的生长情况和村民在冬天里有哪些工作。

3. 查阅资料：家长和幼儿一起查阅关于动物冬眠的资料。

4. 调查：家长和幼儿一起调查村庄有哪些污染，并拍照片收集，撰写村庄污染情况报告。

【实践活动】

月总结活动：大班组"乡村环保大作战"。

（三）部分教育活动安排

活动时间 （活动内容）	第一周 “美丽的家园”	第二周 “地球生病了”	第三周 “叮叮当，变废为宝”	第四周 “环保大行动”
集体： 艺术、科学	“家乡多美丽”“立冬”“小雪”“动物怎么过冬”	“小魔仙的能量水”	“环保服装设计师”	“可爱的环保标志”
区角或 园内室外	“小动物过冬”	“植物在冬天怎样喝水？”	“环保服装秀”	“制作乡村的环保标识”
集体：科学、社会、健康	“垃圾分类”	“了不起的清洁工”	“变废为宝”	“垃圾处理，请这样做”
区角或 园内室外	“制作垃圾箱—分类垃圾”	“我是小小清洁工”	“小动物”	“环保小记者”
集体： 科学活动	“这些可以用来做什么呢？”	“小动物们去哪儿了？”	“奇妙的箱子”	“快乐等分”
区角或 园内室外	“我设计的作品”	“清洁工人怎么给垃圾分类”	“‘前书’写练习‘+’‘−’‘=’”	“156 快乐等分录表”
集体：科学、语言活动	“地球生病了”	“如果地球被我们吃掉了”	“塑料瓶到哪里去了”	“树真好”
区角或 园内室外	“制作垃圾回收箱”	“给大树过冬”	“废旧玩具再组装”	绘本“神奇的垃圾处理场”
集体：古诗或安全活动	“画鸡”	“危险玩具要远离”	“相思”	“动物可爱，也会伤人”
区角或 园内室外	回家观察小鸡或小鸭，说说它们每天有哪些活动	图片对应：找出有哪些危险的玩具	用豆豆做一颗红豆树，并说出红豆的数量	区角图片分类：看看哪些植物可能有害，哪些植物是无害的

（四）户外及特色活动

户外活动	星期一	乡村徒步、户外大型器械
	星期二	乡村徒步、大型建构游戏
	星期三	乡村徒步、“跳房子”
	星期四	乡村徒步、民间游戏“老鹰抓小鸡”
	星期五	乡村徒步、混班混龄自主游戏

续表

幼儿美食制作	“立冬美食”
生活能力重点	按需自主穿脱衣物
社会实践活动	“环保大作战”
家园配合事项	1. 规律作息、按时入学。在园吃早餐，8：00 前入园；在家吃早餐，8：30 前入园。 2. 关注群通知，了解孩子在园活动，完成老师布置的家庭小任务。 3. 鼓励孩子参与一些力所能及的家务劳动。 4. 关注孩子的卫生习惯培养。

三、具体案例设计

案例1 大班科学集体教育活动（一）

立冬

【活动目标】

1. 初步感受立冬时大自然的神奇变化。

2. 初步了解立冬时水始冰、地始冻、动物冬眠的物候特点以及给动物保暖的农事特点。

3. 用剪贴、绘画等不同的方式，自主创作美工围巾、帽子或手套。

【活动准备】

1. 课件准备：“水”图片；“立冬”故事视频；“水始冰、地始冻”组图；“冬眠的动物”组图；“保暖”组图；“暖和的冬天”组图；“手工作品”组图。

2. 材料准备：彩色笔、毛线、玻璃纸、卡纸、皱纹纸、压花器、剪刀、胶棒等。

【活动过程】

1. 出示图片“水”，通过提问、猜想，激发幼儿活动兴趣。

——看看这是什么？

——冬天到了，如果把水放在室外，可能会发生什么变化呢？

——一起跟着熊猫奇奇和妙妙到故事里找找答案吧。

2. 播放故事视频《立冬-1》，并出示组图“水始冰、地始冻”，引导幼儿了解立冬水始冰、地始冻的物候特点。

——故事里，水发生了什么变化？

——为什么水会结冰呢？爸爸是怎么告诉奇奇和妙妙的？

——立冬节气到了，冬天就来了，水也开始结冰了。除了水会结冰，还有什么也会结冰冻住呢？

——土地结冰冻住，会带来哪些好处呢？（保护泥土、消灭害虫）

小结：立冬是冬天的第一个节气。立冬到了，冬天就来了，水面开始结上一层薄薄的冰，土地也会结冰冻住，这就是“水始冰，地始冻”。

3. 播放故事视频《立冬-2》，并出示组图“冬眠的动物”，引导幼儿了解立冬动物冬眠的物候特点。

——立冬时，不仅土地要休息，一些小动物也要休息睡觉了，它们会是谁呢？我们一起接着往下看吧。

（1）播放故事视频并出示组图“冬眠的动物-1”，引导幼儿了解立冬动物冬眠的物候特点。

——立冬时，哪些小动物要休息睡觉了？

——它们睡觉和平时一样吗？哪里不一样？它们什么时候才会醒来呢？

——冬天到了，小动物们会睡上长长的一觉，直到春天才醒来，这种现象叫作什么呢？（冬眠）

——它们为什么要冬眠？（冬天时天气冷，食物少，小动物们要靠冬眠来储存能量）

小结：立冬时，天气冷，食物少，小青蛙、小蛇、小刺猬要靠冬眠来储存能量，它们会睡上长长的一觉，直到温暖的春天才会再次醒来。

（2）出示组图“冬眠的动物-2”，引导幼儿了解其他会冬眠的动物。

——你们还知道哪些会冬眠的小动物呢？

——一起来看看图片了解一下吧。

小结：立冬时，蚯蚓、蟾蜍等动物也会冬眠。

4. 播放故事视频《立冬-3》，并出示组图“保暖”，引导幼儿了解立冬时给动物保暖的农事特点。

（1）鼓励幼儿自由讨论。

——所有的小动物都会冬眠吗？

——不会冬眠的小动物要怎么办呢？

——一起来看看人们会怎么帮助那些不会冬眠的小动物度过冬天的吧。

（2）播放故事视频并出示组图“保暖”，引导幼儿了解立冬时给动物保暖的农事特点。

——刘奶奶是怎么帮助小羊保暖的呢？

小结：立冬时，人们会给家里饲养的小动物们做好过冬的准备，围上草帘、铺上厚厚的稻草，让小动物们温暖地度过冬天。

5. 出示组图“暖和的冬天”“手工作品”，鼓励幼儿自选材料，自由创作围巾、手套或帽子。

（1）出示组图“暖和的冬天”，鼓励幼儿讨论冬天保暖的方法。

——立冬就要到了，你们还记得视频里奇奇、妙妙说了哪些冬天保暖的方法吗？

小结：立冬到了，我们可以戴上帽子、围巾、手套，通过吃暖和的食物、喝热水、晒太阳等让自己变得暖和。

（2）出示组图“手工作品”，鼓励幼儿讨论制作方法。

——一起来试着做一做手套、围巾和帽子，让这个冬天变得暖烘烘的吧。

——这样漂亮的手套/围巾/帽子，是怎么制作出来的呢？

——除了用彩色笔画上自己喜欢的图案，还可以用什么材料，怎样装饰你的围巾/手套/帽子呢？

（3）发放材料，鼓励幼儿自选材料自制围巾、手套或帽子。

【延伸活动】

手工制作树枝相框。

案例2 大班科学集体教育活动（二）

小动物们去哪儿了？

【设计意图】

冬天到了，由于幼儿已经具备基本的生活经验，较容易观察到人类的变化，可小动物的变化很难从表面看到，为了增加孩子们的知识面、丰富幼儿的知识，增加幼儿的生活经验，了解气候季节对动物们生活、生长的影响，该活动选择以冬眠为主题，让幼儿了解哪些动物需要冬眠，小动物为什么要冬眠，如何冬眠，激发幼儿探究自然界的兴趣以及爱护小动物的情感。

【活动目标】

1. 知道有哪些动物需要冬眠，了解常见冬眠动物的冬眠原因。

2. 能够在集体活动中大胆地表达自己对动物冬眠原因、方式的了解。

3. 了解气候对动物生存的影响，有探究自然的欲望，有爱护动物的意识。

【活动准备】

经验准备：幼儿知道气候变化对动物生活生长有影响。

材料准备：视频《小动物们去哪儿了?》、课件、动物冬眠场景布置，冬眠小动物模型。

【活动过程】

1. 视频导入。

——小朋友们，现在天气越来越冷了，原来是冬天到了。我们都穿上了厚厚的衣服，打开了热乎乎的暖炉，那么动物们在干什么呢？它们去哪里了？我们一起去看看吧！

播放视频《小动物们去哪儿了?》

——小朋友们要仔细看哦，老师等下要向小朋友们提问哦。

2. 教师根据视频内容提问。

Q1："你们看到了哪些动物？它们在干什么呢?"

Q2："小动物们为什么要冬眠呢?"

Q3："小动物们是怎样冬眠的呢?"

3. 幼儿分组讨论并个别讲述。

——小朋友们，我们看完了视频，是不是对小动物冬眠有了自己的认识，现在老师请你们分小组选择并讨论课件上某一个小动物冬眠的原因以及方式，等会请每个小组派一个小朋友上台和大家分享你们讨论的结果哦。

4. 组织游戏巩固知识

游戏规则：教师提前布置冬眠所需场景，如树洞、石头缝隙、水盆等，幼儿分两组，一组送小动物去冬眠，一组把小动物叫醒。

(1) 小动物去冬眠（冬季背景板）

——小朋友，接下来老师跟你们一起玩一个小游戏，现在有一些小动物要去冬眠，可是他们找不到地方，老师现在邀请一组小朋友来帮一帮他们，把他们送到冬眠的地方去，好吗？另一组小朋友转过身去不要看，不要提醒他们哦。

（2）小动物起床啦（春天背景板）

——哇，春天到了哦，小动物们要起床了，下面请这一组小朋友把它们叫醒，好吗？另一组小朋友不要提醒哦。

小结：小朋友们可真棒呀，都找到了小动物冬眠的地方。动物是我们人类的好朋友，我们在日常生活中要多多关心呵护和爱护身边的小动物，与动物和谐相处，为它们创造良好的生存环境。现在冬天到了，小动物们将会更加需要我们的帮助，希望小朋友都可以奉献自己的爱心，为小动物做一些力所能及的事情。

【活动延伸】

幼儿回家与父母探讨：人类是否需要冬眠。

案例3 大班科学集体教育活动（三）

地球生病了

【活动目标】

1. 增强环保意识。

2. 了解海洋、森林、空气面临的环境破坏问题及相应解决办法。

3. 尝试说说力所能及的环保行为。

【活动准备】

“美丽的地球”图片及视频、“哭泣的地球”图片、“地球生病了”歌曲视频及图片、“地球病好了”音频及图片。

【活动过程】

1. 播放图片及视频“美丽的地球”，引导幼儿欣赏地球的美丽，为活动铺垫情感。

（1）出示图片“美丽的地球”，请幼儿观看，感知地球的外观。

——看，你们知道图片上的是什么吗？（地球）

小结：这是我们大家生活的地球，从太空看，它是一颗蓝色的星球。

（2）播放视频“美丽的地球”，引导幼儿欣赏地球的美丽，为活动铺垫情感。

——我们的地球很美丽，除了我们人类，还有许许多多的生物也生活在这里，我们一起来看看吧！

小结：地球美丽又充满生机，它给了我们新鲜的空气、蓝蓝的大海、清澈的小溪，茂盛的森林草原……它孕育了生灵万物，是我们人类和所有动植物共同的家园。

2. 出示图片“哭泣的地球”，播放歌曲视频片段及图片《地球生病了-问题》，引导幼儿了解海洋、森林、空气所面临的环境破坏问题。

(1) 出示图片“哭泣的地球”，激发幼儿的好奇心。

——咦，美丽的地球怎么哭了？我们一起跟着熊猫奇奇和妙妙去视频里看看吧。

(2) 播放歌曲视频片段及图片《地球生病了-问题》，引导幼儿了解海洋、森林、空气所面临的环境破坏问题。

——地球怎么了？为什么会这样？(地球生病了、海洋里有许多垃圾、大树被砍光了、空气变得臭烘烘的……)

——海洋污染/森林被砍光/空气污染会带来什么样的危害？(危害海洋生物居住的家园、森林里的小动物没有家了、地球上的气温会升高、脏脏的空气会让人生病……)

活动建议：教师可根据实际情况重复播放视频。

小结：人们往海里乱丢垃圾，把森林里的大树砍光了，汽车和工厂还排放了大量废气，让我们美丽的地球生病了。

3. 分段播放歌曲视频及图片《地球生病了》，引导幼儿了解海洋垃圾、过度砍伐、空气污染问题的解决办法，并说说自己能做的环保行为。

播放歌曲视频及图片《地球生病了-海洋》，引导幼儿了解海洋垃圾的解决办法，并尝试说说自己可以通过何种方式保护海洋。

——大海脏兮兮的，让地球的身体变得好痒，这可怎么办？一起来看看奇奇、妙妙和小伙伴们是怎么做的吧。

——大海为什么会变得脏兮兮的？(人们往海里扔了许多垃圾)

——视频里的小伙伴们是怎么做的？(收集沙滩上的垃圾、打捞海里的垃圾)

——如果我们去海边玩，我们能做些什么来保护海洋呢？(帮忙捡起海滩上的垃圾、不随地乱丢垃圾、离开时带走自己的物品和垃圾……)

小结：乱扔垃圾等行为会导致环境污染，我们应身体力行地做好捡起垃圾等小事，尽力保护环境。

4. 播放歌曲视频及图片《地球生病了-森林》，引导幼儿了解过度砍伐树木的解决方法，并尝试说说自己可以怎么保护森林、爱护植物。

——森林变得光秃秃的，地球的身体也变得热热的，怎么办呢？快去视频里看一看。

——为什么森林会变得光秃秃的，地球的身体也变得热热的呢？（大树都被砍掉了）

——视频里的小伙伴是怎么帮助地球的？（制止砍伐、种树、立警示牌）

——你们还有什么保护森林的好办法吗？（不在森林里玩火，防止发生火灾……）

——保护了森林，我们也要爱护身边的花草树木，可以怎么做呢？（不乱摘小花、不踩踏草坪……）

播放歌曲视频及图片《地球生病了-空气》，引导幼儿了解解决空气污染的办法，并尝试说说自己可以怎么保护空气。

——空气变得臭烘烘的，这又该怎么办呢？我们接着去视频里看看。

——空气为什么变得臭烘烘的？（工厂废气、汽车尾气太多了）

——为了减少空气污染，小伙伴们是怎么做的？（拆掉排放废气的工厂、多骑自行车或电动车）

——小朋友们可以做些什么呢？（提醒爸爸妈妈少开车、多乘坐公交车或地铁）

播放音频及图片《地球病好了》。

总结活动主旨，增强幼儿的环保意识。

小结：地球是我们唯一的家园，虽然现在它生病了，但我们大家正在共同努力，希望它能慢慢好转，一点点恢复从前的健康、美丽。

案例4 大班科学集体教育活动（四）

小雪

【活动目标】

1. 初步了解小雪时粮归仓、菜入窖、植物防冻的农事特点。

2. 初步了解小雪时腌菜、补冬的节气习俗。

3. 尝试制作冬雪梅花，体验小雪时节的快乐。

【活动准备】

1. 课件准备："搬食物"图片；《小雪》故事视频；"粮归仓、菜入窖"组图；"腌菜"组图；"补冬"组图。

2. 材料准备：塑料袋、塑料膜。

【活动过程】

1. 出示图片"搬食物"，激发幼儿活动兴趣。

——今天，爸爸给熊猫奇奇和妙妙布置了一个重要的任务，看图猜猜是什么呢？

——你在院子的地上看到了什么？（小麦、白菜、萝卜……）

——猜猜爸爸想请奇奇和妙妙做什么呢？

——到底是什么任务？又为什么要这么做？一起去故事里找答案吧。

2. 播放故事视频《小雪-1》并出示组图"粮归仓、菜入窖"，引导幼儿了解小雪时粮归仓、菜入窖的农事特点。

——原来是小雪节气到啦，所以爸爸布置了一个重要任务，你还记得是什么吗？（把粮食和蔬菜储存起来）

——蔬菜存在哪里呢？为什么？（地窖；小雪时节起，北方就变得非常寒冷。这时地窖的温度比外面高，和我们冰箱的冷藏室的温度差不多。把蔬菜放在地窖里，既不会被冻坏，又能保持新鲜）

——秋天晒好的小麦存在哪里呢？（粮仓）

——你知道为什么小雪时节要存储粮食和蔬菜？（这样到了寒冷的冬天就有充足的食物）

播放故事视频《小雪-2》并出示组图"腌菜"，引导幼儿了解小雪时腌菜的节气习俗。

——大白菜和萝卜只能放进地窖里储存吗？爸爸还会有什么特别的储存方法呢？我们一起再来看一看视频吧。

——大白菜和萝卜还可以用什么方法储存呢？（腌菜）

——你们知道什么是腌菜吗？（把盐涂抹在蔬菜上，放进罐子里密封腌制）

小结：小雪节气时，人们还可以把蔬菜制作成冬天更容易保存的食物，如腌白菜、腌萝卜等。

3. 播放故事视频《小雪-3》并出示组图"补冬"，引导幼儿了解小雪时补冬的节气习俗。

——刚腌制的大白菜和萝卜还不能吃，小雪节气会有什么好吃的呢？一起来看看吧。

——爸爸为奇奇和妙妙准备了什么好吃的？

——为什么小雪时要多吃羊肉、牛肉等食物呢？

小结：小雪时天气寒冷，人们要多吃羊肉、牛肉等食物来让身体变得更暖和、更强壮。

4. 播放故事视频《小雪-4》并出示组图“植物过冬”，引导幼儿了解小雪时植物防冻的农事特点。

（1）鼓励幼儿自由讨论。

——小雪时，人们不仅要让自己变得暖和，也要帮助植物变暖和。你们知道要怎么给植物保暖吗？

——一起来看看视频吧。

（2）播放故事视频并出示组图“植物过冬-1”，引导幼儿了解小雪时植物防冻的农事特点。

——爸爸告诉奇奇和妙妙，可以怎么帮助花儿/大树保暖呢？

小结：小雪时，天气越来越冷，人们可以把花儿搬进温暖的室内；给大树刷上石灰水、绑上草绳等，帮助花儿和大树度过冬天。

（3）出示图片“植物过冬-2”，引导幼儿了解帮植物过冬的其他方法。

——还有什么办法可以帮助植物过冬呢？看看图片上的人们是怎么帮花儿、蔬菜过冬的？

小结：人们可以用塑料袋罩住小花，用塑料膜盖住菜地，给它们穿上“外套”，帮助它们度过寒冷的冬天。

【活动延伸】

手工制作冬雪梅花。

案例5 大班科学集体教育活动（五）

垃圾分类

【活动目标】

1. 生活中会产生很多垃圾，初步了解垃圾的分类。

2. 尝试对幼儿园里常见的垃圾进行分类。

3. 萌发在日常生活中进行垃圾分类的意识。

【活动准备】

材料：用来捡拾垃圾的小夹子5~6个（或手套每人1双），垃圾袋5~6个，垃圾筐2个，展示板1块。

场地：室外，有一些垃圾可以让幼儿进行捡拾。（教师可以视情况提前投放一些）

【活动过程】

1. 激发热情

将幼儿带到幼儿园室外集中，围成一个圈面向教师坐好。一起讨论生活中产生的垃圾。

教师引导语：你们知道什么是垃圾吗？在幼儿园里面，常见的垃圾有哪些？

关于“什么是垃圾”的问题，幼儿能理解其概念即可，不要求他们做出准确的定义。引导幼儿想一想扔垃圾的时候，垃圾袋里都装着哪些垃圾？

幼儿讨论完后，教师总结并明确任务。每个人都会产生一些垃圾，今天活动的主要任务就是看看咱们生活中都会产生哪些垃圾，这些垃圾可以怎么分类。

2. 自然体验

（1）生活中常见的垃圾及其分类。教师在展示板上逐一展示“生活中常见的垃圾”的卡片，每展示一张，教师向幼儿介绍卡片中的内容，请家里会产生这些垃圾的幼儿举手。展示完所有的卡片后提出问题：所有垃圾都是一样的吗？如果要将这些垃圾进行分类的话可以怎么分？（只讨论分类的方法即可）

（2）教师在展示板上出示“生活中常见的垃圾”分类卡中“垃圾分类标记”卡，问问幼儿有没有见过这些标志？在哪里见过？标志表示什么意思呢？请幼儿说一说，如果幼儿不知道，请幼儿先猜想，然后教师解释不同标志代表的意义。

（3）给每个幼儿发一套“生活中常见的垃圾”分类卡、一块操作板。请他们将其中的“垃圾分类标记”卡取出来，并列摆放在操作板上，代表着不同的垃圾桶。将剩下的“生活中常见的垃圾”卡一张一张地取出来，每取出来一张，判断一下卡片中的垃圾属于哪一类。然后将其与对应的标记卡放在一起。幼儿进行归类操作的时候，教师在展示板上完成自己的操作。当所有的幼儿完成归类操作之后，请他们对照展示板上教师操作的结果检验修正自己的归类。在自然环境中捡拾垃圾并归类。

(4) 将幼儿分成5~6组，每组发1个用来捡拾垃圾的小夹子，1个垃圾袋。给每组划定一个活动的范围，约定活动的时间（5分钟左右）、集合的指令和地点，请他们在区域内捡拾垃圾。时间到了后发出指令，集合幼儿。请每组展示分享一下自己捡拾回来的垃圾有哪些？每组展示完后，教师展示准备好的四个垃圾筐，分别代表厨余垃圾、可回收物、有害垃圾、其他垃圾，请每组幼儿将捡拾回来的垃圾进行归类放置。

3. 展示分享

教师总结：今天的活动让我们知道了生活中会产生很多的垃圾，可以将这些垃圾进行不同的分类。

【活动延伸】

讨论清洁工人怎么给垃圾分类。

案例6 大班科学集体教育活动（六）

这些可以用来做什么呢？

【活动目标】

1. 了解到很多垃圾是可以回收利用的，初步了解分类垃圾的用意。
2. 尝试用废旧的小纸箱和塑料瓶设计制作自己喜欢的物品或玩具。
3. 感受设计制作作品的成就，愿意了解更多的垃圾回收利用方式。

【活动准备】

材料：自然中的材料或其他材料。废旧材料制作的物品图片5~6张，各种类型的小纸盒（牙膏盒、饼干盒等）若干，各种塑料瓶若干，小剪刀10~12把，固体胶棒10~12根（可根据班上情况自行调整）。

【活动过程】

1. 激发热情

幼儿分组坐在自己的座位上。教师展示用废旧材料制作的物品的图片，请幼儿观察都是什么，分别是用哪些废旧材料做成的。

幼儿观察讨论完之后，教师总结并明确任务：很多废旧的材料都可以用来制作新的东西，今天我们也要用一些废旧的材料来开展制作活动。

2. 自然体验

(1) 选择一种材料并绘制设计图。向幼儿展示准备好的小纸盒和塑料瓶两种材料，请幼儿说说这些材料之前的用途是什么？告知幼儿今天将主要用这两种材料来进行制作，请他们从中选择一种，想一想自己要制作什么。

给每个幼儿发一张《我的自然笔记》中“用来做个什么呢”的设计单，一支记录笔，请他们在设计单上画下自己想要制作的物品的设计图。

幼儿画好设计图后，请部分幼儿展示自己的设计图，说说自己准备用哪种材料来进行制作，准备制作一个什么样的物品。

(2) 幼儿动手制作自己的物品。给每组幼儿发1~2把小剪刀，1~2根固体胶棒。将所有的材料摆放在前面，幼儿从中拿取自己想要的材料，按照自己的设计图进行制作。

幼儿制作的过程中，教师注意进行观察，对于有需要的幼儿及时提供帮助。如果幼儿缺少一些材料，教室里面能够找到的话就让幼儿自由取用，教室里面没有的话，便引导幼儿用其他材料替代。操作过程中如果需要剪裁、打孔等，提醒他们注意安全。

3. 展示分享

幼儿完成制作之后，请选取小纸盒的所有幼儿将其制作好的作品放在一起进行展示，选取塑料瓶的所有幼儿的作品在另一边集中展示。从每种材料制作的物品中分别选择一些，请幼儿分享设计思路和经验，以及操作过程中如何解决问题。

拓展幼儿的经验：小纸盒和塑料瓶还可以用来做什么呢？其他的垃圾也能重复利用吗？

鼓励幼儿说一说，还有哪些垃圾可以重复利用，以及如何利用。

【活动反思】

活动的重点是要让幼儿了解什么是可回收垃圾，是通过什么样的方式进行可回收再利用，今天只是用图片的方式向孩子们展示垃圾的可回收利用，后期可以让孩子动手操作从而获得更直观的感受。

案例7 大班科学集体教育活动（七）

数学“奇妙的箱子”

【活动目标】

1. 对数的加减产生兴趣，愿意用语言和记录的方式表达学习的过程和结果。

2. 能写出“5”以内加法和减法的算法过程，会用适合自己的算法正确计算“5”以内加减。

3. 初步理解加法和减法的含义，认识加、减符号和等于号。

【活动准备】

1. 幼儿已了解“5”以内数的组成和分解。

2. 资源包材料：数字卡，印制了“+”“-”“=”等符号。

3. 透明摸箱1个，用布遮盖，内有数量在“5”以内的各种实物；小玩具每人5个，笔、记录纸；标有数字1、2、3、4、5的信箱各1个；“5”以内加减算式卡若干（有的是图片，有的是点子，有的是数字算式）；写“5”以内加减算式题的信封若干（多于幼儿人数）。

【活动过程】

1. 游戏：猜数列算式。（认识加、减符号和等于号，初步理解加、减法的含义）。

（1）教师出示用布遮盖的摸箱，告诉幼儿里面有几个玩具，然后教师用加上几个或去掉几个的方式，请幼儿猜猜摸箱内还有几个玩具。

（2）引导幼儿证实猜测结果，请幼儿说说是怎样猜出来的？请幼儿表述，教师在黑板上列式。

（3）引导幼儿认识算式，认识和理解加、减符号和等于号，初步理解加法和减法的含义。加法是指将两个或者两个以上的数合起来，变成一个数的计算。表达加法的符号为加号（+）。进行加法计算时，以加号将各项连接起来，把和放在等于号（=）之后。例如1、2之和是3，就写成1+2=3。

从一个数中减去另一个数的运算叫作减法。“-”是减号，减号前面的数是被减数，减号后面的数是减数，“=”是等于号，等于号后面的数是差。例如：5（被减数）-（减号）1（减数）=（等于号）4（差）。

2. 自主操作，学习“5”以内的加减法。

(1) 幼儿拿取玩具，并用数字记录操作结果。如先摆3个玩具，再摆2个玩具，列式3+2=5，或先摆5个玩具，再拿走2个玩具，列式5-2=3。

(2) 幼儿边摆边讲述自己操作的过程及结果。

(3) 请幼儿在集体前讲述并展示自己的操作。

3. 互动游戏，复习“5”以内的加减法。

(1) 看得快，算得快。教师由慢及快地出示“5”以内加减算式卡（先图片，再点图，再数字，然后三种轮换），幼儿看题快速作答。

(2) 送信。教师出示信箱1、2、3、4、5，请幼儿将信送至信箱。幼儿按要求送信。

(3) 教师引导幼儿互相检查，结束活动。

案例8　大班科学集体教育活动（八）

数学“快乐等分”

【活动目标】

1. 对等分活动感兴趣，感受动手等分实物、图形和数量的快乐，愿意表达操作情况。

2. 尝试运用多种方法将一定数量的物体分成相等的两份、四份，初步感受部分与整体的关系、份数与每一份量的关系。

3. 理解等分的含义，知道图形、物体或数量分成相等的几份就是等分。

【活动准备】

1. 幼儿已认识各种平面图形，了解数的组成中的分合、整体与部分的关系。

2. 一起做的新包、塑料小刀若干，长方形、正方形、圆形、六边形的饼干图片若干，剪刀若干，记录表，等边三角形、等腰梯形饼干图片各4张，几张不是等分图形的图片，橘子、云片糕、四季豆、荷兰豆、红枣、花生仁若干。

【活动过程】

1. 游戏：切西瓜。(导入活动)

(1) 请几位幼儿（双数）围成圆圈，玩“切西瓜”的游戏。教师扮演切西瓜的人，从圆圈的正中间穿过，一边走一边说：切，切，切西瓜，我把西瓜一切二。

（2）提问：我把小朋友围成的西瓜分成了几份？每份数量谁多谁少？还是一样多？

（3）小结：像这样把“西瓜”分成两份，而且两份一样多，这是二等分。

2. 分面包，体验立体图形的等分。

（1）体验二等分。教师出示橡皮泥做的面包，提问：怎样将面包二等分？怎样才能证明分出的两份是一样大的？幼儿操作，教师巡回观察。

请幼儿在集体中展示自己的做法，教师小结：从面包的正中间切一刀，就能将面包二等分，用并放、重叠的方法可以验证分出的两份是不是一样大。（请幼儿都试一试）

（2）体验四等分。引导幼儿巩固等分知识并思考：将二等分后的两块面包分别再进行二等分，会怎么样？幼儿操作，教师巡回观察。

请幼儿在集体中展示自己的做法，教师小结：将二等分后的两块面包分别再进行二等分，原来的面包被分成了相等的四份，这是四等分。（鼓励幼儿迁移经验，比较自己分出的四份面包是否一样大）

3. 分饼干，体验平面图形的等分，理解部分与整体的关系。

（1）教师出示长方形、正方形、圆形、六边形的饼干图片和剪刀，请幼儿观察图形形状，每人等分一片自己喜欢的饼干。

（2）引导幼儿讨论图形的二等分分法：你分的是什么形状的饼干？是怎样将它进行二等分的？怎样证明你分出的两份一样大？分出的每一份是原来的多少？是原来的大，还是现在分出的每份大？分出的每一份合起来和原来的比比，谁大能小？

小结：把这些图形的边和边对折或角和角对折一次就可以二等分（如等分长方形，正方形是上下、左右边对折或沿对角线折……），可以用图形重叠的方法比较分出的两份是否一样大，分出的每一份是原来的一半，比原来的小，分出的两份合起来与原来的一样大。

（3）幼儿再次操作，巩固图形的二等分，进行图形的四等分，并记录自己的分法，教师巡回观察、指导。

请幼儿在集体中展示并介绍图形二等分和四等分的分法，讨论：你分的是什么形状的饼干？二等分可以怎么分？四等分又可以怎么分呢？

教师在记录单中统计幼儿的分法，并小结：长方形、正方形、圆形、六边形都可以进行二等分和四等分，而且有的图形有不同的二等分和四等分的分法。

(4) 教师出示等边三角形、等腰梯形饼干图片，四名幼儿分别尝试进行二等分和四等分，讨论：这是什么形状的饼干？等边三角形、等腰梯形饼干可以进行二等分和四等分吗？怎么分呢？

(5) 教师出示几张非二等分和非四等分的图形的图片，请幼儿根据自己对等分的理解判断：看一看，这个图形分成了几份？每份大小相等吗？这是等分吗？

小结：只有将图形分成了几个完全相等的部分，才是图形等分。

4. 分实物，体验生活中等分的运用。

(1) 提问：你们在生活中用过等分吗？(引导幼儿根据生活经验讨论)

(2) 运用等分迁移经验，尝试解决生活中的数学问题。(幼儿自由选择小组操作活动)

第一组：将橘子剥开，分成相等的两份，将云片糕分成相等的四份。进一步感知物体的二等分、四等分。

第二组：将荷兰豆剪成一样长的两段，四季豆剪成一样长的四段。感受长度的二等分和四等分。

第三组：将红枣分成数量一样多的两份，花生仁分成数量一样多的四份，感受数量的二等分和四等分。

(3) 交流小结，收拾材料，结束活动。

案例9　大班语言集体教育活动（一）

画鸡

【活动目标】

1. 乐于参与古诗趣味诵读游戏。

2. 感知大公鸡的形象特征，了解大公鸡报晓的本领，理解诗词意思。

3. 能够发挥想象，自由绘画大公鸡。

【活动准备】

1. 经验准备：(1) 幼儿在生活中见过大公鸡或看过大公鸡的照片，对大公鸡的外形特征有一定了解。(2) 教师可提前在一日活动中播放古诗音频

《画鸡》，供幼儿“磨耳朵”。

2. 课件准备：“鸡”图片；古诗视频《画鸡》及图片；“神气的大公鸡”组图；古诗音频《画鸡》。

3. 纸面教具：大公鸡头饰。

4. 材料准备：画笔、画纸。

【活动过程】

1. 出示图片“鸡”，引导幼儿初步感知大公鸡的外形特征，激发他们参与活动的兴趣。

——熊猫奇奇和妙妙发现了一幅有趣的画，这幅画画了什么内容呢，一起来看看吧。

——你看到了什么？（大红冠/羽毛/爪子）

——这幅画画的是什么？（大公鸡）

——没错，这幅画画的是一只头戴大红冠，身披洁白羽毛的大公鸡。

2. 播放古诗视频及图片《画鸡》，引导幼儿感知古诗中大公鸡的神气形象，知道大公鸡报晓的本领，理解诗意。

（1）播放古诗视频第一遍，鼓励幼儿说说大公鸡神气的形象和厉害的本领。

——看了这幅画，奇奇和妙妙不禁想到古诗《画鸡》里也有这样一只大公鸡，我们一起去看看吧。

——古诗里的大公鸡长什么样？

——它走起路来是什么样子的？是挺胸抬头还是垂头丧气？

——你觉得这只大公鸡神气吗？

——神气的大公鸡有什么厉害的本领呢？（打鸣报晓）

（2）播放古诗视频第二遍并操作课件，鼓励幼儿用诗句夸赞大公鸡，理解诗意。

——古诗是怎么赞美大公鸡神气的模样和厉害的本领呢？我们再来欣赏一遍，请你试着用诗句夸夸大公鸡。

——大公鸡戴着大红冠，披着洁白的羽毛，用诗句怎么说？（头上红冠不用裁，满身雪白走将来）

——大公鸡平常不开口，一开口报晓千家万户都起床开门。古诗里是怎么说的？（平生不敢轻言语，一叫千门万户开）

小结：这只大公鸡戴着大红冠、披着洁白的羽毛，真神气。它有一个厉害的本领，只要它一声啼叫，千家万户都要起床开门了。

3. 操作课件，带领幼儿玩游戏“起床喽”，帮助幼儿在趣味诵读中，进一步理解诗意。

（1）激发幼儿诵读古诗的兴趣。

——奇奇和妙妙知道了大公鸡打鸣的本领，想请大公鸡帮忙叫醒奇妙小镇的居民们。但是大公鸡说它要小朋友像刚才那样，用诗句夸夸它，它才会打鸣。哪些小朋友愿意来试一试？

（2）操作课件，带领幼儿玩游戏，趣味诵读古诗。

小结：听到小朋友们用好听的古诗来赞美它，神气的大公鸡用它美丽的歌喉叫醒了奇妙小镇的居民们，大家都开心地起床了。

4. 出示组图“神气的大公鸡”，播放古诗音频《画鸡》，引导幼儿感受更多大公鸡的外形和姿态，自由绘画大公鸡。

（1）出示组图，引导幼儿感受更多大公鸡的外形和动作。

——这只神气的大公鸡还有许多好朋友，我们来看看图片吧。

——这些公鸡都长什么样？它们的羽毛是什么颜色的？

——它们在做什么？

（2）播放古诗音频，分发画笔和画纸，鼓励幼儿自由画鸡，教师巡回指导。

——我们刚才欣赏了不同颜色、不同姿态的大公鸡，你喜欢什么样的大公鸡呢？请你也来画鸡。

（3）组织幼儿互相展示、分享自己的作品。

——请你和身边的小伙伴互相介绍，说说你画的大公鸡它的羽毛是什么颜色的？它在哪里？在做什么？

案例10　大班语言集体教育活动（二）

相思

【活动目标】

1. 感受诗人对友人的思念之情，体会和同伴律动表演的乐趣。

2. 认识相思豆，了解相思豆“思念朋友”的寓意并理解古诗大意。

3. 能与同伴用动作表现诗意并有感情地唱诵古诗。

【活动准备】

课件准备："思念的礼物"对话音频及图片、"相思豆"图片；《相思》古诗视频；《奇妙古诗词-相思》故事视频；《相思》手势舞视频及古诗音频。

【活动过程】

1. 播放对话音频及图片"思念的礼物"、图片"相思豆"，引导幼儿初步感知相思豆的寓意，知道其别称，为古诗理解做准备。

播放对话音频及图片"思念的礼物"，引导幼儿初步感知相思豆的寓意。

——小朋友们，你们有收到好朋友赠送的礼物吗？是什么？

——熊猫妙妙和好朋友分开了，她的好朋友送给她一件离别礼物，我们一起去看看吧。

——妙妙收到的礼物是什么？(手链)

——这条手链是用什么做的？(相思豆)

——朋友之间赠送相思豆有什么寓意呢？爸爸是怎么说的？(想念、思念朋友)

小结：相思豆寓意着想念、思念朋友，赠送相思豆是在表达我很想你。

2. 出示图片"相思豆"，引导幼儿认识相思豆，知道相思豆也称"红豆"，为古诗理解做准备。

——老师带来一张相思豆的图片，我们来看看相思豆是什么样子的吧。

——相思豆是什么形状、什么颜色的？

——相思豆还有另外一个名字叫红豆。

小结：相思豆圆圆的、红红的，人们也称它为"红豆"，不过这种相思豆和我们平时吃的红豆不同，它有毒，只能看，不能食用。

3. 播放古诗视频《相思》并操作课件，引导幼儿初步感知古诗内容，大胆猜想古诗主题。

——唐代大诗人王维，写过一首关于相思豆，也就是红豆的诗。王维诗里的红豆是不是和思念、想念有关呢？他又是在思念谁呢？一起去古诗里看看吧。

——看完古诗，猜猜诗人王维这首诗是在说什么，跟思念、想念有关吗？

——你在诗里找到了王维思念的人了吗？

小结：《相思》是一首有关友谊的古诗，表达了诗人对朋友浓浓的思念之情。

4. 播放故事视频《奇妙古诗词-相思》并操作课件，引导幼儿理解古诗大意并感受诗人对友人的思念之情。

——诗人和他朋友也分开了吗？他们之间有什么样的故事呢？我们和熊猫奇奇、妙妙一起去古诗的世界找找答案吧。

——诗人想念他的好朋友，你还记得诗人朋友的名字叫什么吗？（李龟年）

——诗人的好朋友居住在哪里？红豆又生长在什么地方？（南方）

——红豆生长在诗人的好朋友居住的南方，古诗里是怎么说的？（红豆生南国）

——春天到了，诗人想知道红豆长得怎么样？哪一句诗可以表达这个意思呢？（春来发几枝）

——诗人希望好朋友看到红豆后做什么呢？谁能用古诗里的诗句说一说？（多采摘一些红豆；愿君多采撷）

——为什么诗人希望好朋友能多采摘一些红豆？古诗里有答案吗？是什么？（红豆代表了对好朋友的思念之情；此物最相思）

小结：红豆生长在诗人朋友所在的南方，春天到了诗人好奇它会长出多少新枝？诗人希望朋友能多采摘一些红豆，因为它最能够寄托自己对朋友的思念。

5. 播放古诗音频《相思》，鼓励幼儿与同伴用动作表现诗意并有感情地唱诵古诗，体会和同伴律动表演的乐趣。

（1）播放古诗音频，鼓励幼儿结合诗意，用动作表现对古诗的理解。

——诗人用这首《相思》表达了对朋友浓浓的思念，今天老师想请小朋友们找到一位好朋友，一起用好看的动作把这首古诗演出来、唱出来，老师相信这会成为你们之间美好的回忆。

——你找到好朋友了吗？请你和好朋友面对面站好，想一想，红豆长在南方，春天它的枝叶发芽了，可以用什么动作表示？

——当红豆长出来，我们可以采摘一些表达对朋友的思念，摘下红豆可以怎么做？和好朋友一边听古诗一边试着用动作演一演吧。

（2）教师帮助幼儿提炼、梳理动作。

——“红豆生南国”，红豆生长在好朋友居住的南方，我们先来为好朋友

种一颗红豆吧。(左手摊开当作“土地”；右手捏住“红豆”；将“红豆”种在左手掌心)

——“春来发几枝”，春天到了，红豆会长出多少新枝呢？它的枝叶是怎么生长的？(双手向上伸展表示发芽)

——“愿君多采撷”，希望好朋友多采摘一些红豆，你们希望好朋友会怎么摘红豆？(右手轻轻捏住“红豆”采摘下来)

——“此物最相思”，这些红豆代表了对朋友的思念，采摘下的红豆你们会放在身体的什么地方呢？(把摘下的“红豆”放在胸前，闭上眼睛想念)

(3) 播放古诗音频，鼓励幼儿与同伴有感情地唱诵古诗并用动作表现诗意，体会和同伴表演的乐趣。

——现在，我们一起跟着好听的古诗，和好朋友一起把这首诗表演出来吧。在表演的时候，小朋友们还可以小声地跟唱，把古诗唱给好朋友听。

案例11 大班语言集体教育活动（三）

如果地球被我们吃掉了

【活动目标】

1. 了解地球是人类的家，了解自然环境与人类的关系。
2. 主动关注画面细节，乐意动脑、动口讲述画面内容。
3. 培养环保意识，促进积极的环保行为的形成。
4. 培养幼儿有礼貌、爱劳动的品质。
5. 培养幼儿思考问题、解决问题的能力及快速应答能力。

【活动准备】

地球仪、“动物世界录像带”、动物玩具、图片、轻柔音乐等。

【活动过程】

1. 回忆户外活动时观察到的环境。

教师提问：

——花草树木生长在什么地方？

——花草树木的生长都需要什么？(水、空气、阳光、土壤等)

2. 欣赏录像带。(世界各地自然景观图片)

教师提问：

——你看见了什么？你认识哪些动物？

——它们生活在哪里？（山、河、湖、海等）

3. 封面引入，初步理解故事内容。

教师提问：

——封面上看到了什么？（小朋友拿叉子吃地球）

——哎呀，小朋友把地球当成食物吃掉了！没有了地球，刚才我们所看到的植物、动物会怎么样了？

幼儿发挥想象，自由讲述。

4. 自主阅读，进一步理解故事情节的发展。

教师：没有了地球，植物会怎么样了？动物又发生什么变化呢？

阅读要求：仔细观察画面细节，轻声地讲述画面内容。

5. 幼儿自由阅读，教师在旁指导。

6. 交流分享。

教师提问：

——你从图画书里看到了什么？

——如果这些事情都是真的，我们怎么办呢？

——地球会灭亡吗？地球灭亡了，那我们住哪儿呢？

——所以，我们应该怎么做呢？（保护地球）怎样做才是保护地球呢？

教师小结：地球上的每一样东西对我们都是重要的，如果真的不保护环境与动植物，地球总有一天会被我们“吃掉”的。所以从现在起我们就要保护地球，保护环境，让我们成为地球的守护者。

7. 集体完整阅读，感受集体共读的乐趣。

播放音乐，教师与幼儿共同完整阅读图书。

案例12　大班语言集体教育活动（四）

塑料瓶到哪里去了

【活动目标】

1. 了解塑料瓶被回收后的处理方式。

2. 按顺序阅读并积极发表看法。

【活动准备】

5 张《塑料瓶到哪里去了?》图片，1 张《其他瓶罐变成了什么?》图片，塑料瓶照片。

【活动过程】

1. 出示各种饮料瓶照片，引发幼儿的讨论。

——这些都是什么饮料瓶？你们喜欢喝这些饮料吗？

——喝完之后这些瓶子都扔了吗？应该扔到哪种颜色的垃圾桶里？

——如果没扔，这些瓶子可以用来做什么？

2. 请幼儿猜想被回收的塑料瓶都用来做什么了。

——蓝色垃圾桶里的垃圾都可以被回收利用，那塑料瓶能被用来做什么呢？

——你还希望这些塑料瓶可以用来做成什么呢？

请幼儿观看《塑料瓶到哪里去了?》图片，帮助他们了解塑料瓶被回收处理的基本方式。

3. 请幼儿自主观看图片，提出问题激发他们思考。

——塑料瓶被回收后去了哪里？你们想知道吗？一起去看看吧！

4. 先鼓励幼儿说出自己从图上找到的答案，再带领幼儿一起阅读。

——你们觉得塑料瓶被回收后经历了几个步骤变成新的东西？是哪几个步骤？

——5 个塑料瓶可以做成什么？12 个塑料瓶呢？78 个塑料瓶呢？

分组观看图片《其他瓶罐变成了什么?》

5. 讨论其他瓶子回收后的去向。

——玻璃瓶被回收后怎么处理的？

——铁皮瓶子、罐子回收后怎么处理？

6. 大胆续编和创编垃圾被回收后的去向。

案例 13 大班语言集体教育活动（五）

树真好

【活动目标】

1. 感受生活中有树的美好，培养幼儿保护树木、爱护环境的环保意识。

2. 尝试朗诵散文诗，感受散文诗的优美意境。

【活动准备】

有关树的图片 PPT、诗朗诵背景音乐、有关散文诗的图片和课件。

【活动过程】

1. 结合春天时植树活动与幼儿谈话导入，感知我们生活周围到处都有树。

2. 播放 PPT，欣赏有关树的图片，感受生活中树的美好。

(1) 启发幼儿说出自己看到这些树时的感受。(漂亮、高大、舒服、清新) 并引导幼儿说说生活中有树的好处。

(2) 教师随背景音乐朗诵散文诗，请幼儿欣赏并感受散文诗的优美语境。

请幼儿说出散文诗中重复最多的一句，知道散文诗的名字《树真好》。

请幼儿说说散文诗中说到了树有哪些好处，引导幼儿了解诗中内容。

(3) 随背景音乐引导幼儿朗诵散文诗。

3. 播放课件，启发幼儿思考并讨论。

——如果我们周围没有树会怎样？

引导幼儿了解爱护树木的重要性，培养幼儿保护大自然、保护环境的意识。

4. 引导幼儿发出我们的倡议。

(1) 保护环境，从我做起。

(2) 让幼儿拿起手中的画笔行动起来，一起构建我们的绿色家园。

5. 分享交流倡议图。

案例 14　大班社会集体教育活动（一）

垃圾处理，请这样做

【活动目标】

1. 认识几种垃圾分类标记，尝试按标记给垃圾进行分类。

2. 懂得垃圾分类的方法，树立初步的环保意识。

【活动准备】

1. 布置两个区域：“垃圾王国”和“清洁城堡”。

2. 自制贴有可回收垃圾、有害垃圾、厨余垃圾和其他垃圾标志的垃圾桶 4 个。

3. 课件：有关垃圾的 PPT 课件，垃圾分类标志卡片。

4. 一次性手套、口罩若干。

【活动过程】

1. 开始部分：参观和交流

（1）教师带领幼儿参观“垃圾王国”和“清洁城堡”。

（2）请每个幼儿以小市民的身份选择自己喜欢居住的环境。

（3）教师组织幼儿交流，谈谈居住在“垃圾王国”和“清洁城堡”的感觉会有什么不同？

（4）教师提问：“清洁城堡”这么干净，请幼儿想想城堡里的垃圾到哪里去了？

2. 基本部分：了解垃圾的分类

（1）幼儿观看有关垃圾的PPT课件，思考并回答以下问题。

① 垃圾是怎么分类的？（可回收、有害、厨余和其他垃圾）

② 哪些垃圾是可以回收的，哪些垃圾是不可以回收的？（废纸、塑料、玻璃、布料等属可回收垃圾，烟头、鸡毛、油漆颜料等属不可回收垃圾）

③ 垃圾有哪些处理方法？（填埋、焚烧、堆肥）

④ 哪些垃圾是有毒垃圾？（废电池、日光灯管、化妆品等）

（2）再次观看PPT课件。

（3）认识垃圾分类标志。

（4）教师出示“垃圾分类标志”卡片，幼儿猜测这些标志的含义，并说说在哪里见到过这些标志。

（5）请幼儿谈谈自己家的垃圾平时是怎样处理的？

3. 游戏

（1）幼儿使用一次性手套帮“垃圾王国”分类清理垃圾，让垃圾回家。幼儿分四组，一组清理可回收垃圾、一组清理有害垃圾、一组清理厨余垃圾、一组清理其他垃圾。

（2）将分类后的垃圾放到教师自制的四个垃圾桶内。（贴可回收、有害、厨余、其他垃圾的标志）

（3）欣赏变干净美丽的“垃圾王国”，请幼儿给它取好听的名字。

4. 教师将垃圾桶的垃圾交给幼儿园的清洁工处理。

【活动延伸】

1. 组织幼儿参观垃圾收购站。

2. 幼儿给自己家的垃圾桶设计四种垃圾分类标志。

3. 向家人和朋友宣传垃圾分类的益处，并实际行动。

案例15　大班社会集体教育活动（二）

了不起的清洁工

【活动目标】

1. 了解清洁工人工作的意义，学会尊重清洁工人。

2. 体验劳动的快乐。

【活动准备】

课件，幼儿劳动的抹布、小水桶等。

【活动过程】

1. 出示图片，引导幼儿了解环卫工人的工作。

——小朋友，知道我们的城市为什么清洁漂亮吗？（有清洁工人）

——清洁工人做了哪些工作？（打扫街道、擦玻璃、清洁水池）。

2. 出示图片，引导幼儿说说如果没有清洁工人，我们的生活环境会变成什么样。

（1）请幼儿结合自身经验，说说对清洁工人及其工作的认识。

老师：你见到清洁工人在工作吗？说说你当时看到的场景吧。

（2）出示图片，引导幼儿说说图片内容，了解没有清洁工人辛勤工作的后果。

小结：没有清洁工人，我们的生活环境会变得垃圾成堆、又脏又乱。清洁工人的工作非常重要。

3. 出示图片，引导幼儿尊重、爱惜环卫工人和他们的劳动成果。

——清洁工阿姨每天都要工作吗？

——工作时她是怎么打扮的？为什么？

——为什么我们醒来时马路都是干干净净的？

——清洁工阿姨每天和最脏的东西打交道，为什么却觉得很自豪？

清洁工阿姨的心声：不论酷暑还是严寒，不论刮风还是下雨，我们都要出门工作。我们工作的时候头上总是戴着帽子，脸上总是戴着口罩，身上穿着专门的工作服，因为我们每天都要和世界上最肮脏的东西打交道。但是我们感到很自豪，因为如果世界缺了我们，那将垃圾遍布。清晨，当星星还在天上闪烁，人们还沉睡在甜美的梦乡中时，我们就开始工作，把垃圾搬走，把马路打扫得干干净净。为了让人们一睁开眼睛就有一个美丽、整洁的环境，我们每天都是这样辛勤工作的。

4. 出示劳动工具，带领幼儿分组劳动。

提议幼儿学做小小清洁工，打扫教室。

——就像清洁工阿姨说的那样，劳动是件很自豪很光荣的事情。我们也要多劳动。

案例16 大班社会集体教育活动（三）

变废为宝

【活动目标】

1. 动手体验变废为宝的快乐。

2. 了解生活中常见的废物利用。

3. 能积极表达自己对废旧材料再利用的认识，尝试用废旧纸袋制作纸巾收纳盒。

【活动准备】

1. 课件准备：“废物利用”对话音频及图片；“废物利用”组图；《变废为宝》手工视频及步骤图；“纸巾收纳盒”图片。

2. 材料准备：抽纸（每人1包、幼儿自备）、纸袋（每人1个、幼儿自备，比抽纸体积略大，材质不要太硬）、打孔器、扭扭棒。

【活动过程】

1. 播放对话音频及图片“废物利用”，引导幼儿了解生活中常见的废物利用，导入活动主题。(教师也可出示实物)

——这些是什么？你们都认识吗？(塑料瓶子、塑料杯、快递纸箱、冰棒棍、易拉罐、铁罐子)

——这些物品使用完之后，你会怎么做？扔到哪个垃圾桶里呢？（可回收垃圾桶)

——我们把这些废旧物品扔进可回收垃圾桶后，回收站的工人会进行特殊的加工处理。猜一猜它们会变成哪些有用的东西呢？

——一起来看看废旧物品再利用吧。

小结：废旧塑料可以被做成塑料桌椅、地毯、雨衣、雨伞、衣服等；废旧纸箱被回收后，经过加工重新变成了卷纸、书写纸、报纸等；废旧金属等可以被再次加工成衣架、钥匙扣、建造房子和车子的钢筋等。没想到废旧材料回收再加工，可以做成许多我们生活中常见的物品。

出示组图“废物利用”，引导幼儿思考与讨论废旧物品如何再次利用。

——废旧物品回收再加工后真有用啊，我们自己能不能也把废旧物品改造成有用的物品呢？

——想一想，可以用它们做成什么？

小结：小朋友都想到了许多变废为宝的方法。塑料瓶子、杯子可以用来做花盆、漏斗、洒花器；快递纸盒、冰棒棍可以改造成杂物收纳盒、玩具模型、杯垫；易拉罐、铁罐子可以做成灯笼、笔筒等。(教师可根据实际情况调整小结)

播放手工视频及步骤图《变废为宝》、图片“纸巾收纳盒”，引导幼儿了解制作纸巾收纳盒的方法，尝试用废旧纸袋制作纸巾收纳盒。

2. 出示图片“纸巾收纳盒”，激发幼儿活动兴趣。(教师也可出示实物)

——看！这是什么？(纸巾收纳盒)

——猜猜这个好看的纸巾收纳盒是由什么废旧物品做成的呢？(废旧纸袋)

——我们今天也一起变废为宝，试试把纸袋做成有用的纸巾收纳盒吧！

3. 播放手工视频及步骤图《变废为宝》，引导幼儿了解制作纸巾收纳盒的方法。

——好看又实用的纸巾收纳盒可以怎么做呢？一起来看看视频吧。

(1) 将纸袋对折，沿着折痕线平平地剪开。

(2) 将纸袋开口处向下折出一道折痕。

(3) 放入纸巾，把纸袋开口处向下折一些，再将纸袋的四个边沿折痕往里折。

(4) 沿着纸袋两侧的折痕，双手捏着袋子顶部，前后合上。

(5) 在纸袋顶部的两边各打一个孔。

(6) 把扭扭棒穿进孔内，打结完成。

【活动建议】

1. 步骤二可根据纸袋高度，灵活调节往里折的深度，保证最后可以顺利抽到纸巾。并注意四个边往里折时，深度一致。

2. 打孔时，教师提醒幼儿需注意安全。若幼儿操作有困难，教师可协助幼儿打孔。

3. 发放材料，鼓励幼儿用废旧纸袋制作纸巾收纳盒，体验变废为宝的快乐。

——小朋友们，一起动手把废旧的纸袋做成有用的纸巾收纳盒吧！

4. 幼儿分享交流作品。

——你的纸巾收纳盒是什么样的？和你身边的小伙伴分享一下吧。

【活动延伸】

区域活动：在美工区，提供一些废旧物品，如蛋托、纸盒、纸杯、瓶子等，以及“变废为宝”样例步骤图，鼓励幼儿自主创造或参考步骤图将废旧物品制作成玩具、装饰物或其他有用的物品。

日常活动：将幼儿制作的“变废为宝”作品在班级展示，供幼儿互相交流。

案例17 大班艺术集体教育活动（一）

音乐 小魔仙的能量水

【设计意图】

本次活动，创设了魔仙女王和小魔仙们研制“能量水”拯救地球，变回绿色家园的故事情境。以游戏情节贯穿始终，不但具有前后呼应的整体效果，还使活动变得更加生动有趣。活动中通过动作的演绎、图谱符号的呈现、白板新技术的运用、游戏情境的体验，使得幼儿对乐曲的理解、感受与表达更深入准确。

本次音乐欣赏活动的乐曲选自约翰·施特劳斯的《加速度圆舞曲》中的第一小圆舞曲，整首乐曲节奏逐渐变强，由慢到快而得名“加速度”。A段前半段音乐旋转，速度逐渐加快；后半段四个乐句音重有力。B段音乐强弱节拍对比明显，前半段节拍较弱，清新欢快；后半段音乐节拍较强，连贯流畅加速度。此音乐作品短小简洁，音乐力度、速度产生的变化能带给孩子愉悦和热情，清晰的ABA三段体结构适合大班幼儿欣赏与表现。

绿色是生命的象征，绿色是现代文明的标志，人类的生活离不开周围的环境，周围的环境也时刻影响着人类的生活。孩子，是地球未来的主人，是为绿色梦想开拓的缔造者，担负着改造和创造自然的重大使命。幼儿园重视环境教育对幼儿的影响，使绿色教育成为我们幼儿园教育活动中最活跃、最有生命力的活动。因此，结合我市争创全国卫生城市之举，依据大班幼儿园课程指导丛书中《绿色家园》的相关内容进行了本次活动的设计，让孩子从小就有作为地球人的环保意识，热爱并保护我们的环境。

幼儿都喜欢玩游戏，喜欢探索。生动有趣的故事情节，节奏鲜明的音乐，像吸铁石一样，深深吸引着孩子们的眼球。针对这一特点，以及根据幼儿的经验和兴趣就生成了"小魔仙的能量水"这一活动，活动中围绕着"故事情境—创编动作—结合音乐—快乐游戏"进行，以故事动画小魔仙游戏的形式导入，在运用能量水拯救被污染的地球这一环节，正好激发幼儿活动的欲望。同时引发幼儿的学习兴趣，增强幼儿的想象力与音乐表现能力，引出主题，又有利于幼儿积极运用自己的生活经验进行游戏活动。在活动中针对幼儿心理及年龄特点，寓教于乐，做中玩，玩中学，用游戏贯穿的学习方式，让幼儿经历探究过程，享受学习的乐趣。

【目标预设】

1. 知识目标：让幼儿在借助故事情境，初步学会研制"能量水"，并了解音乐的节奏。

2. 能力目标：积极参与如何拯救地球、如何变回绿色家园的故事情节的讨论，愿意大胆表达自己的想法。

3. 情感目标：利用故事情境来想象，体验倾听、辨析、互动的乐趣，知道热爱地球，保护身边的环境。

【活动准备】

1. 材料准备。矿泉水瓶每人 2 个（其中一个盖子里有颜料）、课件、白板教具以及音乐（约翰·斯特劳斯《加速度圆舞曲》）。

2. 知识准备。知道地球受到了什么样的污染，如何来帮助地球恢复绿色家园模样。

【活动过程】

1. 故事导入，激趣引题。

——小朋友们，你们好，欢迎来到魔法世界——魔仙堡。我是魔仙堡的"女王"，那你们就变成了？（幼儿回答：小魔仙）。听，什么声音？哦，是地球向我们发出了求救。

(1) 结合课件，启发讨论。(出示课件：变灰暗的地球)

——地球为什么会向我们求救呢？地球怎么啦？

——原来地球出现了严重的污染，我们可是“小魔仙”哦，那我们怎么施展魔法，来帮助它呢？(幼儿讨论)“魔仙女王”有个提议，把我们的能量全部聚集起来，研制一种“能量水”去帮助他们，怎么样？

意图：情境设疑，自然导入，激发兴趣。

实录与评析：小魔仙游戏是幼儿特别热衷的游戏之一，他们对于故事情节扮演的热情度非常高。以故事导入，拯救地球的形式开展，一下子抓住了孩子们的兴趣点，部分孩子还互相鼓励，誓做优秀“小魔仙”，一定要拯救地球。

(2) 想象情节，创编动作。

出示一瓶水，看，这是一瓶普通的水，怎样把它变成威力无比的能量水呢？引领幼儿想象创编，研制“能量水”的情节和动作：放魔法—搅拌—摇。

意图：自主探究，创编动作。

实录与评析：这里是本次活动的难点，是打破以往的灌输式的学习模式，让幼儿自己学会探究，自己来演变魔法动作，所有的动作都来源于幼儿。

2. 情境贯穿，感受旋律。

(1) 语言提示，完整动作。

“小魔仙”们，你们想的魔法真多，“女王”把你们刚才的魔法动作都学会了，看我能不能变出能量水。“女王”配合语言，做完整动作（搅拌—摇—搅拌）变能量水。

“小魔仙”们，你们真棒哦，用你们刚才想的魔法动作，“女王”真的变出了能量水哦！但它的能量不够大，颜色有点浅。

(2) 配上音乐，初步感知。

变能量水还有一个秘诀，就是要跟着魔法音乐，那它的魔力就更强了。“小魔仙”们，伸出你们的魔法手指，帮助我一起变。听音乐，做动作，变魔法，初次欣赏，感知乐曲旋律。

意图：幼儿通过创编动作仔细聆听音乐。

实录与评析：在组织幼儿实验时，不能流于形式，在创编过程中，要注重幼儿实实在在地游戏。而在幼儿音乐教学中的创编不等于单方面“学习”，应使幼儿的各种感官都活动起来从而获得实验效果。这里是本次活动的重点，我打破以往的灌输式学习方式，教师退位起引导作用，把孩子推向前，让其自主学习探究，通过玩一玩、说一说、想一想、动一动等不同形式，探究让幼儿合着音乐制造能量水的方法。孩子们在创编中，相互合作，分享结果。

3. 绘画记录，引出乐谱。

（1）欣赏音乐，记录图谱。

原来能量水的魔法配方就藏在魔法音乐里，那我们就把魔法动作用图谱的方式都记下来，一起研究变能量水的本领吧。

完整欣赏音乐，“女王”用线条和符号在白板上描绘乐谱。

（2）分析图谱，分段理解音乐结构和性质。

提问：谁能看懂有哪些魔法动作？根据孩子的回答次序，逐一分析理解。

A 段：“”搅拌。画螺旋线，动作由慢渐快。（音乐流畅渐强，加速度）

“”加魔法。动作快且有力，共 4 次完成。（音乐重有力）

B 段：“”轻轻摇，看一看有没有变。（音乐节拍较弱，清新欢快）

“”用力摇，看一看有没有变。（音乐节拍较强，连贯流畅加速度）

（3）归纳音乐 ABA 结构。

我们来看看魔法图，哪里相同？哪里不同？前面和后面是一样的，中间不一样。搅拌的地方就是 A 段，摇的地方就是 B 段，所以这段音乐就是 ABA 结构。

意图：通过图谱的运用，加深对音乐结构的了解。

实录与评析：幼儿思维发展以具体形象思维为主，应引导幼儿通过直接感知、亲身体验和实际操作进行学习，不应为追求知识的掌握面对幼儿进行灌输和强化训练。这里也是本次活动的难点，通过图谱的运用，加深对音乐结构的了解。更好地掌握音乐，表演音乐。这样，孩子的活动有条不紊，老师也及时了解幼儿的情况。当发现有的孩子出现困难时，及时给予指出帮助。

4. 结合图谱，完整欣赏。

“小魔仙”们，把秘方记在心里了吗？想试一试吗？

(1) 第一次用瓶尝试变能量水，完整欣赏。

“女王”变换线条颜色，听音乐在白板上画图谱。“小魔仙”听音乐，看图谱做动作，师生共同变能量水。

(研制失败，瓶里的水没有变色) 讨论没有变出能量水的原因：能量水为什么变不出来？可能哪里出现了小状况？

“小魔仙”们自我反思：分析寻找问题。

(2) 第二次用瓶尝试变能量水，完整欣赏。

根据“小魔仙”的分析，提出动作要求：A 段—搅拌时由慢到快，加魔法动作快有力度；B 段—摇时动作节奏先轻后重。

“女王”指挥，并用语言提示，“小魔仙”看图谱，听音乐做动作，再次尝试变能量水。(第二次研制失败)

意图：完整游戏，激发孩子的兴趣。

实录与评析：变出能量水环节的设置，增强了孩子的参与度与兴趣。活动中让幼儿讨论，你觉得魔法师动作可以用什么表示？可以让幼儿自己去思考问题。引出图谱时也可以说这是能量水的魔法秘方，小朋友想想这些圆形的图形代表制作魔法里的什么动作呢？为什么这个搅拌的动作用四个不同的螺旋形表示呢？用一句问话灵巧带过这个环节，就不会显得那么强制性。可以让幼儿再次欣赏音乐或让幼儿来表现下，全体幼儿一起感受音乐节奏渐渐变强。课堂氛围较好，课堂常规及活动流程都得到了很好地掌控，实现了预设的目标。在教师宣布案件成功告破的同时，孩子们的兴奋度与自信心达到了最高点。

5. 展现成果，体验成功。

分析：刚才那瓶水时间长了，可能失效了。“女王”为你们每人又重新准备了能量瓶。(瓶盖里分别涂了红、黄、蓝、绿 4 种颜料)

完整欣赏音乐，孩子们做“搅拌、加魔咒、摇、搅拌”动作，第三次尝试变能量水。

见证奇迹的时刻到了，“小魔仙”们能量水变出来了吗？大家欢呼能量水研制成功。

实录与评析：通过 PPT 演示地球颜色的变化，让孩子感受到地球的变化，增强游戏的趣味性。拓展了孩子们的思维空间，增长了知识面。为今后孩子们的学习奠定了基础。

6. 拯救地球，情感升华。

你们研制的能量水是什么颜色？你可以用它帮助地球上的谁？

幼儿讨论：绿色送给小草、大树等；红色、黄色送给鲜花、高山等；蓝色送给大海、蓝天……念魔咒，拯救地球，在“小魔仙”的帮助下，地球恢复了色彩和美丽！

小结：孩子们，只要我们从小事做起，爱护我们的环境，保护我们的地球，世界将会变得更加绚丽多彩！

播放背景音乐《我们都是好朋友》（留一片青草给小兔，留一片蓝天给小鸟，留一汪清泉给小鱼……）结束活动。

实录与评析：通过歌曲的设置与播放，情感升华，让孩子感受到保护环境的重要性，要爱护环境，保护地球。

【活动反思】

音乐是开启幼儿智力大门的一条捷径。我希望幼儿能将自己的生活经验与所欣赏的曲子相联系，帮助幼儿体验审美愉悦和创造的快乐，体现自我表现和创造的成就感。在本次音乐欣赏活动中，请幼儿欣赏约翰·施特劳斯的《加速度圆舞曲》中的“第一小圆舞曲”，让幼儿体验倾听、辨识、表现音乐的兴趣。本次活动我运用了欣赏法、启发联系法和情绪感染法进行教学。整个活动以故事情境和做能量水的游戏来贯穿，层层递进，较好地突破了教学的难点。最后一次孩子们开心地做出能量水，在边玩边学中体验到了成功的快乐。活动中，变魔法有效地使每个孩子的注意力十分集中；魔法布更增加了神秘感，激发了幼儿的好奇心；图谱的运用帮助孩子直观地了解乐曲的旋律特点和结构。孩子们学习的主动性是出自内心的，丝毫不需要教师的强加，孩子就是在这种轻松的学习氛围中欣赏这首乐曲，实现了教学活动的目标。最后孩子们开心地跟着音乐玩游戏，在边玩边学中体验到了成功的快乐。

在反思中，我意识到音乐教育不是用说理的方法，而是通过幼儿对音乐的审美感受，陶冶情操，丰富幼儿感情，启迪幼儿智慧，培养良好个性。同时，也看到了随机教育策略的重要性，及自己在引导幼儿学习、随机教育策略方面的欠缺。

本次活动，既能让幼儿充分动脑和动手，又较高地调动了孩子的积极性、自主性。师生关系和谐，教与学都乐在其中。

案例18 大班艺术集体教育活动（二）

音乐　家乡多美丽

【活动目标】

1. 学唱歌曲，并唱准歌曲中的八拍子和十六拍子节奏。

2. 初步学会保护周围环境，增强环保意识。

【活动准备】

课件准备：《家乡多美丽》歌曲音频；《家乡多美丽》歌曲伴奏音频；《家乡多美丽》歌曲图谱。

【活动过程】

1. 师幼交流讨论，引发幼儿对小区环境的关注。

——你生活的小区环境是什么样的？你喜欢你住的小区吗？

——你在小区里有见过不文明的行为吗？

——我们要保护环境，怎样从自己做起，做个环保小主人呢？

小结：小朋友们想出了很多好办法。将垃圾进行分类、不随地扔东西、不随地吐痰、看见其他人有不文明行为及时制止，这样每个小朋友都成为环保小主人，我们的环境就会更美了。

2. 播放歌曲音频及图片《家乡多美丽》，引导幼儿初步欣赏歌曲及美景。

——歌曲里的小朋友是怎么保护环境的？

小结：小朋友们有的擦桌扫地，有的种树浇水，让环境变得很美丽。

3. 播放歌曲念白及图谱《家乡多美丽》，引导幼儿有节奏地念出歌词。

——图谱上画了什么？让我们一起来看看。

——我们一起听听怎样才能把好听的歌词有节奏地念出来？

——让我们一起看着图谱，跟着音频有节奏地把歌词念出来吧。

4. 播放歌曲音频及图谱《家乡多美丽》，引导幼儿学唱歌曲，并根据歌曲的内容自编简单的动作进行表演。

——让我们跟着音乐一起唱一唱这首歌，注意要唱准节奏哦。

5. 鼓励幼儿尝试自由用动作表现歌曲，并进行表演。

【活动延伸】

折纸做一个垃圾桶。

案例19　大班艺术集体教育活动（三）

美术　环保服装设计师

【活动目标】

1. 观察环保服装，了解环保服装的装饰材料。

2. 学习两人合作，利用废旧报纸，运用剪、粘、折、拼接等方法设计、制作服装。

3. 体验制作环保服装的乐趣，增强环保意识。

【活动准备】

知识经验准备：观察生活中的人们的服装，积累一定的生活经验，并收集废旧的报纸。

物质材料准备：（1）课件一份；（2）剪子、胶水、双面胶、勾线笔；（3）各种废旧材料：信封、报纸一捆、皱纹纸、塑料袋等；（4）时装表演的音乐、轻音乐；（5）教师事先用废旧材料制作的服饰样品。

【活动过程】

1. 观看书信内容，导入教学活动。

（1）今天，老师收到一封信和一捆废旧报纸，是森林的动物朋友们寄来的。我们来看看信中写了些什么吧！

（2）上面写着：一年一度的森林环保服装展的日子将要来临，请大四班小朋友们参加。小朋友想参加吗？（幼儿回答：想）那我们就来当回环保服装设计师，设计服装好不好？（幼儿回答：好）

2. 教师示范操作，幼儿创作服装。

（1）教师出示作品。

老师已经设计了一套环保服装，我们来欣赏一下吧！

（2）提问：这件服装用了哪些材料？你们喜欢老师制作的环保服装吗？

教师小结：报纸做的衣服、皱纹纸围的花边、彩色纸剪成的花等。老师也非常喜欢这些报纸做的漂亮衣服。

（3）两人合作，利用废旧报纸，运用剪、粘、折、拼接等方法设计、制作服装。

（4）介绍分享作品。

【活动延伸】

环保服装秀。

案例20 大班艺术集体教育活动（四）

美术 可爱的环保标志

【活动目标】

1. 参与环保活动，培养从我做起，爱护环境的意识。

2. 通过活动，在愉悦的情绪下熟知各种环保标志，锻炼幼儿的注意力和记忆力。

3. 能够结合自己的想法，学习并用合理的构图表达。

【活动准备】

1. 知识经验准备：已有的知识和生活经验。

2. 材料准备：绘画用具、水彩笔（油画棒）人手一份。

3. 环境创设：多媒体课件，各种标志图片。

【活动过程】

1. 导入环节。教师出示图片，让幼儿欣赏一些常见的环保标志图片，引导幼儿回忆寻找并观察环保标志，鼓励幼儿之间互相讨论，激发他们制作环保标志的兴趣。

教师提问：小朋友们，你见过这些标志牌吗？在哪里见过？它们有什么作用？

教师小结：这些环保标志牌一般都会安装在小区的绿化带，公园或公共环境的草坪绿地，树木的旁边或周围等。用来提醒人们注意保护环境，爱护花草树木。

2. 认识常见的环保标志牌，观察特点。教师出示图片，观察发现环保标志牌的共同点，为制作环保标志牌作准备。

(1) 观察树形标志牌。

教师提问：这些标志牌都是什么形状的？代表了什么意思呢？

教师小结：这些标志牌都是大树的形状，提醒人们要爱护树木。

(2) 观察花形标志牌。

教师提问：这些标志牌漂亮吗？它们是什么形状？你觉得它们是在提示

人们保护什么呢？

教师小结：它们都是花朵的形状，提示人们要保护花朵或者爱护花草的。

（3）观察树叶形标志牌。

教师提问：这几个标志牌的形状有什么相同的地方？

教师小结：它们都是叶子的形状。

（4）观察动物外形标志牌。

教师提问：这几个标志牌的外形是什么动物呢？

教师小结：蝴蝶、松鼠、大象、兔子、小狗。

（5）观察特殊外形标志牌。

教师提问：为什么要用这些形状来制作标志牌呢？它们代表什么含义呢？

教师小结：心形代表要爱护和呵护花草树木。小脚丫提示人们不要踩踏花草。雨伞代表给花草树木带来保护。

3. 设计环保标志牌。

教师：看了这么多的环保标志牌，你想不想自己设计一个呢？让我们来看看如何设计一个环保标志牌吧！

（1）第一步，想好自己要设计哪方面的环保标志，确定一个外形。保护花草的，可以选用花朵外形，也可以选用树叶外形。保护大树的，可以选用大树外形。

除了以上那些外形，还可以选用动物外形、其他外形。或者小朋友也可以自己设计一个。

（2）第二步，把你想表达的意思画在你设计的外形里。

（3）第三步，涂上颜色，一个环保标志牌就设计好了。

【活动延伸】

制作可爱的环保标志牌。

案例21　大班安全集体教育活动（一）

危险玩具要远离

【活动目标】

1. 了解哪些玩具属于暴力玩具。

2. 安全地进行游戏。

【活动准备】

教学课件PPT。

【活动过程】

1. 故事导入，进入情景。

（1）教师："昨天，皮皮猴的姥爷跟我说了一件令人担心的事，是关于皮皮猴玩玩具的，我们一起来看一看到底是一件什么事。"

（2）播放图片，教师讲述皮皮猴的故事。

（3）故事提问。

——皮皮猴在七楼地板上发现了什么？（他发现了亲戚落在房间里的锥子）

——皮皮猴玩耍的时候怎么受伤的？（他像扔飞镖一样地玩锥子，不小心反弹到自己的眼睛，就受了伤）

——皮皮猴姥爷说了什么？（皮皮猴的姥爷说："这次是有惊无险，以后剪子啊，锥子啊，铅笔等尖锐的物品，千万不要放在幼童能拿得到的地方。也不能让孩子拿着铅笔等危险物互相投掷。"）

2. 讨论生活中的玩具。

提出问题，结合日常生活，让孩子讨论。

（1）你有购买过暴力玩具吗？（没有或有）

（2）哪些玩具属于暴力玩具？（仿真枪、弹弓、刀具、鞭炮）

（3）我们购买玩具时要注意什么？（和家长一起购买、不购买"三无"产品、不买暴力玩具）

小结：我们在购买玩具时，要认清危险玩具，拒绝购买。

3. 案例分析。

分析案例，教师引导幼儿判断案例的对错，并知道哪里不对。

（1）购买仿真枪。（仿真枪很容易打伤别人，后果很严重）

（2）购买三无玩具。（三无玩具可能存在有害物质，影响健康）

（3）与小伙伴玩枪战游戏。（枪里打出的子弹会误伤小伙伴）

4. 学习安全儿歌。

教师教幼儿学习安全儿歌，树立安全意识。

"小宝贝啊最天真，不知玩具能伤身。弹弓手枪不对人，父母买时要区分。"

5. 分辨讨论与延伸。

(1) 教师出示搜集的各种玩具，与幼儿一起分辨是否属于危险暴力玩具，并说出危险在哪里。

(2) 回家后，请幼儿找一找家里有什么危险玩具，并给父母讲一讲什么是暴力玩具。

案例22　大班安全集体教育活动（二）

动物可爱，也会伤人

【活动目标】

1. 了解和小动物们相处时可能出现的一些危险。

2. 能够说出如何和动物安全相处，学会保护自己，掌握基本的安全知识。

3. 体会和动物安全相处的快乐。

【活动准备】

1. 和活动相关的 PPT 1 个。

2. 每组 1 张白纸，1 盒水彩笔。

【活动过程】

1. 导入活动。老师用手模仿各种小动物，让孩子猜一猜，引起幼儿兴趣。

2. 通过观看 PPT，认识可爱的小宠物。

(1) 老师：我们班里来了几个好朋友，它们是谁呢？我们一起来看一看。老师和孩子一起认识 PPT 中前半部分的几类小动物，并说出它们是什么。

孩子：小猫咪、小狗狗、小兔子……

(2) 老师：大屏幕上的这些宠物朋友我们小朋友都很喜爱，而且老师知道小朋友家里有的也养着小宠物，你们平时都是怎么和它们相处的呢？

孩子：会和它们一起玩；会给它们搭一个窝……（让幼儿自由发言，调动他们学习的积极性）

总结：小猫、小狗、小鸟等宠物非常可爱，还会帮助我们做事情，也是我们生活中的好朋友。

3. 说一说，想一想。

老师：小动物也会发脾气。如果和动物相处不当，会给小朋友带来意外的情况。让我们来看看下面几幅图吧。这几张图里出现了什么情况，为什么会这样？

帮助幼儿了解动物有时的伤人行为。

（1）教师和幼儿共同观看PPT，让幼儿知道这几幅图中的人们是被动物咬伤了。

（2）教师和幼儿一起分析被动物咬伤的原因，让幼儿知道动物有时也会发脾气，一旦危险发生，后果严重。

（3）告诉孩子和动物相处时应该注意什么安全问题，让幼儿掌握一些安全常识。

① 教师通过提问引导幼儿说出与动物相处时应该注意的安全事项。

老师：能不能和动物争抢东西和玩激烈的游戏呢？为什么？动物的毛以及排泄物能不能摸或闻呢？为什么？小朋友会因为好玩常去拉拉它们的尾巴，用棍子去赶它们，这样做对吗？为什么？在鱼缸附近玩要会发生什么危险？

② 分组讨论和动物相处时还应该注意什么安全问题。引导幼儿讨论：和动物相处时还应该注意什么问题呢？可不可以故意去逗弄动物，把它激怒呢？遇到比较大型的陌生动物你该怎么做？

4. 做一做，比一比。

（1）指导幼儿完成表格制作——制作和动物相处时应注意的安全事项记录。

① 以小组为单位，分成4组讨论，然后每组用图表的方法大胆表现大家讨论的内容，制作本组的安全注意事项表。

② 教师巡回指导，引导幼儿用自己的方式把本组的想法表现出来，帮助有困难的组制作图表。

（2）集体分享各组讨论内容，以及展示本组的“和动物相处安全事项表”，进行总结。请每组派一名代表，介绍自己组的“和动物相处安全事项表”，说明本组有哪些和动物相处的方法和防护手段。

小结：让幼儿知道和动物安全相处是一件快乐的事情。

5. 课堂总结：通过本次活动，孩子们不但知道了动物有可爱的一面，也有发脾气伤害人的另一面，而且在教师的指导下分组制定了和动物相处时需要注意的事项，只有和动物安全相处才是快乐的。

【活动反思】

人类本是最高级的动物，在生活中与大自然的动物应做到和谐相处，在孩子心中应埋下一颗关爱动物、保护动物的种子，让其去生根发芽。但是也要让儿童认识到，大自然当中也有很多危险的因素，能够客观地认识到动物都有自己的一些特点，要学会在和动物相处的时候保护好自己。

案例23　大班室内科学区角活动（一）

植物在冬天怎样喝水？

【活动目标】

1. 情感目标：积极主动探究冬天里植物喝水现象。

2. 认知目标：知道植物是靠根部吸水的，茎部输送水分。

3. 技能目标：能够自主动手操作实验，并说一说植物喝水前后变化。

【活动准备】

材料准备：白菜叶，红、蓝、黑三色墨汁，3个透明杯，清水，安全趣味提示图。

材料构成与布置：在教室离水源近且光线充足的一角设置科学区，区角的两边用来放置材料，中间放置一张桌子用来操作实验，墙面上贴上实验中应注意的安全事项图标或趣味图画，用来提示幼儿在操作中需要注意哪些安全问题。

核心概念：植物是靠根部喝水、茎部输送水分，植物喝水现象是一种毛细现象。

幼儿经验：幼儿在生活中常见的吸水现象（如纸会吸水、毛巾会吸水、粉笔会吸水等）。

【活动预设】

1. 幼儿进区前需知区域的规则和秩序，以确保实验操作的顺利进行。在区角中两人为一组进行实验操作，幼儿可自由选择自己的搭档。

2. 实验操作前应观察和了解墙壁的注意示图，并在操作过程中同时伴随着老师的指导和安全提醒。

3. 在实验过程中，可先把材料统一放置桌前或两人相互配合，一人摆放水杯，一人加入二分之一的清水，然后将墨汁滴入清水中，使清水变成红、蓝、黑三色，再将三瓣白菜叶放入不同颜色的水杯中，进行观察。

4. 幼儿在观察的过程中可以相互交流思考或猜想实验结果等待验证，然后与同学或老师说一说自己的观察。

小结：植物通过根部吸水，因叶子中有很多“管道”，所以不同颜色的水通过“管道”输送，使得白菜的颜色发生改变。

【活动指导】

1. 教师可通过提问或趣味话题，激发幼儿对“植物怎样喝水”探究的欲望和兴趣。

2. 鼓励幼儿积极探索和发现问题，并与同伴相互交流合作。

3. 在操作过程中，观察和注意幼儿的操作方法，并用话语或示范及时引导。

【注意事项】

1. 提醒幼儿在使用墨汁时，如果不小心弄到手上，不要用手去揉眼睛，或用嘴巴舔，应及时洗手。

2. 活动中从哪里拿到的材料就应该放回原处，避免下次使用找不到。

3. 活动中拿材料时，应该轻拿轻放，小心拿取。

案例24 大班室内科学区角活动（二）

小动物过冬

【活动目标】

1. 了解各种动物在冬天过冬的不同形式。

2. 能够总结不同种类的动物在冬天的不同过冬形式。了解动物的身体特征、行为和环境的适应关系。

3. 喜欢观察大自然中各种动物，热爱大自然，关爱小动物，并乐于和同伴分享自己的探究结果。

【活动准备】

材料准备及构成：(1) 在冬天冬眠、迁徙、长毛的动物图片若干；(2) 在冬天冬眠的动物若干、箱子、水、土。

核心概念：动物不同季节的生理特征和行为变化。

幼儿经验：感受动物的在冬天里的变化，观察并记录冬天动物的重要变化与特征，并与同伴交流自己的观察结果和发现。

【活动预设】

1. 幼儿可以自己主动去科学区角观察动物，幼儿可以将自己的观察情况和结果和自己的同伴或者教师进行交流分享。

2. 幼儿可以利用卡片进行动物不同的过冬形式的分类，并和家长共同收集不同动物过冬的卡片来充实区角的活动，生发出一些新的探索活动。

教师指导：教师要有意识地引导幼儿观察动物，学习观察动物的基本方法，培养其观察与分类的能力，鼓励支持引导幼儿学习做简单的计划和记录，并与他人交流分享，引导幼儿在探索中思考，尝试进行简单的推理和分析，发现动物的行为和季节之间明显的关联，引导幼儿关注和了解自然与人们生活的密切关系，逐渐懂得热爱、尊重、保护自然。

【活动反思】

幼儿对这个科学区角会很感兴趣，因为幼儿喜欢探索，大自然是儿童最为亲近的探索地点，教师将大自然中的事物“搬进”幼儿园，是对大自然生活化的过程，符合幼儿的年龄特点。

案例 25　混龄大区角活动案例

动物大世界“我们的动物朋友”

【活动目标】

“动物”一直是乡村孩子们津津乐道的主角，然而不同年龄阶段的孩子对动物的认识出发点都是不同的。大班的孩子除了对动物本身的认识感兴趣之外，还会建立起一些以某一特征或主题为联系的认知。通过孩子们了解常见的动物不同的特点以及其与周围环境的关系，有进一步探索动物生活习性的愿望，同时引领孩子去结识探索更多的动物朋友，让孩子自主地去认识动物，关注动物，通过不同的家园、学来的本领、千奇百态、我和动物是朋友等一系列学习脉络，在看看、讲讲、做做的直接作用下，让孩子们自主地认识动物的特征及其与人们生活的关系，让孩子们以真善美的心灵去体验动物的生活、动物的喜怒哀乐，从而使孩子们对动物奇特的现象和特殊的本领感到好奇，体验探索动物世界的乐趣。由此我们展开了主题活动：动物大世界。

【活动准备】

材料 1：碟片、手工纸、剪刀、双面胶、瓶盖、橡皮泥、废旧材料库等。

材料 2：两幅不同颜色扑克牌（分别贴有动物和发明的图片）、配对底版（呈现在墙面上）、空白扑克牌、笔、科学图画书《我们的动物老师》、规则牌。

材料 3：问题树一棵、树叶（上面有老师根据幼儿兴趣准备的有关动物的问题和寻找问题的线索暗示，也有幼儿自己记录提出的问题）、空白的树叶、相关的动物图书。

材料 4：蜗牛、青菜叶、萝卜、玉米粒、肉粒若干。

核心概念：每个动物都有自己和其他动物相同或不同的特点，有各自的生活方式、饮食习惯，与人类共同生活在这个地球上，与我们息息相关。动物在冬天过冬的方式以及和人类的关系是我们重点要探究的内容。

幼儿经验：了解大部分的动物，有一定的关于动物的知识积累，可以用语言、动作或者其他方式展示出动物的特点。

幼儿活动预设：幼儿自主选择活动，可以由简到繁、由易到难，从简单的问题出发，互相在游戏中学习有关的动物知识，并且可以在其他领域有所感悟。在有记录表、问题表时能及时地记录下来。

教师指导：在幼儿没有相关知识经验的时候及时进行补充，进行课程设计。在幼儿有需要时及时提供帮助。

注意事项：（1）在使用锋利物品时注意安全；（2）材料不要带出活动区角。

活动一：动物宝宝过冬天（小、中、大班）

目标：（1）了解动物在冬天里的行为模式，如何适应冬天的温度和食物缺乏等现象；（2）尝试饲养和照顾小蜗牛，体验其中的乐趣（了解蜗牛的外形特征以及饮食习惯）。

环境布置：布置冬天的场景，提供各种动物的图片，以及各种配对板和分类板。配对板主要有：把动物放到相应的动物场景中的配对板；不同颜色的对应板。分类板主要有：海陆空的分类板；各种过冬方式的分类板；动物在冬天里的居住场所的分类板。

玩法：根据各种动物的特点和过冬方式来进行配对和分类。

活动二：动物商店（中、大班）

目标：通过制定计划、制作物品、买卖游戏，在活动中培养幼儿的动手能力与交往能力。

环境布置：商店情境、动物钥匙扣的暗示图片、玩具小兔的步骤图、动物手表的步骤图、动物头像图片、动物售货员帽子两顶、记录单。

玩法：2名幼儿戴上帽子当售货员招待顾客买玩具，并且记录订单，另外3名幼儿当制作工，根据顾客的订单进行制作，制作好了以后顾客可以来按照约定时间取件。

提示：钱可以用雪花片或者纸片等代替，部分幼儿园是用孩子平时被奖励的印章代替的。另外，可以增加收银机等道具，更加符合生活实际。

活动三：动物的本领（中、大班）

目标：(1) 在游戏过程中，了解人类学习动物的一些特征和本领而进行的发明创造；(2) 培养推理能力，结合生活经验理解事物间的联系并大胆表述。

玩法：(1) 幼儿两人合作，一人出牌，一人跟牌，说说出牌理由（即它们之间的联系）；(2) 将每次配对成功的一对牌贴在笑脸底板上，并从图书中寻找答案进行自我验证；(3) 发挥联想，将自己发现的其他向动物学习的本领画在空白扑克牌上，进行配对游戏。

活动四：我来当导游（中、大班）

目标：在游览动物园的游戏情境中，熟悉各种常见的动物及游览标志。

材料：墙面背景、小地图、路线图若干 [三种层次：(1) 入口→某馆，其中表明路线经过的地方；(2) 入口→某馆，其中提示几个途经地点；(3) 你还想去什么馆？孩子自己动手画路线图。准备动物图片、游览标志、笔]。

玩法：(1) 根据背景、小地图和动物名称暗示，将动物贴在大地图的相应红点上；(2) 选择导游路线图，沿着路线找一找，画一画自己走到了什么动物馆；(3) 将路上经过的游览标志贴在路线图上。

活动五：问题树（中、大班）

目标：(1) 对探索动物的秘密感兴趣，能按提示寻找有关动物的秘密；(2) 尝试提出并记录问题。

玩法：(1) 幼儿可以找感兴趣的有关动物的问题卡，根据问题卡的提示，在相应的书中找到相关的答案；(2) 幼儿也可以将自己感兴趣的问题记录在空白的树叶上。

提示：(1) 幼儿可以将自己的问题画出来，丰富问题卡的内容，推动探索动物的过程；(2) 可结合录音寻找答案，满足不同能力层次的孩子。

案例26 社会实践活动案例

大班组“乡村环保大作战”活动方案

【设计意图】

“环境保护始于心，变废为宝践于行”，随着社会的不断发展，人们的生活水平也不断提高，现在生活中的高科技玩具、电子产品比比皆是，但是冗余的废旧物品也会导致环境污染，为了让幼儿知道保护环境的重要性，我们开展了《垃圾制造家》的主题课程，从了解—追溯来源—废物利用—环保倡议，在活动中注重幼儿已有的生活经验，让幼儿主动参与、积极探索，充分表现自己。通过观察、交流、操作、组合、尝试，鼓励他们从不同的角度去思考、解决问题，让幼儿勇于大胆想象，培养幼儿创新精神。

人类只有一个地球，保护地球是我们的责任，保护乡村也是我们作为小村民的义务，小朋友们作为未来新一代的主力军，更要从小树立环保意识。因此，我们即将开展名为“环保大作战”的社会实践活动，让更多的人关注环境保护，从身边的小事做起，你我携手，共同呵护我们唯一的家园。

【活动方案】

1. 活动时间：2021 年 11 月 1 日下午 4：00—5：30
2. 活动地点：户外
3. 参与人员：幼儿园全体师生与家长
4. 活动流程：

时间（下午）	项目
3：30—3：50	准备环保袋、环保夹、调查表、宣传单
3：50—4：00	清点人数准备出发
4：00	出发
4：00—5：00	寻找乡村环境中的垃圾、入门进行环保宣传
5：00—5：30	在大草坪进行活动总结、展示自己的环保成果
5：30	家长带领幼儿回家

【安全预案】

活动时间：2021 年 11 月 1 日

集合地点：樟树坪上方操场

活动流程：（见上）

参与人员：大班组全体幼儿及教师

注意事项：（1）活动前开展主题课程及安全教育课程，包括活动地点、活动内容、带队老师等详细内容；（2）活动前与家长沟通安全问题，在活动的过程中不可以擅自带离幼儿，如需带离则必须在班主任处签字交接；（3）活动过程中各班老师应严格按照活动前的人员分工与展位布置进行工作，如有特殊情况需要离岗必须提前报备；（4）活动前主持人播报活动流程并强调活动过程中的安全问题。参与活动的家长及幼儿注意现场安全，以防突发事件的发生。

【应急处理】

1. 各班老师要加强责任心，确保幼儿活动中的安全，必须提前探地，明确知晓活动场所的安全重要性，教育幼儿不乱跑，不得随意跟陌生人走。

2. 门卫要严格按制度管理，防止幼儿丢失和可疑人员入场，预防破坏分子闯入捣乱及幼儿私自外出。

3. 发生事故，特别是有人闹事之时，全体教师与家长要团结一致，应立即组织幼儿及家长疏散，并拨打 110 报警电话，如有人员受伤，应立即拨打 120 急救电话。

4. 做好幼儿出现跌、摔、擦伤以及生病等处理工作。各班老师要随时观察班内幼儿身体及精神状况，发现异常立即上报处理。

5. 保健人员要保管好医药箱，随时备用。

6. 后勤人员要在场内维持秩序，要先安排人员检查设施安全，并注意防火、防盗。

7. 伙房人员要做好膳食工作，还要配合做好安全工作，听候安排。

8. 全园人员要服从分配，齐心协力，以保障活动成功举办。

【注意事项】

1. 遇事要冷静，措施要果断。

2. 处理群体性事件的原则是：迅速平息、减轻伤亡；保护幼儿、控制事态。

【活动准备】

1. 环境问题观察表（老师制作，幼儿观察环境用）。

2. 环境问题调查居民表（老师制作，幼儿入户调查用）。

3. 环保知识宣传单（以班为单位进行幼儿设计、小组讨论、设计方案并动手制作）。

第二节　生态学视域下乡村幼儿园园本课程案例设计分析

通过生态学的视野来分析乡村幼儿园园本课程案例的设计，首先从整体上分析活动的框架，再分析整个活动的活动目标、内容选取、方法实施和评价的框架，从使幼儿全面发展的角度，运用《3-6 岁儿童学习与发展指南》（以下简称《指南》），分析关键经验的获得和核心素养的形成，并从生态学相关理论出发，分析儿童生态素养的形成、个性品质的发展等。

一、乡村幼儿园主题活动“保护我们美丽的家园”总体分析

（一）案例描述

从生态学的视角来看，A 幼儿园有自己独特的生态位，它是一所年轻的乡村幼儿园，校舍宽敞、环境优美，因为修建时间比较晚，基本按照最新幼儿园样式进行建设，设施较为齐全。同时，它有一些自己独特的课程资源。首先，从自然环境来看，A 幼儿园地处美丽的乡村，四面环山，有小河从小村蜿蜒而过。这里植物种类丰富，每家每户的鸡鸭成群，牛羊遍地。这些独特的自然资源，给幼儿提供了丰富的学习资源。其次，A 幼儿园周边的发展也较好，有自己专门的村活动场所、商店、集市，道路宽阔，幼儿出去进行实践活动也比较方便。再次，因为比较接近城区，A 幼儿园家长的思想观念也较为先进，比较能够接受新的教育理念。所以本研究选择 A 幼儿园作为试点幼儿园，进行案例的设计与实施。

本案例“保护我们美丽的家园”是 11 月的主题活动，大约需要四个星期将其完成。第一个星期的主要目标是发现家乡的美；第二个星期的主要目标

是了解地球会生病，发现乡村的污染现象；第三个星期的主要目标是进行废物利用；第四个星期的主要目标是进行以幼儿园及乡村为范围的环保行动。整个活动脉络比较清晰，中间穿插娄底特有的剪纸活动，学习中国古诗《画鸡》，让幼儿不仅对乡村产生热爱之情，同时能够了解、喜爱中国传统文化，从而产生对自己生活的热爱和对本民族的自豪之情。

（二）主题活动设计分析

1. 从课程目标的设定来看，本主题活动目标覆盖五大领域，从《指南》当中选取大班的相应发展点来设计课程目标及相关的活动，如健康领域中的生活习惯与生活能力，其中的部分要求：（1）能知道根据冷热增减衣服。如“冬至”“小雪”；（2）能按类别整理好自己的物品。如“垃圾分类”；（3）知道一些基本的防灾知识。如“动物可爱，也会伤人”。能够帮助幼儿了解季节变化对周围世界和对自己的影响，增强幼儿对环境的认识能力和适应能力。又如语言领域中的能初步感受文学语言的美。阅读古诗《画鸡》《相思》等，穿插在对动物的认识和秋思的情境中，每个领域的活动相辅相成，互相呼应。

2. 从课程内容的选取来看，这些活动贴近幼儿的生活，从幼儿生活当中选择题材，帮助幼儿发现身边的环境问题，并能够进行环境问题的主动处理，增强幼儿的自豪感和主人翁意识。这些内容从幼儿的生活环境当中选取，或者选择的题材和幼儿生活关联度很大，如《画鸡》的故事，体现了乡村生活生动活泼的一面，也促使幼儿对乡村的小动物产生喜爱之情。

但从活动的内容框架来看，活动内容涉及科学教育、语言教育和社会教育、健康教育等多个领域，对每个领域的知识都有些顾及，内容全面，脉络较为清晰。不过这一个月涉及对动植物的认识、对环境的认识和对环保知识的认识，在学习内容上可能会有些超载。在实际的活动中是否能够让乡村的幼儿能够比较快地吸收这些知识，形成相应的能力，还需要进一步实验和调整。

3. 从课程实施的形式来看，本主题活动涉及集体教育活动、环境创设、区角活动、家园共育、社会实践等各个方面，全方位地进行课程实施，比较好地帮助幼儿与环境互动，各个方面的活动互相配合，脉络较为清晰。帮助幼儿从自然到社会，从物质到精神，从幼儿园到家庭及附近社区，与周遭进行良好的互动，但活动的预设性较强，活动生成性不太凸显。在实际的活动过程中，应当更多地让幼儿获得认知和增加本地材料的投放。

4. 从课程的评价来看，课程评价比较注重过程性评价。运用成长档案袋的方式记录幼儿每一天的活动过程，并注重和家长的互动，请家长和幼儿园一起来进行幼儿的互动评价。

该案例遵循了“大自然、大社会都是活教材”的园本课程的设计原则，帮助幼儿从实际活动中增进对环境的认知，也增强自己对环境的保护意识和责任心，是非常典型的乡村幼儿园园本课程的案例。可以提升的地方有：对于其中的关键经验还需进一步分析，比如可以借助高瞻课程的一些关键经验的指标对大班儿童的活动进行更加深入的设计；同时，该活动的户外体验活动还比较少，可以增加一些户外体验、户外美术创作等的活动环节，对社区活动的设计还需要更加严谨。

二、集体活动案例分析

“小动物们去哪儿了？”大班集体活动案例分析

（一）设计背景分析

动物是孩子的好朋友，也是我们生活中的一部分，当儿童在老师的带领下探究环境中的动物，他们便能对身边的环境充满了好奇，明白生活在我们周围的动物多种多样；同时，了解到小动物进行冬眠等活动的原因，从而对动物的过冬产生好奇。因此，对于环境中的小动物的探索是儿童探索环境的重要环节，对于动物在不同气候中的行为进行探索，能够帮助他们了解气候对于动物的影响。

（二）活动设计分析

1. 核心素养分析

从这个案例来看，活动设计与《指南》的精神基本相符。从《指南》可以看到这样一些表述，情感目标是对自己感兴趣的问题总是刨根问底，探索中有所发现时感到兴奋和满足；能力目标是能通过观察、比较与分析，发现并描述不同种类事物的特征或某个事物前后的变化，探究中能与他人合作、交流；知识目标是能察觉到动植物的外形特征、习性与生存环境的适应关系，感知并了解季节变化的周期性，知道变化的顺序。本活动当中，幼儿要掌握的核心概念是气候季节对动物们生活生长的影响。在其中要达成的核心素养主要有：积极探索的兴趣、观察分析的能力、探索的能力、交流的能力、爱护环境的意识，其中最难的是对动物冬眠的原因和方式的理解。

2. 关键经验分析

要获得这些核心素养，关键经验是在幼儿感知季节变化规律的基础上，让他们知道气候变化对动物生活生长有影响。因此，活动应首先为幼儿播放一个相关视频《小动物们去哪儿了?》，这样可给幼儿充足的经验准备。接着再让幼儿进行分组讨论和猜测。对于大班的孩子来讲，相关活动的关键经验应该是很充足的。

3. 活动设计分析

本案例首先通过视频导入，激发幼儿的探究兴趣，使幼儿能够集中注意力，认真观察，又通过提问的方式，逐步引导，并使幼儿能够积极大胆地表达交流，分组讨论的方式也激发了幼儿合作的精神。最后教师通过组织冬眠游戏的方式使幼儿在乐趣中巩固科学知识。在一系列的活动后，幼儿通过教师的引导萌发对自然环境的向往、爱护之情和对动物的保护意识。活动延伸中提出的问题也非常的好，都是很有趣味又有探究意义的问题，并且也是小朋友们最容易提出的问题，和父母一起探究也有助于亲子交流。

修改建议：本案例的主要目的是让幼儿感知季节变化对动物的影响。笔者认为只通过视频观看的方式让幼儿感知是不够的，可以增加一个户外活动环节，组织幼儿到真实的自然环境中去感受季节的冷热变化，寻找和观察动物，比如组织幼儿去动物园观察，分为两个季节，冬季和春季，让幼儿对比不同季节时动物表现的不同。这样幼儿可以更容易理解，而且对活动也更有探究的兴趣。

见前文案例：“小动物们去哪儿了?”

三、区角活动案例分析

“植物在冬天怎样喝水?”大班区角活动设计案例分析

（一）案例设计背景分析

乡村的孩子对植物再熟悉不过，是乡村进行科学教育的首要资源。然而，如何通过实验的方式让乡村幼儿了解植物，却是一个全新的课题。科学区是我们在幼儿园区域创设中的一个难题，怎样让孩子真正地走进科学区域去学习和探索成了很多人需要思考的问题，区角中所放置的植物不应只是一种简单的摆设，让植物在区角中与幼儿产生一个相互作用，是我们一直在探求和期望的，希望能够将区角中的植物和幼儿的课程结合起来，让幼儿对自然中的现象产生好奇心和探究欲，并有一个更进一步的认识和了解，为此笔者设计了一个以植物为主的区角活动方案，在幼儿已知“植物需要喝水”的经验下，去丰富幼儿的知识经验和能力，让幼儿了解到植物是怎样喝水的，从本质上了解植物喝水的原理，对幼儿来说是很有必要的，也是大班幼儿这个年龄阶段所能接受和需要学习的。

1. 核心素养分析

该活动区角设计参照《指南》中科学领域目标，其中活动中所达到的目标有：（1）情感目标：探索中有所发现时感到兴奋和满足；（2）能力目标：能通过观察、比较与分析，发现并描述不同种类物体的特征或某个事物前后的变化，探究中能与他人合作与交流；（3）认知目标：能察觉到动植物的外形特征、习性与生存环境的适应关系。

2. 关键经验分析

本活动当中，幼儿要掌握的核心概念是植物是靠根部喝水、茎部输送水分的。在其中要达成的科学素养主要有：观察力，能主动观察植物的特征、状态；探究力，能够在好奇心的驱动下主动探究和验证实验结果；操作能力，能亲身体验、自主操作实验；分析能力，能够初步分析实验前后差距，对比植物的喝水情况；合作能力，幼儿两人为一组操作实验，相互交流和配合；思考能力，在知道植物需要喝水的情况下，思考植物是如何喝水的。

3. 活动设计分析

本次科学区角活动主要是为大班幼儿设计的，设计题材与幼儿的实际生活相结合，在幼儿的已知生活经验的基础上去了解“植物喝水”的简单原理，对生活中的一些科学知识现象有一个更深入的了解和认识，该科学区角活动的设计主要是让幼儿在活动中能够自主动手操作实验，体验探究植物喝水的过程，发展其探究和观察植物喝水变化过程的能力，了解其简单原理，并从以下几个方面进行了分析：

（1）活动目标分析。该活动目标从情感、认知、技能三个方面来描述，并参照《指南》要求，根据大班幼儿的年龄特点来写，符合幼儿的发展要求，满足了大班幼儿对科学知识的需要。

（2）活动材料分析。活动选取的材料主要是白菜，是幼儿在生活中所能看见和接触得到的，与幼儿的生活密切相关。

（3）活动过程分析。活动操作环境符合适宜性原则，能够让幼儿在良好舒适的环境中去观察植物喝水的变化，让幼儿自主选择搭档，在教师的引导下，合作操作实验。

（二）案例评析与总结

1. 案例描述

本活动结合了幼儿生活中常见的植物吸水现象，通过幼儿自身的观察和学习，去发现问题，探索植物是怎么喝水的。教师可引导幼儿猜想，提出生活中常见的植物现象的问题情景，如植物为什么需要喝水？是怎么喝水的？与什么因素有关？以及植物喝水是一种什么样的现象？通过幼儿的实验操作观察，积极猜想，并用实验中观察到的结果来验证自己的猜想，在实验结束后，可与同伴分享和交流自己的经验，并从中获得相应的科学知识和关键经验，提升幼儿的科学素养和能力。

2. 相关文献及启示

关于“植物在冬天怎样喝水？”的实验设计与实施，有以下文献资料进行了相关研究或论述。

（1）深度科学学习的内涵

关于幼儿科学活动中自主探究式学习探究，叶紫雯等人认为深度学习是一种旨在促进学习者思维能力与问题解决能力发展的学习方式，属于自主学习范畴。幼儿在科学活动中通过自己的不断探索和学习，能够发现问题，并在实验中去验证猜想的结果，有利于促进幼儿思维能力、解决问题能力的发展，幼儿科学活动也是一种探究式的学习活动，活动的开展离不开幼儿的自主探究学习，王燕鸽等人认为应当选择适合幼儿科学教育的学习方式，即观察比较、操作体验和同伴合作，在探究过程要体现层次性。幼儿园一般分设小、中、大班，每一个年龄阶段所学习的科学内容难易程度也不一样。因此，在这个活动中，为了帮助幼儿进行深度学习，应当让幼儿主动去探究。本年龄阶段的幼儿在上大班，所以在探究的深度上应当更多地体现较高层次的思维活动，即在感知的基础上要增设对比、推理以及实验、验证等较为复杂的学习内容。

（2）幼儿生活的科学活动实施策略应生活化

如陈雅丝等人根据幼儿的年龄特点并以幼儿的生活实际为基础，将科学活动课程结合幼儿的实际生活来开展，从幼儿的实际生活需求出发，帮助幼儿在科学活动中感受和体验生活中一些有趣的现象，为幼儿创建一个健康、丰富的生活和活动环境，从而满足幼儿多方面的发展需求，使幼儿能够身心健康地快乐成长。在幼儿学习的过程中，尽量开展和幼儿生活息息相关的科学活动。幼儿生活中有哪些植物喝水的现象呢？比如种植绿植、给植物浇水，这些都可以纳入区角活动当中，让幼儿进行实验和观察。

3. 理论依据与分析

建构主义理论。其代表人物皮亚杰认为认知发展是一种建构的过程，是在个体与环境的相互作用中实现的，并把个体的认知发展分为感知运动阶段、前运算阶段、具体运算阶段、形式运算阶段。因此笔者根据幼儿的年龄特点和认知发展规律设计了符合大班幼儿思维发展特点的“植物在冬天怎样喝水?”区角活动。

陶行知的生活教育理论。陶行知整个教育思想的核心是“生活即教育”，即教育原本就是为了生活。陶行知的生活即教育的教育理论揭示了生活与教育的关系实质，它使教育成为人生活的一部分，在人的发展中起着重要的作用。在这次的幼儿科学区角活动设计中，结合了幼儿的生活需求，让幼儿明白“植物喝水”的简单原理。

陈鹤琴的“活教育”理论。陈鹤琴提出的“活教育”的17条原则，如凡幼儿能做的让他自己做、凡幼儿能想的让他自己想等，体现了尊重幼儿的主体性、重视幼儿动手动脑、重视直接经验的价值等思想，这些思想奠定了幼儿园教育原则的基础，在“植物在冬天怎样喝水?”区角活动中秉持着让幼儿自己动手操作实验的原则，发展幼儿的科学探究能力。

（三）综合分析案例并提出评价结果

从这个案例来看，活动设计与《指南》的精神基本相符合。幼儿在动手操作实验的过程中体现了实验的基本精神，有利于发展幼儿在实验中的观察、动手操作和交流的能力。通过实验，能够让幼儿了解到在生活中存在的一些毛细现象，并用科学的思维去感受和理解，符合大班幼儿学习的难易程度，更进一步发展幼儿的科学探究能力。

（四）改进建议

根据本次区角活动的设计，可能存在的问题和需要改进的地方如下；

（1）在活动准备上。还可以提供给幼儿不同种类的植物进行对比实验（如芹菜），让活动材料看起来不那么单一。

（2）在实验操作方法上。让幼儿通过亲身体验和操作实验来观察植物喝水的现象（毛细现象），在幼儿操作实验的过程中，教师要注重观察幼儿的操作过程和方法，同时给予相应的引导。

（3）在实验操作安全上。虽然大班幼儿的安全意识相对于小班幼儿来说较强，但好奇心是这个年龄阶段幼儿具有的特点，幼儿很可能因为好奇心引发一些安全问题，所以一定要在操作前进行安全提醒。

（4）在实验操作结束后。在幼儿园，对于幼儿来说，除了知识的学习，良好行为习惯的培养也是非常重要的，所以在本次实验操作结束后，有的幼儿可能会因为别的原因而忘记整理操作材料，这时就需要老师的引导或提醒，帮助幼儿形成良好的行为习惯。

见前文案例：“植物在冬天怎样喝水？”

四、混龄区角活动案例分析

“动物大世界‘我们的动物朋友’”混龄大区角活动案例分析

（一）背景分析

了解常见动物的不同特点以及其与周围环境的关系，让幼儿有进一步探索动物生活习性的兴趣，同时引领孩子去结识探索更多的动物朋友，让孩子自主地去认识动物，关注动物，让孩子们自主认识动物的特征及其与人们生活的关系。不仅可以丰富幼儿对于动物的认知，也可以让孩子们以真善美的心灵去体验动物的生活及它们的喜怒哀乐，从而使孩子们对动物奇特的现象和特殊的本领感到好奇，体验探索动物世界的乐趣。

本混龄区角活动运用多种方式让幼儿探究动物的方方面面，比如动物的种类、饮食、起居、行走方式等，这些丰富的主题让幼儿在这个活动中获得丰富的关于动物的知识，也获得很多主动探索、主动学习的机会。

（二）核心素养分析

因为是混龄活动，在活动的过程中会兼顾小、中、大班幼儿的年龄特点。在《指南》科学领域中对于幼儿在动物区角所达到的有关核心素养如下：

情感。亲近自然，喜欢接触新事物，经常问一些与新事物有关的问题，动物本身就具有吸引人一探究竟的魅力，再加上幼儿天性，本案例设计可帮助幼儿获取充分的探究兴趣。

能力。具有初步的探究能力，能对事物或现象进行观察比较；能根据观察结果提出问题，并大胆猜测答案；能通过简单的调查收集信息；能用图画或其他符号进行记录。

知识经验。在探究中认识周围事物和现象，能感知和发现动植物的生长变化及其基本条件。

（三）关键经验分析

1. 通过对动物长时间的观察，以便帮助幼儿提高观察能力和耐心，让幼儿对新事物感兴趣。

2. 在区角设计中投放有关动物的手工、角色扮演等活动内容展示，还有动物有关知识的整理资料，能培养幼儿的各种综合能力，例如推理能力、表达能力等。

3. 通过观察蜗牛喜欢的事物，在案例中增加了动物观察记录表、问题树，提升幼儿提出猜想、进行验证以及记录、创新思维的能力。

（四）理论依据与分析

1. 我国相关自然生态教育理论："活教育"的课程形式应该符合儿童活动形式和生活方式，符合儿童与自然、社会环境的交往方式。因此，"活教育”的课程打破以学科组织为主的传统模式，改成活动中心和活动单元的形式，具体包括五方面的活动（“五组活动”），在“五组活动”中的儿童社会活动（包括动物园、植物园、劳动工厂和科研机关等）符合让幼儿亲近动物、探究动物的宗旨。

2. 蒙台梭利的自然教育理论：在蒙台梭利看来，自然包括两个层面的意思。一方面是指未经人类加工或改造的、纯粹的、物理的自然环境或自然物。另一方面是指儿童的本来面目，儿童是一个精神胚胎，有着种种需要：重演人类的发展道路；回归原生态；亲近大自然、与其他生命形式接触；用感官和动作，通过活动来吸收环境中的因素等。

（五）相关文献及启示

1984 年，社会生物学家威尔逊在他的著作《亲生命性》中提出了“亲生命假说”这一概念，即人类对其他生物的先天亲和力，且有与其他生命形式相接触的欲望。不同于成人出于功利性的喜欢，比如，我们喜欢的是动物所能提供的物质（肉类、皮革、毛发）或者是所能提供的服务（陪伴）。儿童对动物的亲近和喜欢则单纯得多，他们认识到动物的内在价值。赵艳提出，幼儿与动物相处，有着各方面发展的积极意义。心理学教授郑日昌曾说过，伴侣动物在一定程度上具备了充当某些人类角色的功能，是儿童心灵成长的良好伴侣。幼儿的这种特殊动物情结如果能够被成人适当地引导，就会对幼儿的心理发展产生积极的意义。上述研究对我们认识幼儿与动物之间的关键经验有非常大的帮助，让我们认识到，在幼儿一步步认识了解动物的过程中，培养了幼儿的观察能力，满足了其好奇心和求知欲，也培养了幼儿的耐心、爱心和责任感，同时了解了生命的意义。

另外，近年来学术界对于自然主义教育的重视程度逐渐提升。如于泽凡提出自然主义教育是指近代西方资产阶级的教育理论和教育思潮所主张和强调的教育要求，自然主义教育主张教育要以儿童为中心，遵循儿童的自然本性，适应儿童自然天性，遵循儿童身心发展规律。同时它提倡教育“回归自然”。张丽也提出应批判腐朽的经院教育和古典教育，倡导推崇经验主义和科学实验与实证的，以及关注世俗幸福的新型科学教育观。谢佳佳基于自然环境探索幼儿园科学园本课程的开发，以“泰勒原理”及陈鹤琴“活教育”理论为基础，开发《大自然的小奥秘》园本课程，孩子们接触到了他们平时接触不到的动植物，满足了幼儿对科学的探索欲与求知欲，开阔了幼儿的视野。这些文献对本案例的案例设计有很大的帮助。

（六）活动设计分析

在本案例中，将动物知识做成一个拥有无数分支的大树形状的线，从简单地了解动物的外表开始，不断深入动物的生活习性、本领、关系、种类等方面，动物拥有无穷的探索线索，充分满足幼儿的探究欲望。通过“可爱的动物”这一主题活动的开展，使幼儿对动物生动有趣的形象有了初步的印象，为孩子们的思维提供了广阔的空间，引发了孩子们对动物的喜爱之情。第一周的活动首先以小乌龟这一容易获得的资源为活动材料，让小乌龟以“来宾”的身份走进孩子的生活，走进孩子主动学习的情境，成为他们观察的对象，甚至是游戏、表达、表现的主角。然后让幼儿逐步自主地认识动物的特征及其与人们生活的关系。

环境创设是为了更好地开展主题活动，对幼儿进行爱护动物教育。在活动开展前，和家长进行沟通，请家长配合带来小乌龟、小螃蟹，布置动物角，供幼儿认养乌龟和螃蟹，并和幼儿一起制定“保护乌龟计划”，每天照顾它们。在给小乌龟换水、喂食的过程中，幼儿不断认识、了解小乌龟，走进小乌龟的世界。还可以将幼儿自己带的动物玩具聚集在活动室的一角，成立“动物之家”，幼儿在这里和自己的动物玩具做游戏，打扮自己的玩具，和玩具一起讲故事唱歌。在此基础上，将幼儿和教师收集的有关动物的资料汇总布置成专栏，供幼儿交流学习。幼儿在认识动物的名称、模样的过程中加深了对动物的了解，然后通过捏塑橡皮泥和绘画动物，设置展示交流台，供幼儿展示作品，然后充分地发挥幼儿的想象力和创造力把作品编成故事，培养幼儿的表达能力和自信心。

在本案例中也进行了与蜗牛朝夕相处的环境创设，使幼儿有充分的时间与空间来满足自己的好奇心与探究热情。

（七）案例分析与总结

本次区角设计拥有丰富的材料资源，并且根据幼儿已有的知识经验进行了合理的设计。一是结合了科学的方式来锻炼幼儿的思考能力（如观察蜗牛，这种生物方便饲养与捕捉），在幼儿亲近大自然，与动物亲密接触的同时，也增强了幼儿的观察能力，并且有观察记录表明，观察实验是长时间进行的科学活动；二是“问题树”环节提供了解决问题的各种途径，在幼儿强烈的好奇心驱使下，他们会不断地提出问题和解决问题，有关动物的知识如同滚雪球一般越滚越大，知识储备量越来越多，不仅包括动物领域的探究，同时还拥有了获得其他知识的方法与途径，使幼儿具备独立实验探究的能力；三是结合了数学知识来锻炼幼儿的数学思维，比如在“动物超市”中的买卖活动，不仅包含动物的基本特点知识，还有结合实际生活的超市情景进行数学的实践活动；四是培养了幼儿的美术思维，如制作头饰、卡牌绘制等。注重幼儿多个领域的综合能力发展，教会孩子们“思考方法”，让幼儿在游戏中成为学习的主人，在游戏里掌握知识探究的方法。但是存在缺乏生动形象的活物事例、缺乏实践经验、不能让幼儿获得与动物直接接触的机会等问题。

改进建议：利用实物和图片媒体等媒介进行学习和交流，可以很好地引导幼儿提升思考能力，比如：儿童应该怎么看待虐待动物的情况？怎么处理？动物既需要爱护，又是我们人类的食物，我们应该怎么看待？这些应在认识动物的过程中进行补充。

五、社会实践活动案例分析

“乡村环保大作战”社会实践活动案例分析

（一）案例设计背景分析

本案例从A幼儿园的生态现状出发，帮助附近乡村进行垃圾的捡拾和处理，入户调查环保现状，并宣传垃圾分类和垃圾处理的方式，帮助村民提升环保意识，在这个活动中，幼儿能够提升“乡村是我家，保护靠大家”的相关意识，同时通过入户宣传，帮助乡村朋友了解环境污染的危害和垃圾处理的合理方式，能够让幼儿产生主动性和帮助处理环境问题的自豪感，从小培养和树立“保护环境、人人有责”的责任心和对国家、民族的责任感。

（二）核心素养分析

该活动区角设计参照《指南》中社会和科学领域目标，其中活动中所达到的目标有：（1）情感目标：在群体活动中获得积极、快乐的体验，爱护身边的环境，注意节约资源；（2）能力目标：能主动发起活动或在活动中出主意、想办法，主动承担任务，遇到困难能够坚持而不轻易求助；（3）认知目标：初步了解人们的生活与自然环境的密切关系，知道尊重和珍惜生命，保护环境。

（三）关键经验分析

在本次活动中，主要是通过让幼儿真实地接触到周围的社会环境，并主动向身边的人进行环保知识的宣传，让幼儿在活动中体会到自己的行动可以带来环境的改变，自己可以积极主动地去探索周围环境，影响周围环境。因此，这个活动有比较强的社会发展功能，同时，从科学领域，让儿童认识到人们的生活和自然环境的密切关系，从而有珍惜生命、保护环境的意识。

（四）理论依据与分析

1. 习近平生态文明思想：习近平生态文明思想认为，人是自然、社会的一部分，同时，人也有着积极主动的能力，他们可以主动地认识环境并改造环境。因此，人类可以积极行动起来，认识大自然的规律，并且尊重大自然的规律，从而积极行动起来，保护自然环境。

2. 陈鹤琴的“活教育”思想：陈鹤琴认为，“大自然、大社会都是活教材”，因此，幼儿不仅仅应该在幼儿园中学习，更应该深入周边环境、深入社会去学习，观察周围的环境，和周围的人去交流，从而学习环境中的真实问题，解决环境中的真实问题。

（五）相关文献及启示

对于幼儿环保意识的培养，很多学者逐步认识到其重要性，如李顺夏提出在我国经济高速跨越式发展态势的背后，环保问题也越来越严重。应积极引导加强幼儿环保理念等的日常宣传及教育，在环境教育中大力培养幼儿园环保意识。环保意识应从小抓起，帮助幼儿形成环境保护的良好习惯。同时，关于环境保护的教育，传统的方式主要是讲解，导致幼儿在真实环境中的参与程度不高，针对这些问题，学者们也提出了一些建议，如赵丽认为在传统的环保教育中，幼儿园教师多选择在课堂上简单地传授知识，未能充分地与幼儿的个性兴趣、实际生活体验等结合起来，因而难以有效激发幼儿的参与热情，无法真正使幼儿的环保意识转化为积极的环保行为。应当让幼儿真正地参与真实生活中的环保工作，把学习知识和真实的环保活动结合起来，才能让幼儿的环保意识落到实处。另外，关于环保意识学习的内容，叶丹全提出，随着社会经济的迅速发展，保护环境成为人们日益关注的重点问题，而垃圾分类是环境保护的重要内容。所以在环境保护的学习上，幼儿学习进行垃圾分类是一个重要的活动内容。在生活中，应当加强幼儿对垃圾分类的学习。

（六）活动设计分析

在活动中，老师让幼儿自己积极主动地策划本次活动，并让幼儿家长也积极参与。幼儿在其中展现出积极地出主意、想办法的态度，主动承担任务的责任心，十分可贵，同时也让他们了解到人类和环境的互动关系，并进行了入户宣传实践，这样的活动对于幼儿来说是一次主动展现自己的机会，也增强了幼儿对于环境问题的重视和保护环境的责任感。

活动目标分析：从活动目标的设定来看，此次活动关注人与自然，人与社会的关系，从生态学的角度帮助幼儿了解环保的相关知识，并向周边的人去宣传环保知识，密切了幼儿与身边人的联系，充分体现了“大自然、大社会都是活教材”的活动设计理念。整个活动很大程度地锻炼了幼儿的能力，比如前期对于环保知识宣传材料的设计，学习与周围人积极相处，活动结束后交流和分享能力的锻炼，都对幼儿综合能力的发展有很大的促进作用。

活动内容分析：本次活动主要是帮助幼儿主动地去探索环境中的污染问题，并主动地参与环保活动，帮助进行垃圾捡拾和垃圾处理，进行环保知识的宣传，这些活动能够帮助幼儿培养主人翁的意识，并更多关注真实的生活中的垃圾污染现象。活动内容有科学领域的垃圾分类；有社会领域的积极主动与人交往；有语言领域的表达交流；有艺术领域的宣传页的制作；还有健康领域的食品安全知识等，内容比较丰富。

活动过程分析：活动过程安排得比较紧凑，活动方案的步骤安排得较为合理，时间上的把控也是比较到位的。另外，有家长义工在旁边协助进行组织，整个活动有条不紊。

活动效果分析：从本次活动的开展来看，幼儿在这个活动中获得了各方面能力的综合发展，他们更加积极开朗，学会以主人翁的姿态对待周围的环境，并进行成果展示和交流，能够有效地促进幼儿各个方面的学习。

（七）案例分析与总结

活动计划较为周密，做了活动的安全预案，老师和家长各司其职，每个家长管理自己的孩子，和孩子一起进行垃圾处理、保护环境知识的宣传，也是很好的亲子活动时间。

本次活动配合本月的主题活动进行，帮助幼儿明白学习到的知识可以用到生活实处，同时需要在生活中实践环保理念。

活动的前期，家长和孩子共同准备环保知识的学习，同时在幼儿园准备环保的宣传单，以及环保问题的调查表。这些都可以调动幼儿的活动积极性，帮助幼儿进行问卷的收集，从小树立实事求是、解决实际问题的观念。

改进建议：（1）前期应增加知识积累，环境保护的话题可在下一个月继续延伸；（2）可以在此过程中开展真实的垃圾分类活动，并讨论这些垃圾的处理方式。

第七章　生态学视域下乡村幼儿园教师课程观与课程能力提升

第一节　生态学视域下园本课程建设中幼儿园教师课程观的提升

一、教师课程观是乡村幼儿园教师开发园本课程的基础

（一）教师课程观的涵义

随着时代的发展和课程范式的转变，人们逐渐认识到教师是学校教育成败的“支点”，教师课程观的意义和价值得到凸显和认可。课程观的研究在国外不仅是一个独立的研究领域，在课程观的意义、分类以及如何从课程观的角度去理解具体的课程等方面都出现了大量的研究成果。然而，国内课程观的研究领域相对较晚，教师在教育中的重要作用尚未得到充分认识。教师在教育过程中仍处于较为被动的状态，乡村幼儿园教师的课程观亟待提升。

近年来，一些学者逐渐发现幼儿园教师课程观对幼儿园课程提升具有相当重要的意义。如侯莉敏提出幼儿园课程改革需要关注逻辑起点，依托教师专业发展，实现幼儿园课程的长效发展。[①] 刘雨杭认为幼儿园教师先进课程理

---

① 侯莉敏，罗兰兰. 从“立场彰显”向“科学发展”迈进：我国幼儿园课程实践的十年变迁[J]. 学前教育研究，2022.

念经由教师理解、评价与选择的过程内化为个人课程哲学才能有效转化为课程实施行为，教师个人的课程哲学是课程理念到课程实践转化的基础与媒介。当前幼儿园对先进课程理念认知表浅化，未内化为个人的课程哲学。① 有些学者提出了教师课程观的一些方向，如张洁提出从发展适应性视角来提升幼儿园课程，提出幼儿园教师知识的核心应该关于儿童，在课程实施过程中发现问题、完善课程结构、促进课程循环发展。② 张丽珠基于《评估指南》精神，认为课程建设应以幼儿为本，回归幼儿的生活世界，回归教育的本源。建立全面涵盖幼儿发展领域的幼儿园教育课程体系。③

教师课程观包含了一系列关于课程现象和课程活动的基本观念，是理解教师教育行为和课程实践的重要概念。在课程领域，对教师课程观或价值取向的探讨也是对教师信念的一种研究。教师课程观是教师个人对课程的看法和立场。因此，它具有价值导向的功能，它影响着教师教育理念的选择、课程目标的设定、课程内容的选择、课程实施、课程评价等方面的课程实践。

（二）乡村幼儿园教师课程观提升对乡村幼儿园园本课程开发的重要意义

目前，中国的幼儿教育质量正在提升。2020 年，中国教育部提出中国要构建“优质教育体系”，中国幼儿教育从之前的“托儿”需求转变为“优质幼儿教育”需求，幼儿教育也逐步进入高质量发展阶段。乡村幼儿占据我国幼儿总量的大多数，是我国幼儿教育的重点关注对象，深入研究乡村幼儿园课程对幼儿发展的价值，是当前乡村幼儿园课程研究的一个重要方向。

乡村幼儿园教师作为课程建设的主要人员，对乡村幼儿园课程的发展起着至关重要的作用。2001 年，我国《基础教育课程改革纲要（试行）》明确提出了国家、地方、学校三级课程管理模式。课程管理的下移增强了地方和学校课程决策的自主权。《幼儿园教育指导纲要（试行）》也指出，城乡各类幼儿园要从实际出发，对儿童实施素质教育，促进儿童的发展。幼儿园逐

① 刘雨杭，姚伟，柳海民. 幼儿园高质量课程建设：价值意蕴、现实困境及纾解之策［J］. 湖北社会科学，2023.

② 张洁. 发展适宜性视角下提升幼儿园课程实施有效性的策略［J］. 河南教育（幼教），2019.

③ 张丽珠. 基于《评估指南》精神提升园本课程质量的调适与创生策略——以建瓯市实验幼儿园为例［J］. 福建基础教育研究，2022.

渐有了课程开发和管理的权利和义务，可以根据地区、幼儿园和孩子的特点来开发课程，为孩子的全面发展提供保障。在此背景下，很多城市幼儿园园本课程的开发如火如荼，而乡村幼儿园园本课程开发却困难重重。

首先需要提升乡村幼儿园教师的课程观。同时，针对乡村幼儿园教师，《幼儿园教育指导纲要（试行）》也指出教师应根据当地和幼儿园的实际情况，结合其工作的情况，制定切实可行的工作计划并灵活实施，进一步明确了教师在园本课程开发中的重要作用。由此可见，乡村幼儿园教师进行园本课程开发顺应了基础教育改革的大趋势和我国课程改革的大背景，《3-6岁儿童学习与发展指南》指出："珍视幼儿生活和游戏的独特价值，充分尊重和保护其好奇心和学习兴趣，创造丰富的教育环境，合理安排一日生活，最大限度地支持和满足儿童通过直接感知、实际操作和亲身体验获取经验的需要。"严禁"鼓励育苗"式地进阶教育和强化训练，并对儿童的活动和生活暗示提出相关建议。该文件明确要求教师灵活组织课程，再次对幼儿园教师的课程开发能力提出了要求。目前，我国幼儿园的课程也由逐步关注结果转变为关注过程，由关注预设转变为关注生成。乡村幼儿园教师角色也需与时俱进，转变为课程的研究者和开发者。但与此同时，乡村幼儿园教师角色的变化对乡村教师专业素养提出了较高的要求，教师只有转变传统的观念及教育思维方式，才能更好地适应新时期高质量的乡村幼儿教育发展的需要，真正推动我国幼儿教育走上新高度。①

长期以来，乡村幼儿园课程存在着严重的"小学化"倾向，教师更加重视幼儿知识的学习，占主导地位的科学主义课程范式深刻影响了幼儿园教师追求目标和结果的教育模式的教育行为。时至今日，大量的乡村幼儿园教师仍然以知识的传授作为自己的主要教育任务，没有关注到幼儿发展的时代性，没有及时更新教育观念。侯莉敏认为，课程实践的整个过程就是课程价值实现的过程，价值取向与理念的变革必然会引起相应的课程组织与实施的改革。② 因此，教师的合理课程理念，对于其提高教育效能，进而推动课程开发至关重要。教师也是整体影响课程发展的关键，教师的课程认知、信念和行

① 李昱杭，曾彬．新中国70年幼儿园课程的变迁及启示［J］．江苏第二师范学院学报，2020.

② 侯莉敏，罗兰兰．从"立场彰显"向"科学发展"迈进：我国幼儿园课程实践的十年变迁［J］．学前教育研究，2022.

为都会影响儿童的学习模式和学习效果。因此，要进行高质量的乡村园本课程的开发，必然要从更新乡村幼儿园教师的课程观入手。

二、教师课程观的发展

以泰勒出版的《课程与教学的基本原则》为标志，技术主义有效性对课程的影响得到了深入的体现。他在书中提出的课程开发的四个步骤，被称为“泰勒原则”，已经成为现代课程开发的标准模式。泰勒提出，学校课程的发展必须回答四个问题：学校应该服务于什么教育目的？应该提供什么样的教育经验来实现这些教育目标？如何有效地组织这些学习经历？我们如何评估这些教育目标是否已经实现？泰勒的课程四要素成为现代课程理论的基础，即课程目标、课程内容、课程实施、课程评价。而支持现代课程理论所承载的“泰勒原则”的正是课程有效性的技术性观点。泰勒的课程理论为我们进行课程开发过程的分析提供了重要框架，目前仍然是我们进行课程开发的重要思路，但这种打上深刻技术主义烙印的效能观，以及以这种观念为基础的课程体系，不仅推动了教育的巨大“成功”，也塑造了学校的“生产性”品质、教师的“工具性”存在、学生的“技术性产品”形象，继而产生了深刻的负面影响。因此，在更加强调人文关怀和个性发展的今天，泰勒的课程有效性观念必须从单向的功利主义转向复杂性，以促进和实现学生自由、全面、充分发展。我们应该更加重视教师对课程的全面理解，对课程目标进行丰富的开发，拓展教师效能的生成空间。后现代课程理论顺应了课程发展的潮流，它在现代课程理论的基础上，为课程多元化、动态化和生成化提供了方向。

后现代主义是 20 世纪下半叶流行于西方社会的一种哲学思潮。它是对“现代主义”的反思，是一种崇尚多元和差异的思维方式。后现代主义认为，传统的课程体系是封闭的，学生很难以开放的眼光看待现实世界的无限多样性。后现代主义学者要求消除学科之间的界限，甚至是定义明确的学科本身，以网络组织知识，最大限度地整合各种不同的思想和知识，压制学生的思维，重复那些根深蒂固的话语。这无疑对我们今天的素质教育具有重要的启示，培养学生的发散思维有赖于知识结构的网络化和多样性。在丰富学生专业知识的同时，应建立一个动态的、生动的、实用的课程体系，以学生自身或外部反应引起的内部重组为变革的根源。教师应及时给予学生进行自我组织的机会，旨在改变学生的思想和行为，从而促进学生的发展。这些都为我们教师的课程开发提供了新的思路，但仍未突破泰勒课程的模式。我们可以提出一些完善泰勒课程理论的建议。这些课程理论可以帮助研究确定幼儿课程观的基本框架，并利用这一基本框架来研究幼儿园教师的课程观及其在实际课程实践中的状态和困难。

课程开发模式有助于学生的学习，它还有助于确定具体的目标，而不是那些不能带来良好学习机会的一般目标。根据相应教育哲学的观点，说明课程的目标，选择内容或主题，决定组织和呈现内容的方法，确定测量目标实现程度的方法。

关于教师课程观理论，学者苏强总结了历史上的一些教育哲学流派，在总结前人对教师课程观的研究基础上，提出了学术理性主义、技术理性主义、社会责任主义、人文主义、折衷主义、生态整合主义六大课程价值取向。从哲学基础、课程目标、课程内容、课程实施方法和课程评价等五个方面深入诠释了这六个课程取向的基本观点和倾向。这六个课程基本取向基本可以代表我国幼儿园教师的课程取向，是本研究的基础。

学术理性主义。哲学基础是本质主义，外在主义强调客观知识最有价值，认为知识具有普遍性。课程就是选择其精华，从而形成系统化的学习结构体系，将各类知识整合起来，让学生学习更有效率。在教学过程中，教师处于知识权威的中心地位，常用的方法为研究性教学法。

技术理性主义。建立在认知心理学和行为心理学的基础上。根据学习者的认知发展，设计教学秩序，只有通过系统的方法才能实现。根据学习者认知发展的特点需要设计教学秩序，借助于系统支持的方法是能够实现的，如教育技术、启发式教学等学习方法的运用。

社会责任主义。哲学基础是实用主义。强调学生解决社会问题和参与社会的能力是社会适应与社会重建的统一。课程内容不仅要包括社会所需要的知识、社会机构的规范、好公民所需要的素质和责任，还要包括社会问题。运用解决问题的教学方法分析、调查和评价存在的社会问题。

人文主义。人文主义取向是人文主义和实用主义的哲学基础。目标是为学生提供个人发展的机会，并成为独特的个体，担当社会责任。课程内容根据学生的兴趣需求、个人经验和现实生活需要确定。通过教师与学生共同制定活动方法，学生自行解决问题并参与课程活动等，更加注重学生对学科内容的掌握，更加重视学生学习的意义。

折衷主义。其哲学基础是亚里士多德的“实践”，实用主义和人文主义。培养学生在实际情况下的决策能力，以感知和行动为主要目标。教师根据学校独特的环境脉络、教学情况和学生的兴趣需求，并结合自身的教学经验。这一定位侧重于研究性教学方法的应用，强调学生在情境中通过实践“现状”，即在实际情境中与问题互动并探究问题，寻求问题的解决方案。

生态整合主义。哲学基础是实用主义。课程目标是学生个体发展、环境适应和社会互动的统一。在课程内容上，注重教授学习者未来生活与生态环境有意义、有趣和有用的知识，以学科知识为基础，将个体需求与社会需求相结合。除了教授本学科的基础知识外，它还注重安排学生参加将个人目标和团体目标结合起来的活动。

从教师课程观的发展来看，课程经历了从课程开发范式时期到课程理解范式时期再到课程重构范式时期的转变。我国乡村幼儿教育从新中国成立以来，经历了从无到有，从有到优的过程，教师的课程观也需要再一次基于我国乡村幼儿园的实际情况和时代特点，重新进行整合，真正开发新时期适合中国乡村的幼儿园园本课程。

三、生态学视野下园本课程开发中乡村幼儿园教师课程观提升策略

从生态学视野下来看园本课程开发中的幼儿园教师课程观，发现乡村幼儿园教师的课程观受到内外两种因素的影响，从内部因素来看，幼儿园教师自身的知识结构、价值观念及自主学习影响着幼儿园教师的课程观；从外部因素来看，政府部门、幼儿园和相关学术机构提供的支持，也能有力地帮助提升乡村幼儿园教师的课程观。

（一）园本课程开发中乡村幼儿园教师需要重新整合自己的课程观

园本课程开发中，幼儿园教师重新审视和思考自己的课程观，如：乡村幼儿教育的目的是什么？什么知识对乡村幼儿最有价值？知识的框架是固定的还是可以不断变化的？知识、技能、情感三者之间的关系是什么？用什么方法组织活动更能促进乡村幼儿的发展？而在这么多问题当中，其核心的问题为：什么是真正有意义的乡村幼儿教育活动？因此，乡村教师课程观几乎需要对课程设计与实施过程中的所有问题进行回答，而乡村幼

儿园教师对乡村幼儿教育也应当有全新的思考。这些问题，涉及教育哲学深层次的考究，运用生态学的观点对乡村幼儿的生命价值和学习意义重新进行思考，发现教师课程观仍然需要考虑幼儿的生态位，看到当地幼儿的生命价值和未来发展。

乡村幼儿园教师需要更新自己的课程理念，重构自己的课程观念。因为幼儿园教师的课程观与其参与园本课程建设的程度及课程建设的水平密切相关，因此，幼儿园教师课程观念的更新对于幼儿园课程的更新与发展至关重要。乡村幼儿园教师是直接与乡村幼儿互动的个体，乡村幼儿园教师是乡村幼儿园课程顺利实施和教学效果显著的重要因素，而教师的整合意识和能力是决定课程整合成败的关键因素。

从生态学系统的观点及苏强总结的六大课程观来看，在课程实现目的、课程学习内容、课程学习方法、课程评价方法等方面都有不同的倾向，这些课程理念侧重于一个方面，但不全面或不平衡。例如，人文主义更注重人的个性和情感，却较为忽视人的社会责任感；社会责任主义的课程观忽视了人自身的价值；学术理性主义更多地关注学习的要素，但与社会的联系很少，也不太关注幼儿自身的情感需求；技术理性主义可以很好地提高幼儿的思维能力，但忽视了人与自然的互动；生态整合主义的课程观比较系统，它看到了各种关系的存在，但它也并不囊括其他课程取向的课程要素，所以需要进一步扩充其内涵。《幼儿园保育教育质量评估指南》提出，要重视幼儿园教育的特点和质量评价的价值取向，这也是对幼师专业素质的重大考验。

从课程改进的各要素来看，应平衡乡村幼儿的发展需要、社会需要和幼儿园各领域的学习特点的关系，制定符合时代需要和幼儿发展特点的课程目标，选择相应的学习内容和学习方法，并进行合理的评价。首先，乡村幼儿园教师需要从人文主义的角度出发，更加关注乡村幼儿的发展特点，看到乡村幼儿不同于城市幼儿的身心发展需求，从建构主义的视角，观察幼儿当前的认知水平和提升方向，为幼儿设置“近期发展区”课程，为幼儿发展进行科学合理的课程规划；其次，从社会角度出发，幼儿园教师应研究当前社会的特点和儿童的发展，如社会人口结构的变化、自然环境的破坏等社会问题，帮助幼儿从小了解社会问题，增强社会责任感；最后，从学习领域来看，孩子学习的具体内容要精细化，不能流于表面。在重视活动的过程中，也不能忽视了学术理性主义和技术理性主义对幼儿的意义。从折衷主义和生态整合主义的角度来看，乡村幼儿园教师对乡村幼儿学习的认知需要进一步生活化和游戏化，帮助幼儿从活动中获得真实的生活感知，加强幼儿与周围环境的互动，从周围环境中获得更多的个性发展资源，从而全面促进幼儿的身心健康。

乡村幼儿园教师对园本课程开发的深度参与体验，可能会导致他们对参与园本课程开发的看法发生变化，因此，参与课程设计与实施的全过程应当受到鼓励。目前来看，很多乡村幼儿园让乡村幼儿园教师参与园本课程的实施较多，但对乡村幼儿园园本课程的目标和内容框架的制定以及园本课程实施的评价参与较少，主要的原因是乡村幼儿园教师课程知识和专业能力不够。建议对乡村幼儿园教师进行专门的培训，并参与课程的深度开发。因为他们必须接触不同的活动和培训，才能帮助他们更好地了解课程的发展和规划，否则乡村幼儿园教师感觉到自己仍然只是目标的执行者，对于培养幼儿的培养目标和培养方案并没有发言权，就大大降低了课程开发的主动性。乡村幼儿园教师自身也要进行更多的专业学习，积极参与课程知识和课程理念的培训。

（二）政府部门需提供支持，帮助乡村幼儿园教师进行课程观的提升

政府、教育部门、学校行政人员和部门负责人应帮助乡村幼儿园教师了解这些最新的专业需求，以便能够帮助教师设计出更好的园本课程，以满足学习者和社区的需求。从教育生态理论来看，幼儿园教师虽然处于直接面对幼儿的位置，但他们在各大教育机构学习过，他们的观点和行为早已受到政府、高校等的培训影响。因此，这些乡村幼儿园教师培养或培训部门应积极与幼儿园教师研讨，完善培养和培训课程体系。政府部门、高校等设立培训课程可以为乡村幼儿园教师设立一些教育推广计划，利用特岗教师等政策鼓励本科及以上学历的幼师到乡村幼儿园一线工作，带领幼儿园开展深度的课程研究；还可以设立专门的乡村幼儿园课程研讨会和乡村幼儿园园本课程培训项目，帮助乡村幼儿园教师重新梳理园本课程理念，反思中国乡村幼儿园的实际情况，根据乡村幼儿园当前的时空条件，设置适合乡村幼儿园的课程。除了在课程理念的设计和课程的实施上帮助幼儿园教师进行深入外，还应该对幼儿园教师进行课程评价能力的培养，使乡村幼儿园教师具备课程评价的基本专业能力。

（三）乡村幼儿园需提供相应激励，让幼儿园教师的先进课程观在幼儿园得到实现

乡村幼儿园管理者应鼓励幼儿园教师参与课程开发、课程建设和课程评价，加强园本课程开发研究，帮助幼儿园教师思考和选择自己的教育行为。乡村幼儿园教师的专业能力虽还有待进一步提高，但乡村幼儿园教师的课程改进潜力却也很大。幼儿园管理者可以鼓励更多的教师参与课程改进项目，但应针对不同水平的乡村幼儿园教师进行不同的帮助和指导。

乡村幼儿园应提供专项资金，引领乡村幼儿园教师能够在目标、内容、方法和评价等方面朝着课程设计的方向前进，并将其应用于各自的教育实践。以往乡村幼儿园教师在课程开发过程中获得的奖励主要是精神奖励，物质奖励较少，园本课程开发并未得到实质性的奖励。由此可见，幼儿园对教师的奖励机制有待进一步深化。要真正调动乡村幼儿园教师对课程开发的积极性，乡村幼儿园不仅要在精神上鼓励和认可幼儿园教师，还要在课程开发过程中对课程开发者进行资金支持和奖励，并且能够和乡村幼儿园教师的专业发展直接相关，纳入对他们的职称考评系统当中。

乡村幼儿园的管理者也可以考虑让乡村幼儿园教师参与课程审议、设计和改进，因为他们是与孩子直接接触的人，他们可能会更好地评估孩子。乡村幼儿园教师的管理者需要密切关注幼儿园教师的课程开发过程，了解他们在课程改进中的困难和困惑，帮助他们设计和完善具体的课程方案，评估他们的课程方案并提出改进建议，从而帮助幼儿园教师获得成就感和自我提升。

（四）相关学术机构需要为乡村幼儿园教师课程提供引领和培训

高等教育部门、学校行政人员和部门负责人应当多举办培训和研讨会，让教师了解课程开发的最新趋势、目标和重点，以加强他们课程开发的知识和技能，从而启发他们对课程设计的看法。应该为乡村幼儿园教师提供更多参加学术会议和研讨会的机会，帮助他们了解国家和世界的前沿教育信息，让幼儿园教师能够有更高更广阔的视野去思考自己开发乡村幼儿园园本课程的意义。

政府、教育机构应当鼓励乡村幼儿园教师之间建立积极的伙伴关系，以实现相互帮助，互通有无，并帮助他们建立自己的学术团队，加入一些正规

的行业认定组织。对乡村幼儿园教师专业化的重视是乡村幼儿园教师改进课程的重要动力。乡村幼儿园教师只有认识到自己的专业地位，认为自己在课程开发中具有专业话语权，才能真正激发自己的专业求知力量，从而更加专业地开发课程。同时，乡村幼儿园教师专业组织的建立和幼儿园教师专业能力的行业识别也需要同步推进，还可以开发一些诸如《乡村幼儿教育》《乡土课程》《乡村教师》等专门针对乡村幼儿园课程的刊物，帮助乡村幼儿园教师发表专业洞见，提升自身专业地位。

第二节 积极促进乡村幼儿园教师在园本课程开发中的专业自主发展

为适应学前教育快速发展的需要，加强乡村幼儿园教师队伍建设，提高乡村学前教育师资的整体素质，国家早在 2011 年就开启了幼师国培计划，并在《教师教育振兴行动计划（2018—2022 年）》中提出“赋予乡村教师更多选择权，提升乡村教师培训实效”。混合式培训具有培训方式灵活、消除了单一在线培训的人际隔阂、符合乡村教师自主导向学习的特征及提升乡村教师自我调节能力的特点。

园本课程开发的专业提升，教师课程观的提升是首要，而课程开发能力是重点。为了提升乡村幼儿园教师的课程开发能力，则需要激励乡村幼儿园教师进行专业自主发展。只有当乡村幼儿园教师在专业发展中有了话语权和自主发展的意识，才能真正在园本课程开发中成为反思型研究者。本文引入积极心理学的观点，寻找乡村幼儿园教师的生态系统中能够激发他们自主发展的各种力量，来促进园本课程开发中乡村幼儿园教师的专业自主发展。

幼儿园教师专业发展可通过外塑培训与内塑自主两条路径达成。① 传统的大规模的集体培训对乡村幼儿园教师专业发展虽然有较大的促进作用，但当前乡村幼儿园教师专业发展往往被动，缺乏主动探究精神，难以持续发展。乡村幼儿园教师专业自主发展把乡村幼儿园教师看成主动的学习者和自身专业发展的主动规划者，拥有专业自主发展的话语权和决策权，通过主动制定、

① 谢永朋. 乡村教师信息技术应用能力混合式培训策略研究［J］. 教学与管理，2020.

实施、监控和调整自我专业发展计划，不断提升专业发展能力，实现专业自主、持续发展。

一、乡村幼儿园教师专业自主发展的现状与问题审视

乡村幼儿园教师要实现专业自主发展，一方面，需要外部环境给幼儿园教师提供健康、和谐的专业发展氛围和机制；另一方面，乡村幼儿园教师自身要拥有自主发展的意识、愿望、需求和能力。[①] 当前乡村幼儿园教师专业自主发展主要存在以下问题：

（一）乡村幼儿园教师缺乏专业自主发展的意识和动力

要因地制宜地利用课程资源，组织教育活动，这就要求幼儿园教师首先拥有专业自主和专业创新的权力与机会。如果幼儿园对教师的专业自主发展不能给予足够的支持，那么乡村幼儿园教师势必还是在裹足不前的状态中。近年来，我国高度重视学前教育的发展，对幼儿园教师实施了多方位的培训，极大地增强了幼儿园教师专业发展的意识和能力。但是，部分幼儿园教师仍然缺乏专业自主发展的意识和动力，在传统的培训中，幼儿园教师处于被动状态，他们更多的是接受学习，缺乏主动思考，多是依葫芦画瓢，缺少深层的探究。[②]

（二）乡村幼儿园教师专业自主成长的能力不够

目前，我国乡村幼儿园教师总数不足、素质较低。而乡村幼儿园教师的专业自主发展需要比较强的专业理论基础和专业反思能力。一些幼儿园教师并非学前教育专业毕业，没有经过良好的职业培训。因此，有部分乡村幼儿园教师专业自我成长的能力不足，一些乡村幼儿园教师的专业基础理论知识薄弱并且缺乏专业能力，工作繁忙时更容易感到力不从心。

（三）乡村幼儿园教师专业自主发展机制不健全

首先，幼儿园教师专业自主发展缺乏足够的保障制度。如幼儿园教师待

① 张亚妮．幼儿教师专业自主发展策略探析［J］．陕西青年职业学院学报，2013．

② 虞永平．《幼儿园教师专业标准》的专业化理论基础［J］．学前教育研究，2012．

遇偏低，部分高素质的幼儿园教师因为社会地位不高及待遇不好等问题而考虑转行，因而较少认真考虑自己的专业发展。目前针对每个幼儿园教师自主发展的培训少，幼儿园教师缺乏自主发展意识和个性化发展的环境支持；其次，缺乏相应的评价机制。当前幼儿园教师专业发展缺乏过程性的评价机制，缺乏促进其专业自主发展的评价方案；最后，缺乏相应的激励机制。长期以来，幼儿园教师的专业自主发展的激励机制仍不健全。

二、积极心理学对乡村幼儿园教师专业自主发展的启示

积极心理学是致力于研究人的发展潜力和美德的科学。1998 年，塞利格曼等人在“艾库玛尔会议”确定积极情感体验、积极人格特质和积极的社会组织系统是积极心理学的三大支柱，并指出三大支柱相互联系，缺一不可。

（一）激发积极的职业情感体验——促进持续的专业自主发展的意识

有多位学者对情感的效用作相关论述：情绪和情感是人对客观事物的态度的体验，是人的需要是否获得满足的反映。① 大多数研究者认为积极情绪是个体由于体内外刺激、事件满足个体需要而产生的伴有愉悦感受的正性情绪。② 幼儿园教师的职业情感则是指幼儿园教师对幼儿教育工作是否满足自己的需要而产生的内心体验和感受，并通过职业活动表现出来③。综上所述，能满足幼儿园教师需要的情绪并能激发幼儿园教师积极从事和提升自身专业能力都可以称为幼儿园教师的积极职业情绪。在众多的积极体验中，有一种积极体验是发展的也是综合的、是复杂的也是核心的，那就是幸福感体验。

要激发乡村幼儿园教师专业自主发展的意识，就应先从乡村幼儿园教师的基本需要出发，增强乡村幼儿园教师的积极职业情绪。第一，应满足乡村幼儿园教师生活的基本需要，如经济待遇、工作环境的安全和未来生活保障。第二，要让乡村幼儿园教师有工作成就感和满足感，让乡村幼儿园教师认可自己有自主发展能力，自己在专业领域的意见和观点被尊重、被采纳，能对幼儿的发展产生积极的影响，并能认识到自己专业的优势。第三，让乡村幼

---

① 叶奕乾，何存道，梁宁建．普通心理学［M］．上海：华东师范大学出版社，2016.

② 王维嘉．国内积极心理学视域下积极情绪的研究［J］．心理咨询师，2013.

③ 党爱娣．高校学前教育专业学生职业情感培养：内涵、现状与策略［J］．黑龙江教育学院学报，2014.

儿园教师感受到自己在团队当中的归属感和爱，在专业成长中能得到帮助，也愿意帮助他人。第四，让乡村幼儿园教师有超个人需要的满足感，让乡村幼儿园教师体验到自己的专业对儿童和社会发展的重要意义和价值。同时，还要注重让乡村幼儿园教师加深对幼儿园教师职业的理解和认知，在工作中提升自己的态度、修养和行为，从而进一步获得相应的积极的情感体验。

（二）塑造积极的职业人格——促进持续的专业自主发展能力的提升

积极人格的分类有很多种，如塞利格曼提出诸如智慧、勇气、仁爱、正义、节制、卓越等良好品德和积极力量。作为幼儿园教师，有学者认为：幼儿园教师职业人格结构归纳为细心、耐心、爱、亲和力、仪表、聪敏、监控、宽容、公正、谨慎、管教 11 种特质成分。[①] 虞永平教授认为，成功的幼儿园教师的特质可以概括为三方面：一是态度和情绪，这对幼儿园教师来说是至关重要的；二是专业素养、创新能力等，这是履行职责的关键；三是进取心和发展意识，这是一个教师可持续发展的重要影响因素。[②] 综上所述，幼儿园教师的积极的自主发展的职业人格特征主要包括：积极的专业发展意识和态度，如爱心、聪敏、有进取心等；积极的专业发展知识素养，如幼儿身心发展的基本知识等；积极的专业发展能力，如观察、反思、资源搜索、文献学习能力等。人格的形成主要有内部原因和外部原因。任俊等人认为，积极人格的促进，主要可以从增强积极体验和自尊两方面来进行[③]。所以，要从增强幼儿园教师的积极的职业体验和职业自尊入手，让乡村幼儿园教师在工作中获得幸福感、自尊感、成就感，才能激励幼儿园教师提升自主发展的意识和态度；让乡村幼儿园教师享受工作的过程，才能激励他们为了更好地教育幼儿而去获得更多相关专业知识以及提升相关的专业能力。

（三）形成积极的工作制度——创建和谐的专业发展氛围和机制的有效路径

积极的社会支持和积极的幼儿园工作制度有助于乡村幼儿园教师专业发展。长期以来，部分乡村幼儿园教师没有受到应有的职业待遇和尊重，工资

① 崔虹. 幼儿教师职业人格量表的编制及辽宁省城市常模的建立 [D]. 沈阳师范大学，2011.
② 虞永平. 幼儿园课程发展与教师成长 [J]. 学前教育研究，2007.
③ 任俊. 积极心理学思想的理论研究 [D]. 南京师范大学，2006.

低，被视为“保姆”“带孩子玩的人”，这样的待遇严重地伤害了乡村幼儿园教师对专业发展的热情和信心。只要有积极的专业发展的意识，才可以发掘出极大的专业发展的潜力。因此，积极的社会支持对乡村幼儿园教师职业地位的提高、专业身份的确立及专业发展起促进作用。

此外，建立积极的工作制度也有助于乡村幼儿园教师专业发展。积极的工作特性包括技能的多样性、任务的同一性、任务的重要性、任务的自主性、任务的反馈性。[①] 引申来说，就是乡村教师的工作具有多样性，要求乡村幼儿园教师“一专多能”，即乡村幼儿园教师在掌握保育教育能力的基础上，还要掌握一些人际沟通、临场应变等能力；要让乡村幼儿园教师的工作具有同一性，即让乡村幼儿园教师具有相对稳定的工作和专业发展方向；乡村幼儿园教师工作的重要性，表现在其工作对幼儿发展和社会发展的重要意义；乡村幼儿园教师工作的自主性，表现在工作中能够按照自己的专业理解自主组织教育活动，并能提出自己对教育的见解；乡村幼儿园教师工作的及时反馈性，表现为园方和教育部门应当及时给予乡村幼儿园教师工作适当的评价，以促进乡村幼儿园教师专业不断发展。根据对工作任务的要求高低和员工对工作的控制性高低组合成主动型工作、轻松型工作、高度紧张型工作及被动型工作四种模式。[②] 要让幼儿园教师处于一种主动型工作的模式当中，即对乡村幼儿园教师工作任务要求较高，同时乡村幼儿园教师对工作的控制性也较高。一方面，乡村幼儿园教师为了达到比较高的工作任务要求，会不断努力提升自我，从这一个方面来说，有关方面要对乡村幼儿园教师设立相应的工作标准，当前应根据《幼儿园教师专业标准》的要求，规范乡村幼儿园教师的职业行为，使其更加贴近乡村幼儿园的专业要求；另一方面，乡村幼儿园教师需要对自己的工作有比较强的调控能力和自信心，因此有关方面需要调研乡村幼儿园教师在工作中有哪些困难和困惑，并针对他们的困难和困惑进行有针对性的培训和给予帮助。

三、促进乡村幼儿园教师专业自主发展的策略

基于以上分析，要促进乡村幼儿园教师专业自主发展，需要先从乡村幼

① 任俊．积极心理学思想的理论研究［D］．南京师范大学，2006．

② 任俊．积极心理学思想的理论研究［D］．南京师范大学，2006．

儿园教师的积极职业情感体验入手，关注乡村幼儿园教师的合理需要，建立相应的积极的工作制度，促进乡村幼儿园教师得到积极的职业情感体验、形成积极的职业人格，从而促进其专业自主发展。其中，积极的工作制度是乡村幼儿园教师积极的职业情绪、情感体验的保障，积极的职业情感体验又为乡村幼儿园教师积极人格的形成提供了心理基础，而环境和机制的建设也激励了乡村幼儿园教师积极人格的提升。

从生态学的角度来看，乡村幼儿园教师的专业自主发展的促进最终取决于积极的工作制度的建设，即通过保障其积极体验、激励其积极人格及完善相关评价机制等方面来构建专业自主发展和谐的环境和机制，从而达到幼儿园教师自主专业发展的全面提升。

（一）建立保障机制

1. 保障乡村幼儿园教师的专业地位和工作待遇

积极的情绪体验首先要让幼儿园教师有基本的生活保障、经济待遇与职业尊严。让幼儿园教师没有生活上的后顾之忧，解决了生理需要、安全需要和自尊的需要，并辅以归属和爱的需要，才有动力追求更高层次的认知、审美和自我实现等需要。

首先，要提升乡村幼儿园教师的专业地位和水平，一方面，有关部门应以多种形式确立幼儿园教师的专业地位，规定乡村幼儿园教师的工资待遇应当不低于当地同级别的中、小学教师的工资待遇标准；另一方面，严格实施幼儿园教师的准入条件、专业水平标准，没有达到学历和专业水平的在职乡村幼儿园教师需要在规定的期限内完成相应学历的提升或培训学习，让乡村幼儿园教师拥有相对应的、令人信服的专业资格和专业能力。其次，完善幼儿园教师编制、职称评定等制度，科学进行岗位设定，对公办幼儿园和民办幼儿园乡村教师都实行职称评定制度，从而使目前仍占乡村幼儿园教师大部分的民办乡村幼儿园教师也能获得职业尊严和相应的福利待遇。

2. 提升乡村幼儿园教师工作中的幸福感

提升乡村幼儿园教师在工作中的幸福感是幼儿园教师专业自主发展的第二重保障。教师在工作中是否能体验到幸福，取决于两个重要的因素：一是乡村幼儿园教师对自己工作任务要求较高（自豪），自己对工作的控制性也较高（自信）。即乡村幼儿园教师对工作能够应付自如，并能从工作中感受到自己的工作价值与成长。除了提高乡村幼儿园教师的社会地位和待遇，还需要使其体会到自身工作对社会和幼儿的重要价值。二是幼儿园的人际关系，是否能让乡村幼儿园教师体验到归属和爱。应当科学分析乡村幼儿园教师的工作性质，合理安排乡村幼儿园教师的工作时间和工作量，保证乡村幼儿园教师有教学反思及休息的时间；应当通过培训、研讨等多种方式帮助乡村幼儿园教师得到专业成长。

3. 有针对性地为乡村幼儿园教师提供专业培训和个性化的专业发展平台

调查乡村幼儿园教师专业自主发展的需要和困难，提供有针对性的专业发展培训和个性化的专业发展平台，从而让乡村幼儿园教师常常体验到工作的成功感、专业的成就感，而不是体验到工作的失败感和专业发展的无力感。

可以建立"国培""省培""市培"三级培训系统，加强地方性幼师培养学校建设，高等院校学前教育专业有着为当地幼儿园教师指导和培训及社会服务的职能，比如，可让幼师培养学校（高等院校学前教育专业）联合当地优秀幼儿园教师组成培训团队，调研乡村幼儿园教师专业发展的需要和困难，有针对性地进行切合实际的指导；可以鼓励以市级为单位成立幼师培养学校和幼儿园合作的乡村幼儿园教师发展组织、定期出版专业交流资料、召开专业性的研讨会议等；同时，鼓励乡村幼儿园教师加入全国性的教师发展组织。

（二）创新激励机制

对乡村幼儿园教师的积极的职业人格提升进行激励，即对乡村幼儿园教师的专业自主发展的意识、态度、积极的专业认知和积极的专业素养和能力等方面进行激励，可以分为物质激励和精神激励。

1. 物质激励

在乡村幼儿园教师基本工资待遇的基础上，对乡村幼儿园教师专业自主发展的行为给予不同的物质奖励。对乡村幼儿园教师的专业自主发展进行激励，首先体现在工资和奖金等物质奖励上的倾斜。如，政府提供一定的培训经费，并且在教师学历提升或完成了相应的学习内容后给予一定的补助或奖励；幼儿园把教师完成的专业学习的学时和教研的时间及其专业成长的成果，作为幼儿园奖金考量的一项标准。

2. 精神激励

（1）情感激励。全社会应当尊重和理解幼儿园教师，尊重乡村幼儿园教师的专业地位，利用媒体多宣传幼儿园教师的付出和敬业，而不是就个别的极端事件进行铺天盖地的负面报道。幼儿园领导要进行民主管理，信任、关心乡村幼儿园教师，帮助乡村幼儿园教师加入一定的学习团队，鼓励乡村幼儿园教师参加全国性和地方性的幼儿园教师专业发展组织，加强乡村幼儿园教师之间的良性互动交流，让幼儿园教师能体会到幼儿园及幼儿园教师行业的归属感和荣誉感。同时，幼儿园要加强对幼儿园教师进行职业道德和修养的培训，帮助幼儿园教师树立正确的职业观、儿童观、教育观，树立幼儿教育工作者的专业自信心和自豪感。

（2）荣誉激励。帮助乡村幼儿园教师在专业上获得自主感、自豪感和荣誉感，可以让乡村幼儿园教师满足自尊的需要和自我实现的需要，让幼儿园教师感觉到工作任务要求较高，教育部门除了落实幼儿园教师的专业地位，还可设立相应的荣誉奖项，宣传优秀乡村幼儿园教师的专业发展事迹；在专业发展上，相信和帮助幼儿园教师，使他们真正成为乡村幼儿教育的研究者，如进行园本课程的开发，让乡村幼儿园教师由课程被动的执行者变为积极的课程开发者和研究者，提升其专业地位；在园外通过和社区互动、和高校合作提升幼儿园教师的职业荣誉感，如搭建平台让乡村幼儿园教师到社区作为专家进行幼儿教育知识的传播，到幼师培养学校交流，和高校教师合作进行课题研究，被聘为学前教育专业学生的校外导师，能让幼儿园教师感受到尊重。

（三）完善评价机制

评价机制对乡村幼儿园教师的专业自主发展行为有着至关重要的导向作用。传统的幼儿园教师评价重视结果评价，忽视过程性评价；重视鉴定性评价，忽视发展性评价；重视标准式评价，忽视个性化评价。因此，应当从以下三方面进行评价机制的完善。

1. 终结性评价和过程性评价机制相结合

传统的评价机制过于注重结果的评价而忽视过程的评价，乡村幼儿园教师评价的最有力标尺就是教师职称评定和绩效考核的结果。这样的评价机制让幼儿园教师只在乎自己的行为是否达到职称评定或幼儿园制度的标准，而晋升职称和绩效考评往往是一个漫长的积累过程，只有小部分教师能获得晋升和嘉奖，大部分乡村幼儿园教师并不能从中获得成就感。过程性评价关注幼儿园教师在专业自主发展过程中所做的努力，可以在以往传统的职称评审和绩效考核的基础上，加强幼儿园教师自身专业发展的过程性评价，根据其专业自主发展的态度意识、发展过程中所取得的进步、教育实践的成效和反思的深刻程度等进行评价。

2. 鉴定性评价和发展性评价相结合

传统的乡村幼儿园教师评价往往发挥了其鉴定功能，而忽视其发展功能。乡村幼儿园教师专业自主发展评价，需要关注幼儿园教师工作技能的多样性、任务的同一性、任务的重要性、任务的自主性、任务的反馈性①，因此，应当帮助幼儿园教师结合园所发展的实际，找到适合自身发展、有延续性发展可能、能自主发展的工作岗位，帮助乡村幼儿园教师制定专业发展规划，发挥评价的指导和发展性功能，使职称评定、绩效考核及教师自评等成为乡村幼儿园教师专业自主发展的指导而非仅仅是鉴定幼儿园教师等级的有效发展途径。

3. 标准化评价和个性化评价相结合

《幼儿园教师专业标准》对乡村幼儿园教师专业精神和态度、专业知识、专业能力的多维度进行细化，为乡村幼儿园教师自我评价和幼儿园领导对幼儿园教师评价提供了基本标准；同时，还可以针对每个幼儿园教师的特点，让每个乡村幼儿园教师找到自己的“最近发展区”，确定自己发展的方向。建立每个幼儿园教师的专业成长档案袋，并进行定期的评价和考核。在职称考核和绩效考评中，突出个性化的评价部分，比如，幼儿园教师个人的特长是什么，关注哪些方面的专业发展，主要有哪些特色的专业发展成就。最后，还应注重评价主体多元化，可将乡村幼儿与幼儿家长的评价、乡村幼儿园教师专业成长自我述评及教师互评等情况纳入对幼儿园教师最终的考评当中。

---

① 任俊. 积极心理学思想的理论研究［D］. 南京师范大学，2006.

第三节 借鉴国外教师发展机制，实现园本课程和乡村幼儿园教师发展互促

一、英国《教师专业发展标准》（STPD）对我国乡村幼儿园教师专业发展的启示

教师专业发展近年来引起世界各国教育相关部门的重视，英国于2016年颁布了《教师专业发展标准》（STPD）和配套应用指南，具体来看，它提供了五条有效促进教师专业发展的策略：专业发展应当聚焦于提高和评估学生学业成绩；专业发展应当基于坚实的论证和知识；专业发展应当包括合作和专家挑战；专业发展是一个持续推进的项目；学校领导要将专业发展摆在优先位置。可以看出，《教师专业发展标准》（STPD）在很多方面和我国《幼儿园教师专业标准》的部分内容是非常一致的。如我国《幼儿园教师专业标准》的四大基本理念是幼儿为本、师德为先、能力为重、终身学习，这些理念与英国的"聚焦于提高学生的学业成绩、持续推进"等理念不谋而合，对于规范我国幼儿园教师专业发展方向提供了重要的指导作用。帮助乡村幼儿园教师专业发展，应当从帮助幼儿园教师解决教育中的实际问题入手，针对幼儿园教师工作过程中的困惑和难题来进行幼儿园教师专业提升。当前我国乡村幼儿园各种教育资源相对匮乏，硬件设备无法和城市幼儿园相比，"小学化"现象严重。在此条件下如何因时因地制宜，办出优质的乡村幼儿教育，是乡村幼儿园教师面临最大的困惑和难题。因此，开发乡村幼儿园园本课程，是当前乡村幼儿园教师专业能力上最大的困难和挑战，也是乡村幼儿园教师专业发展的最佳切入点。

二、乡村幼儿园园本课程与教师专业发展的"互促"关系解析

"园本课程"来源于校本课程，"园本"一词源自"校本"。大意为"以幼儿园为本"。在园本课程开发中，教师成为极关键的人物，斯滕豪斯宣称"没有教师的发展就没有课程的开发"。开发园本课程的最重要的条件，是乡村幼儿园教师有一定的专业能力和课程开发的基本知识，包括对幼儿身心发

展规律的了解、对园本课程的认识等，同时还需要有一定的研究精神和创造力。然而，与此同时，开发园本课程使乡村幼儿园教师从以往的课程实施者转变为课程开发者和研究者，乡村幼儿园教师在专业发展中不再被动受教，而是主动地思考如何开发适宜的课程来适应幼儿发展的需要，并不断地改进课程。这样的主体地位让乡村幼儿园教师不断地面对专业问题、解决专业问题，又让幼儿园教师主动地来丰富自己的专业知识，提升自己的专业能力，激活了乡村幼儿园教师的研究精神和创造力。因此，课程开发与教师自主专业发展互为因果，可以互促提升。

三、乡村幼儿园园本课程开发和教师专业“互促”式发展策略

（一）专家引领与教师合作

当前乡村幼儿园教师专业素养偏低，英国的《教师专业发展标准》（STPD）提出：专业发展应当聚焦于提高和评估学生学业成绩；专业发展应当基于坚实的论证和知识；专业发展应该包含合作和专家挑战；专业发展是一个持续推进的项目。这几点都提示我们，首先需要从专家引领和教师合作入手。

1. 培训国家相关政策和园本课程知识，助力专业提升

“专业发展应当聚焦于提高和评估学生学业成绩”提示我们，要提升幼儿园教师的专业水平，需要从理解幼儿、关注幼儿发展需要入手。因此，培训幼儿身心发展知识是幼儿园教师专业化的第一步。然而我国《幼儿心理学》《学前教育学》《学前儿童心理学》等相关书籍的内容繁多，且对幼儿时期具体的心理阶段性特点描述不够仔细，对乡村幼儿园教师针对性不强。我国《3-6岁儿童学习与指南》（以下简称《指南》）是帮助幼儿园教师详细了解幼儿身心发展的基本特点并建立合理期望而编写的重要指导文本，培训《指南》，是当前幼儿园教师专业知识和能力得以提升的基本途径。首先，在《指南》的培训中加强对幼儿身心发展规律的学习、剖析和探讨，是乡村幼儿园教师专业发展及开发园本课程的第一步；其次，园本课程知识也是幼儿园教师开发园本课程的必要条件，因此，对乡村幼儿园教师进行园本课程知识的培训以及进行园本课程的观摩学习也非常重要；最后，在培训的过程中，应

重视教师生态的主体地位，通过教师需求分析，诊断问题，确定培训的目标，并按照教师岗位与所处职业生涯的阶段建立与之相对应的分层分类网状教师培训体系。[①] 要和幼儿园教师共同探讨，深入调查乡村幼儿园教师的困惑，专业研究者应当深入一线和幼儿园教师共同行动，共同研究。

2. 同研园本课程开发，引领专业提升

“专业发展应当基于坚实的论证和知识；专业发展应该包含合作和专家挑战”启示我们，专业的发展是应该有科学的标准的。幼儿园教师专业自主发展虽然强调自主性，但也要杜绝随意性。我国《幼儿园教师专业标准》提出幼儿园教师须具有七大专业能力：环境的创设与利用、一日生活的组织与保育、游戏活动的支持与引导、教育活动的计划与实施、激励与评价、沟通与合作、反思与发展，规定了幼儿园教师的基本专业能力。在园本课程开发的过程中，幼儿园教师可以全面地提升自己的专业能力，这些都是需要有坚实的论证和相应的专业知识作为支撑的，因此需要专家的共同参与和引领。

同时，加强教师间合作，给乡村幼儿园教师提供示范或者范例以供学习也是非常有必要的。可以选择镇中心幼儿园和优秀的乡村民办园进行试点，提供成功经验和范例、案例分析，进而推广到所有的乡村幼儿园。另外，可以让乡村幼儿园教师之间相互学习、分享园本课程开发的经验，并且根据类似的课程资源，可以共制共享课程资源包。

（二）物质支持和机制保障

英国的《教师专业发展标准》（STPD）提出“学校领导要将专业发展摆在优先位置”，这启示我们要实现乡村幼儿园课程开发和幼儿园教师同程共促，还需要有相应的教育政策支持和园方机制保障。

1. 加强物质和情感激励，让乡村幼儿园教师在开发园本课程过程中获得专业自尊

乡村幼儿园教师在开发园本课程的过程中能够有很多的获得感，是他们能够持续进行课程开发和专业发展的巨大动力。物质上的获得感，主要体现在国家教育部门和幼儿园能根据幼儿园教师在开发园本课程中的表现给到相

① 毕亮. 教育生态学视野下的乡村幼儿教师混合式培训模式探究——以贵州榕江县“幼师国培”试点项目为例 [J]. 教育教学论坛，2020.

应的物质奖励。如在园本课程开发中担任核心任务和有突出成效的教师有相应的绩效奖。精神上的获得感，主要体现在国家教育部门和幼儿园能够在情感上支持幼儿园教师进行课程开发，并给到相应的荣誉激励，让幼儿园教师在课程开发的过程中享受到专业自尊感。

2. 完善幼儿园教师评价机制，让乡村幼儿园教师在开发园本课程中获得专业自信

传统的幼儿园教师评价重视结果评价，忽视过程性评价；重视鉴定性评价，忽视发展性评价；重视标准式评价，忽视个性化评价。在传统的乡村幼儿园教师评价机制中，很多乡村幼儿园教师因为专业能力和素养偏低，很难受到肯定，往往缺乏专业自信。在开发园本课程的过程中，应当加强幼儿园教师的过程性评价、发展性评价及个性化评价。如评价幼儿园教师在课程开发培训中的学习态度和效果，颁发相应的培训证书和荣誉证书；评价幼儿园教师在课程开发过程中的努力与成果，让乡村幼儿园教师成为课程开发的推进者和示范者；评价幼儿园教师在园本课程开发过程中各自不同的特色和优势，分领域评定“课程开发”的特色幼儿园教师，并进行嘉奖。

第四节　生态学视域下乡村幼儿园教师课程能力的“校-园合作”培养探析

一、幼儿园教师“校-园合作”培养方式的现状调查

从幼儿园教师的培养系统来看，如果说职后的培训能够为乡村幼儿园教师在乡村园本课程中的专业能力提升提供巨大的支持，那么，加强乡村幼儿园教师的课程能力的职前培养，能为乡村幼儿园持续输出更加有课程开发能力的生力军和后备力量。而乡村幼儿园教师的培养，同样也是幼儿园教师系统的共同任务，需要调动各方面力量，高校和幼儿园要展开合作，帮助学前教育的学生把理论学习和实践思考结合起来，并增强对乡村教育的了解和责任心，从而为乡村幼儿园园本课程开发输送更多的专业人才。

为了了解当前学前教育本科学生“校-园合作”专业学习的现状，2016 年下半年，笔者对湖南人文科技学院在校的 200 多名大一至大三学前教育专业的

学生发放问卷，发下问卷180份，回收168份，剔除无效问卷12份，有效问卷156份，占全部在校专业学生人数的75%，其中男生11名，女生145名。

（一）学生“校-园合作”专业性学习效果调查结果

1.“校-园合作”培养方式能提升学前教育学生的专业认同度，但部分学生学习的信心不足

总的来说，去幼儿园实践增强了学生对幼儿园教师工作的专业认同度。从本次调查结果来看，绝大部分（约占80%）的学生感觉去幼儿园进行实践以后对幼儿园工作更加喜爱了。不过我们也发现，有一部分学生（大一56.6%，大二51.7%，大三47.5%）虽增强了对幼儿园教师工作的喜爱，但信心不足，怕自己难以胜任幼儿园的工作，需要进一步的专业引领。

2. 学生在各种“校-园合作”的专业学习方式中收益较大，偏好观摩、实践等实践方式

（1）学生感觉在“校-园合作”的学习中，专业提升更多体现在专业知识的增多。在“校-园合作”学习的过程中，学生感觉得到了全方位的提升。从三个年级来看，大一（58%）的学生认为去幼儿园主要是增强了幼儿教育的实际工作能力，而大二（46.4%）、大三（57.5%）的学生认为主要更多地了解了幼儿教育的知识。值得注意的是，大二、大三的学生下园机会较多，但他们却认为还是学习到的书本知识更多，实践能力锻炼偏少。依据《幼儿园教师专业标准》中提到幼儿园教师专业素质培养中应注重“幼儿为本，能力为重”的要求，我们仍需大力加强学生在实践活动中能力的培养力度。

（2）学生在“校-园合作”学习当中受益较大的形式是课程观摩、实践及见习实习等。从调研结果来看，80%以上的学生都认为到幼儿园进行课程观摩与实践和实习对自己帮助很大（大一学生没有实习活动）。其次，邀请园方领导、老师讲座、座谈也有一定的帮助。

（3）在幼儿园实践学习过程中需要更加深入有效的指导。在幼儿园实践培养的过程中，仍有部分学生（大一75%，大二58.9%，大三82.5%）的困惑是“实践性问题得不到有效指导”，选择“学习难以深入”的比例不高，但是也发现这一选项所占比例从大一、大二、大三有上升的趋势，大一、大二的学生对深入程度的满意度稍高，而大三的学生对深入程度的满意度也有

下降趋势。说明随着专业学习的加深，学生更希望深入学习到专业问题，尤其是得到实践问题的有效性指导。

（二）学生对“校-园合作”的学习的期望和建议

1. 学生对“校-园合作”学习时间的要求

学生对于现有的“校-园合作”学习时间的量的安排较为满意，但是也有一半左右的学生认为要加多“校-园合作”学习的时间，这一点在大一的学生中反应强烈。也表明了大一学生希望自己能够尽快了解专业性质，进行实践学习的需要。

2. 学生对“校-园合作”学习方式的其他建议

在开放性的问题中，学生给“校-园合作”学习方式提出了很多有建设性的意见。如有同学提到，要从大一开始给学生聘请一对一的校外实践导师，四年跟踪进行指导；有学生提到，技能的学习要和幼儿园的教育实际结合，这样就不会盲目或者因为自己某些技能不够强而自卑；有学生建议技能的训练四年一以贯之，和幼儿园教师成立“校-园联合”的艺术社团；有学生提出要建立“校-园联合”的教师发展组织，等等。

（三）调查结果分析与反思

1. 目前“校-园合作”培养方式能提升学前教育学生的专业认同感和学习效果，但学生学习质量仍需提高

从调研结果来看，绝大部分同学去幼儿园都大大提升了专业认同感，但也有部分学生感觉自己的能力不足，不太会处理实际的教育问题，感觉最大的问题是“实践性问题得不到有效的指导”。这表明我们的“校-园合作”的实践锻炼的指导还需要进一步深入。原因可能有以下几点：从地方性本科高校教师的指导情况来看，学前教育师资理论水平较高，但实践经验较为缺乏，需要进一步提升实践指导能力；从幼儿园教师的指导情况来看，指导缺乏理论深度和系统性，且难有充足指导经费的保证，因此积极性受到影响。高校和幼儿园教师的合作指导还需进一步加强。

2. 学生更偏爱实践性强的“校-园合作”学习方式

在调研中，我们发现学生更加偏爱课程观摩与实践、见习实习等“校-园

合作”的学习形式，因为这些学习形式更多地深入幼儿园实际工作，从观摩到实践，逐步真正提高他们的实际工作能力。这些形式让学生能真正发现工作中的问题并解决问题。因此，学前教育专业的学习要坚持“从实践中来，到实践中去”的学习思路，除了专业技能的训练，应当帮助学生早一些深入幼儿园教育生活实际，从而提升他们的专业能力和素养。

二、园本课程开发中“校-园合作”渗透式乡村幼儿园教师培养

长远来看，乡村幼儿园园本课程质量是否能提升最终取决于乡村幼儿园教师质量的高低，所以在乡村幼儿园园本课程开发中，幼儿园教师的师资提升是重要的突破口，同时，幼师培养学校也经历着重大的变革需求。以往过于理论性的教育，让幼师的培养较少结合国家幼儿教育的实际情况，在职前的教育中很少和幼儿园深度合作来进行幼儿园教师的培养。乡村幼儿教育的高质量发展，职前需要全社会高度重视幼儿园教师的培养，尤其是幼师培养相关学校或专业应当和幼儿园深度合作，形成和乡村幼儿园“校-园合作”渗透式培养的机制，从而让学生关注乡村教育的发展，从根本上思考和解决乡村幼儿教育的问题。

近年来，我国幼儿教育事业在国家政府的高度重视下，正经历“跨越式”的发展时期①，而幼儿园教师的专业水平则是其发展水平的决定性因素之一。我国《幼儿园教师专业标准》（以下简称《专业标准》）明确提出“幼儿为本，能力为重”的理念，对新时期幼儿园教师的专业素养尤其是专业能力提出了很高的要求。南京师范大学的虞永平教授也撰文指出，（幼儿）教师专业化最终是通过有效促进幼儿发展体现出来的，促进幼儿发展是（幼儿）教师专业化的根本目的②。为了切实提升新时期幼儿园教师的专业素养，幼师培养学校（含高校学前教育专业），应当全面和幼儿园进行“校-园合作”渗透式培养，以真正促进学生自主、持续地专业发展。湖南人文科技学院是一所教育部批准的省属地方性本科院校，其学前教育专业自 2012 年创办至今，积极进行“校-园合作”渗透式培养的探索，在教学实践上取得了较大的突破，但仍需进一步根据国家《专业标准》等文件的要求，创新“校-园合作”渗透

① 孙惠玲．学前教育事业实现跨越式发展［N］．人民政协报，2017-10-18.

② 虞永平．《幼儿园教师专业标准》的专业化理论基础［J］．学前教育研究，2012.

式培养的理论与路径，把学生的专业素质培养推上一个新的高度。近年来，对于“校-园合作”和“渗透式培养”内涵分别有一些论述，如我国教育部师范教育司组织编写的《教师专业化的理论与实践》一书提出“教师发展学校”，认为“校-园合作”是教师教育质量和中小学教育质量形成的一种共生关系①。王立冬等人认为，在“渗透式教学”中，教师应当引导学生参加研究和发现问题，进而使学生知道为什么要学习这些知识及学习这些知识有什么用处。② 本文把“校-园合作”和“渗透式培养”结合起来，认为新时期的幼师“校-园合作”渗透式培养，是基于幼儿园教师专业成长的规律和阶段性发展需求，幼师培养学校在培养幼师的过程中和幼儿园全方位地开展合作，把幼儿教育的实践性要求渗透幼师培养的每一个环节中，从而让学生主动发现问题、探索问题、解决问题，达到专业素养的全面提升。

（一）幼儿园教师“校-园合作”渗透式培养的内涵

1.“校-园合作”渗透式培养的目标是促进学生专业素养的全面提升

教育目标具有全面性和整体性的特点，专业情感态度、知识、能力的全面发展和学生和谐人格的培养是“校-园合作”渗透式培养的最终目标。《专业标准》也提出“幼儿为本、师德为先”，因此，湖南人文科技学院学前教育专业学生的培养目标是“培养富有爱心和责任感，树立先进的学前教育理念，掌握系统的学前教育专业知识和技能，具备学前教育行业的实践能力和初步的创新创业能力，能在各类幼教机构从事学前教育教学与研究工作、教育行政工作，以及在教育行政管理部门、儿童身心发展部门、社区、企业等领域从事儿童教育教学、管理、研究与开发工作的学前教育高级应用型人才。”该目标阐述了“校-园合作”渗透式培养对学前教育学生的专业情感态度、专业知识、专业能力的整体性的要求，注重学生综合素质的提升。

2.“校-园合作”渗透式培养的重点是提升学生的专业能力

传统的教学模式重视学生专业知识的获得和技能的培养，忽视学生实践能力的培养，导致学生毕业后在工作中虽然掌握了一些专业理论和技能，却

---

① 教育部师范教育司. 教师专业化的理论与实践［M］. 北京：人民教育出版社，2003.

② 王立冬，张友. 研究式、渗透式教学方法探讨［J］. 教育科学，2006.

缺乏扎实的专业能力。为了解决这一突出问题，《专业标准》特别提出“能力为重”的要求，包括游戏活动的支持和引导能力、教育活动的计划和实施能力、激励和评价能力、沟通与合作能力、反思与发展能力等。湖南人文科技学院学前教育专业重视学生的专业实践能力和创新能力的培养，近年来，在课程设置上加强了各种专业能力的培养和考核，按照《专业标准》的要求，细化各种专业能力评价与考核指标，并贯彻到“校-园合作”教学的过程中。

3.“校-园合作”渗透式培养的要求是把实践要素渗透进幼师培养的每一个环节

从幼师培养者的角度来看，“校-园合作”渗透式培养把幼儿园当作协同培养幼师的合作伙伴，把实践要素渗透进培养过程，最终是为了幼师专业素养的提升。《专业标准》指出，要“坚持实践、反思、再实践、再反思，不断提高专业能力”。湖南人文科技学院学前教育专业在“校-园合作”渗透式培养过程中，注重全方位地渗透幼儿教育的实践要素，包括培养目标渗透当代幼儿园教师的职业要求；培养内容渗透当前幼儿教育的保教特点；培养方法根据幼儿教育实际灵活变化；培养效果突出幼儿保教能力的评价。

4.“校-园合作”渗透式培养的核心是促进学生主动探究和专业自主发展

“校-园合作”渗透式培养把学生看作是主动发展而非被动发展的人，他们有自己的主动性和探究能力，应当自主、持续地进行专业发展，这也符合《专业标准》提出的“终身发展”的理念。湖南人文科技学院学前教育专业通过各种方式把学生带到幼儿园职业场景当中，让学生主动面对教育情境，设计教育活动、解决教育问题等，从而提升学生主动探究的热情，最终促进学生专业的自主、持续、终身发展。

（二）“校-园合作”渗透式培养的必要性分析

1.“校-园合作”渗透式培养的理论依据

建构主义理论是认知心理学派中的一个分支。其主要代表人物有皮亚杰、科恩伯格、斯滕伯格等，强调学习是个体自主的过程，对有意义的学习过程进行了深入的分析和阐述。建构主义学习理论认为，学习是一个意义建构的过程，事物信息要被人理解，这依赖于人个体原有的知识经验，学习者通过新旧经验的相互作用来形成、丰富和调整自己的经验结构①。就教师培养而言，学习者从未来职业需求出发，需要获取对教师专业角色的认知，因此就需要以教师的身份（而非学生的身份）进入真实有效的教学情境，获取对教学的意义建构。② 1983 年，舍恩就曾在《反思性实践——专家是如何思考的》一书中也提出了从“技术熟练者”到“反思性实践家”的专家形象转变。他认为，传统的以“技术理性”为支撑的“技术熟练者”的教师职业形象正逐渐崩溃，取而代之的是以“行动者”为支撑的“反思性实践家”的教师职业形象。③

因此，基于建构主义理论和实践反思型教师专业发展理论研究，“校-园合作”渗透式培养坚持幼儿园教师的专业知识须从实践中来，到实践中去，通过和幼儿园开展深度的交流和合作，帮助学生从实践中学习、反思，在不断提升幼师生的专业知识和能力的同时，发展其专业情意。它的核心价值是促进学生成为富有主动学习意识和发展能力的人，具备专业自主、持续发展的能力和动力。

2.“校-园合作”渗透式培养的现实需要

从实践来看，我国传统的幼儿园教师培养方式早已不能适应时代的需要，培养出来的学生往往缺乏实践能力、反思能力和持续发展能力，达不到《专业标准》的基本要求。湖南人文科技学院学前教育专业自创办以来，发现传统的教学方式存在以下几个大的问题：首先，传统的“重知识、轻能力”“重传授、轻启发”的教学模式导致学生缺乏学习的主动精神，对专业知识的学习往往是凭机械记忆，缺乏对幼儿教育问题的深刻理解和持续探究；其次，传统教学中的各种课程没有很好的统合，没有坚持以“实践”为目标导向的教学模式，造成学生专业知识和能力很难融合；最后，新建本科院校学前教育专业没有自己的实验幼儿园，专职教师大都是高校科班出身，理论研究能力较强，却普遍缺乏一线的幼儿教育实践经验，在实践教学上困难重重。在此基础上，创新“校-园合作”渗透式培养方式，和幼儿园展开各种层次各种方式的合作，既是培养学生专业能力的迫切需要，也是本科院校转型发展中

① 刘春. 建构主义的道德学习观及其教育学意义［D］. 山东师范大学，2005.
② 朱旭东. 教师专业发展理论研究［M］. 北京：北京师范大学出版社，2011.
③ 秦金亮.“全实践”理念下高师学前教育专业实践整合课程探索［J］. 学前教育研究，2006.

“双师双能型教师”培养的有力途径。

(三) 新时期幼师生“校-园合作”渗透式培养的路径探索

湖南人文科技学院学前教育专业结合幼儿园教师专业成长的规律，主要和幼儿园从以下路径探索合作方式，共同促进学生的专业素养尤其是专业能力的提升。

1. 培养方案与评价方案的共制是前提

培养方案体现着教育的目标及其实现，是学生培养首先要考虑的问题。湖南人文科技学院学前教育专业在培养方案的制定和不断完善的过程中，定期邀请娄底各大幼儿园园长及老师共同商议、研制和改进培养方案，请园方共同就优秀幼儿园教师的核心素养进行界定，并探讨培养这些核心素养的途径和方法，由此总结出了幼儿园教师“专业知识是基础、专业能力是重点、专业情意是关键”的基本教师素养观，并研讨出“整体职业感知、提升专业情意-夯实理论基础、发现专业问题-强化专业技能、提升专业功底-设计教育活动、自主研究反思-深入实践一线、解决现实问题”等逐步深入的“校-园合作”渗透式培养方案。学生的学业评价方案对学生的学习有着非常强的导向作用。传统的以理论考试和技能考试相加的评价方式已然不能适应新时期幼儿园教师专业能力培养的需要。

湖南人文科技学院学前教育专业和园方共同商议，对学生学业评价方案进行调整。首先，我们大大增加了实践能力的评分比重，评价的方式由以前单一的卷面考试加技能考核转化为卷面考试、技能考核、活动设计、实践反思、调查研究等多方面相结合的多元考试方式。如环境创设考察学生在幼儿园区角创设的实际效果，学前教育管理则主要考察幼儿园管理调查报告质量等。其次，以往学生的考试方式是以笔试为主，采取20%的平时分和80%的卷面分相结合的方式进行计分，学生则基本采取期末突击复习的方式学习。湖南人文科技学院学前教育专业试点改革课程评分制度，部分实践课程采取40%的实践平时分加60%的卷面分，并在笔试考试题目设计上更多采用实践活动的设计、现实问题分析等题型，减少记忆性的题型。最后，根据幼儿教育实践任务的性质，采取个人评分和小组评分相结合的方式，小组评分则采用给团队分的方式，从而促进学生分工合作和讨论，加强学生之间的交流和互助。目前仍需提升的是，学生的专业能力培养存在着实践方案不够系统、实践时间不足（尤其大一到大三的实践还偏少）、课程内实践和实验难以到位、学生个性化发展不足等问题。我们应当进一步按照《专业标准》规定，将幼师七大专业能力要求转化成课程实践教学和能力拓展的考查要点，增加大一到大三学生实践学分的设计与考察，制定出更为系统和细化的专业能力评价与考察方案。

2. 课程教学的共创是基本途径

课程教学是完成教育目标的根本途径，也是新时期幼师生“校-园合作”渗透式培养的主要途径。根据教师专业素养的构成内容，湖南人文科技学院学前教育专业以课程功能的标准将学前教育课程大致分为四大类型，并根据这四大类型课程对学生专业素养培养的不同功能创设相应的“校-园合作”渗透式培养的具体方式。

第一，基础性理论课程。该类课程的功能是树立先进的观念体系、教育价值取向和伦理立场，如学前教育学、教育心理学等课程。其“校-园合作”渗透式培养的重点是让学生在观摩和体验幼儿园工作中提升自己的教育观念和理论水平。主要通过幼儿园整体观摩、幼儿园一日活动观察、学科活动观察与实验、园方讲座等方式，帮助幼师生围绕幼儿教育实际探讨和学习理论问题。

第二，学科技能性课程。该类课程的功能是引导学生系统并熟练掌握学前教育领域必须具备的学科技能和知识，如文学、音乐、舞蹈、美术等课程。其“校-园合作”渗透式培养的重点是让学生把学科与技能学习和幼儿园的教育活动开展的要求结合起来。我们主要通过让学生观摩幼儿园大型活动、和幼儿园共同组织、策划教育活动、节日活动等方式，帮助幼师及学生了解学科知识和专业技能在幼儿园教育中的作用，并提升其熟练程度及灵活应用的能力。

第三，应用型理论课程。该类课程的功能是帮助学生掌握学前教育活动的理论基础、分析框架、创编方法和评价标准，如五大领域的教育活动设计、幼儿园游戏设计与指导等。其“校-园合作”渗透式培养的重点是让学生在充分观摩、设计和实施及反思幼儿园教育活动中获得理论和实践的融合。我们主要通过在幼儿园进行专项教育活动观摩与评价、教育活动设计、实施与评价及环境创设等方式，帮助幼师生提升活动设计能力及其支撑理论的运用与创新能力。

第四，实践课程。该类课程的功能是培养学生在当前复杂的学前教育情境中理性发现问题和解决问题等能力，如课程内实践、见习和实习等。其“校-园合作”渗透式培养的重点是让学生对现实性和时代性的问题进行深度探究。我们主要通过和幼儿园教师共同指导幼师及学生进行社会实践、见习、实习、撰写毕业论文，并就幼儿教育中的实践问题共同研讨，提升师生的教育实践、反思与研究能力。

湖南人文科技学院学前教育专业在这四大类型课程教学的过程中，围绕幼儿园教师的专业能力培养进行了大量的“校-园合作”渗透式培养方式的创新。第一，带领学生帮助发展成熟的幼儿园申报课题和进行课题研究。如2016年帮助恩雅幼儿园成功申报省“十二五”规划课题《基于乡土资源幼儿户外混龄游戏的开发》，并在课程中跟进该课题的研究，让学生参与课题研究。第二，带领学生帮助发展较晚的幼儿园进行基础性的环境创设和课程建设。如在幼儿园课程理论、学前儿童游戏、幼儿科学教育、环境创设等课程中，带领学生到各大幼儿园进行环境创设、活动设计与实施。第三，带领学生研究老师在幼儿园的实践性的课题。如2016年部分专业教师成功申报省“十二五”规划课题《乡村幼儿园园本课程资源开发与利用》，并带领学生到万宝镇金贝贝幼儿园合作进行园本特色课程资源开发，2021年带领学生到新禾村中心幼儿园帮助幼儿园进行园本课程的开发，把学生的课程实践和幼儿园的课程改革结合起来进行，既促进了地方幼儿园教育质量的提升，又促进了高校自身科研水平和学生专业能力的提升。

3. 平台、资源的共创共享与学生发展共导是有效支持

（1）多元化实践基地的共建。湖南人文科技学院学前教育专业根据课程实践活动的需要，建立多元化多层次的实践基地，并切实开展实践活动。近年来与娄底、长沙、深圳等地的多家幼儿园签订了实践基地的协议，并根据每个幼儿园的特点进行合作教学的分类对接。第一，观摩类幼儿园。如娄底市机关幼儿园、娄底市菲米力、恩雅幼儿园等示范性幼儿园，此类幼儿园可以进行活动的观摩，让学生对幼儿教育有一个整体的感知，并提供示范性活动的观察机会。第二，实践类幼儿园。如娄底市花圃幼儿园等发展较成熟、

距离较近的幼儿园。此类幼儿园主要给学生提供活动设计与实施的机会。第三，实验类幼儿园。如娄底万宝镇金贝贝幼儿园等距离较近、能随时提供实验场地的幼儿园，此类幼儿园主要帮助学生开展教育实验和课程实验，进行课题研究。第四，实习类幼儿园。如广东、长沙及娄底地区各县级和乡村幼儿园。此类幼儿园主要帮助学生获得不同地域、不同类型的幼儿园的实践经验，从而更好地进行职业规划。

（2）幼儿园教师学术团体与发展组织的共建。虞永平教授提出：一个职业要成为专业，应当专业自主、具有权威的专业组织等特征。[①] 幼儿园教师只有依靠自主发展的意识和愿望，通过积极主动学习和参与教育实践活动，不断促进自身专业知识和能力的更新与发展，才能实现自我价值，才能适应专业化发展、社会和儿童发展的需要。[②]

湖南人文科技学院学前教育专业近年来积极组建以高校为主、以园方为辅的专门性的幼儿园教师学习型组织，如蒙台梭利教育研究协会、奥尔夫音乐研究协会、国际象棋俱乐部等。牵头联合当地各幼儿园，集合高校和幼儿园的资源优势和人力优势，建立娄底地区幼儿园教师发展组织，同时，也鼓励学生积极加入幼教协会等专业组织，通过建立这些实践和专业研究组织，定期召开或参加学术研讨会议，进行实践和学术研讨，相互提供信息、交流资源等。学生可以根据自己的兴趣需要选择相应的学术团队或专业发展组织，从而也满足了他们个性化发展的需要。

（3）教育资源的共享。从教学资源来看，湖南人文科技学院学前教育专业有较丰富的学术研究性教学资源的优势，如学科专业书籍、学术期刊、电子资源、儿童心理测量室、儿童行为观察与评估室、蒙台梭利教学研究室、奥尔夫音乐教学与研究、感统测评室、沙盘游戏观测室。而各大合作幼儿园有实践性教学资源的优势，如实践教学场地、实践教学经验及丰富的案例等，这些资源可以在“校-园合作”渗透式培养中互助共享，达到优势培养学校和幼儿园双方共同提升。

（4）学生专业发展的共导。专业化，是群体的专业化，也是个体的专业

① 虞永平.《幼儿园教师专业标准》的专业化理论基础［J］. 学前教育研究，2012.

② 张亚妮，程秀兰. 幼儿教师专业自主发展的理论基础与价值审视［J］. 西安文理学院学报（社会科学版），2012.

化，“校-园合作”双方除了给学生提供个性化发展的平台和资源，还应当根据学生的不同特点给予个性化的指导。湖南人文科技学院学前教育专业注重学生的个性化培养，从大一开始，根据学生个性化成长需要及幼儿园教师的特长给学生安排校内学业导师，并进行校内、校外双导师指导，加强和幼儿园教师之间在科研方面的合作。当然，还需进一步提升落实学业导师制度，应根据学生兴趣和爱好安排校内和校外相关导师，双方导师最好能四年全程跟进，并应参与到学生的学业评价当中。

“校-园合作”渗透式培养是当前幼师培养学校落实《专业标准》的基本途径，是学生专业自主发展的客观要求。湖南人文科技学院学前教育专业从培养方案、培养途径、培养方法等做了一系列的探索和创新，极大地调动了学生的学习热情和自主学习意识，提升了学生的实践能力、创新能力及反思研究能力，促进了学生专业素养全面、主动、持续地发展。为了进一步提升学生的专业素养，还需从以下几个方面继续推进“校-园合作”渗透式培养：

第一，进一步和园方共同完善学生专业素养的培养方案和评价机制。我们应加强和园方在评价学生方面的合作，根据《专业标准》的要求，进一步细化学生学业的培养方案和评价方案，并提高园方评价的参与度，比如，可规定实践类课程园方评分不低于20%。

第二，建立“校-园合作”双方教师相应的保障机制和激励机制。如设立相应的教师评价和教师发展机制，把教师实践教学能力和对幼师学生实践教学指导的成效作为职称评定的重要依据；设定相关的制度和奖励，对“校-园合作”双方教师从经济待遇、情感支持、荣誉奖励等方面进行激励。

第三，“校”与“园”还需关注双方的共同需求。寻求双方共同的利益、旨趣和目标，并以此为基础发展出共同的价值观和规则体系，并由双方共同来维护这种“共生的文化”。①

以往幼儿园在校园合作中态度常常比较被动，因为他们时常感觉自己是在服务，却很少从中获益。所以，双方互助共赢是“校-园合作”的重要基础。因此，“校-园合作”双方教师应当本着虚心求实的态度，着眼幼儿园实践，研究幼儿园实践，在学生专业成长的各个环节当中渗透“实践”，在“实践”中互相合作，在合作中共同提升，持续发展。

① 徐宇，何明蓉. 冲突与协调：对大学与幼儿园合作关系的文化考察［J］. 学前教育研究，2010.

（四）“校-园合作”乡村幼儿园教师渗透式培养的具体策略

《专业标准》的基本理念是“幼儿为本、师德为先、能力为重、终身学习”。这为我们培养乡村幼儿园教师提供了基本的思路，并让我们认识到不断改善“校-园合作”的实践培养方式对于科学培养幼儿园教师的重要性。

根据学生的专业成长需求有针对性地设计“校-园合作”课程及相关实践任务，每一个专业的学习过程，学生一般都要经历初步认知、初步实践到再认知、再实践不断螺旋上升的过程。因此，学生的课程安排，应该从大一开始由浅入深地进行课程实践的安排，并提供切合实际的专业实践指导。可以根据不同学生的个性化实践需要，开展各种学生实践教育研究性的社团活动，聘请相应的高校教师和幼儿园教师共同指导等。在资金有限的情况下，还可以开展一些高校和幼儿园互助活动，如高校教师、学生和幼儿园教师共同建立“校-园联合”教师发展组织，及“一对一”四年结对式的学习等。

（1）调研幼儿园领导、老师及高校教师在“校-园合作”过程中的相关需求，提供必要的政策及经济、精神上的支持和帮助。从园方教师需求来看，要让他们积极加入学前教育学生的培养队伍，必须有相应的经费及职称上评定的待遇，同时能帮助他们提高自身的专业水平。所以，相关部门应当予以重视，给予政策上和经济上的大力支持。高校在合作过程中应当积极帮助幼儿园教师开展科研活动，提高自己的理论水平，也可以通过学生进行课程实践的方式帮助幼儿园提升，来获得一些实践和指导的机会。如给学前教育学生上环境创设课程，可以让学生帮助幼儿园进行环境创设，同时又能得到幼儿园的实践机会、实践场地和幼儿园教师的相应指导。从高校教师方需求来看，应利用各种方式切实加强对实践型高校教师的鼓励，包括职称评定、薪资评定和荣誉奖励等，以提高高校教师切实进行实践教学的积极性。

（2）融合高校教师和幼儿园教师的力量，打造“校-园合作”的优秀教师团队，形成“校-园”深度合作的新局面，要把高校教师和幼儿园教师的教育力量进行融合，就要多增强高校教师和幼儿园教师共同工作、共同科研以及共同参加各种活动的机会。可以把优秀幼儿园领导、老师请进高校进行一些高校实践性课程的教学教研；鼓励高校教师多走进幼儿园进行实践，如高校教师下幼儿园锻炼，让高校教师多参加一些一线幼儿教育的会议和实践活动、高校教师和乡村幼儿园教师联合起来进行课题申报等教改科研，可以帮助高校教师和乡村幼儿园教师形成合力，打造一支“校-园合作”的优秀师资团队。

第八章　生态学视域下乡村幼儿园园本课程的幼小衔接

第一节　乡村幼儿园园本课程与小学课程衔接的生态学探索

作为一项国际化议题，幼小衔接一直备受各国教育界的关注，党的十九届五中全会提出“建设高质量教育体系”相关要求，幼小衔接成为我国建设优质均衡的公共教育服务体系建设的重要议题。2021 年 3 月 30 日，教育部发布《关于大力推进幼儿园与小学科学衔接的指导意见》，推进幼儿园与小学科学有效衔接，提出坚持“儿童为本、双向衔接、系统推进、规范管理”四大原则。2022 年 4 月，教育部印发的《义务教育课程方案和课程标准（2022 年版）》加强了学段衔接，明确提出要重视幼小衔接，并提出了相应的课程实施建议。全国第十一个学前教育宣传月的主题是“幼小衔接，我们在行动”，幼小衔接更是得到全社会的高度关注与重视。

课程的衔接是幼小衔接的重中之重，也是目前幼小衔接中最难解决的问题。然而，当前在我国乡村基础教育中，作为义务教育的乡村中小学课程方案和作为学前教育的乡村幼儿园课程方案，虽然各自都有内在的连续性，但两个学段之间的理念却互相冲突，缺少课程方案的一体化顶层设计，导致乡村幼儿园和乡村小学课程虽努力互相靠拢，但因课程设计理念与逻辑前后不一致，仍然是两套难以融合的学习系统。同时，以往的学者更多地只从幼儿园和小学两个方面进行研究，忽视幼小衔接所涉及的家庭和社会相关部门的多方参与，致使幼小衔接工作因缺乏社会、家长支持而阻力过大，无法落实。

从生态学及社会文化学的视角来看待幼小衔接，首先要把儿童看成一个独特的生命个体，深入分析幼小衔接阶段的儿童个体的成长需要及其影响因素，探究幼小课程科学衔接的相关路径，帮助幼小衔接的相关人员在教育系统中互动合作，共同促进幼儿园和小学双方课程的科学设置和合理过渡，真正做到高质量的幼小衔接；其次，生态学视野下的幼小课程衔接，是幼儿园和小学两个课程系统的衔接。当乡村幼儿从幼儿园的生态系统进入小学的生态系统当中，他需要重新适应一个新的环境，接受一种新的教育形态。而在这个新的教育形态当中，课程是其最核心的部分。

乡村幼儿园园本课程的开发，是否进一步加大了乡村幼儿园和小学课程衔接的难度？是否会导致我国很多乡村幼儿园和乡村小学在课程方面存在更大的差异，甚至是断崖式的改变？我国乡村幼儿园课程在我国《幼儿园教育指导纲要（试行）》《3-6 岁儿童学习与发展指南》的指导下，课程理念逐渐向科学化、游戏化甚至园本化转变，开始逐步增加游戏化、生活化的方式开展幼儿教育，然而这种“去小学化”、园本化的倾向却又进一步增加了乡村幼儿园教师的课程衔接的苦恼，同时承担着过度追求知识化幼儿教育的乡村幼儿家长的压力。所以，在幼小课程衔接的过程中，同样需要运用生态学系统的理论来分析园本课程开发背景下乡村幼儿园和小学在课程目标、课程环境的布置、课程的内容、课程的实施以及课程的评价上的差异，从而充分利用各种资源和教育力量，来进行幼小课程的衔接。

一、乡村幼儿园园本课程与乡村小学在课程衔接上的差异

（一）课程目标的差异

乡村幼儿园园本课程的目标，是要在国家政策的指导下，开展真正符合乡村幼儿身心发展的课程。因此，乡村幼儿园园本课程应从幼儿的年龄特点出发，注重幼儿与外界环境的互动，在与环境互动的过程中来获得经验、总结经验，从而逐步具有抽象化的能力，找到事物之间的联系与规律，获得认知及其他方面能力的提升。而当前乡村小学的教育目标仍然比较注重知识的传授，对儿童与环境的关心甚少。所以，当儿童从园本化的幼儿园课程系统进入小学教育的系统当中，势必又会产生不适应的情况。

（二）课程内容的差异

乡村幼儿园园本课程内容的开发，指向“大自然、大社会”，学习的内容也是比较灵活的，依据幼儿的生活环境会作出一些调整，学习内容也比较全面，在主题学习中往往贯穿五大领域，并不厚此薄彼。而小学的课程基本上都是统一的，乡村小学的教育内容主要集中在语文、数学这两门科目，科学、音乐、美术也更是变成了“不太重要”的副科。

（三）课程环境和课程实施的差异

乡村园本课程环境的布置和课程的实施把每个乡村幼儿看成一个独立的主体，因此课程布置有多主体的意识，也就是说，环境创设尊重每个幼儿的特点，也为每个幼儿考虑。同时，课程实施主要是项目式、操作式，让幼儿自己积极地和环境互动。而乡村幼儿教育的现状是，课程环境的布置以老师的要求布置得整齐划一，而课程的实施多是讲解甚至灌输的方式，儿童的主体地位难以体现，教师的权威在其中有着重要的地位。

（四）课程评价的差异

乡村幼儿园园本课程评价，要求综合评价幼儿的各方面学习成果，使用多样化的评价手段，形成多方面综合的评价体系，并且注重过程性评价。因此，园本课程的评价比较多元而复杂，并且需要根据课程内容随时调整。而乡村小学的课程评价则更多地采用标准化的纸质测试，主要关注儿童对知识的认知，对儿童的身心发展等其他方面的评价则关注得很少。评价的主体几乎只有老师，而缺少自评和他评。评价的分数也是以期末考试的为准，几乎不太考虑平时学生的学习过程性表现。

综上所述，乡村幼儿园园本课程的开发，使乡村幼儿园的幼小衔接似乎产生了更大的困难，园本课程相对小学化的幼儿园课程看似更加能够让幼儿适应小学的课程体系。但是，过早地对幼儿进行小学化的训练，会极大地挫伤幼儿的学习积极性，同时也让幼儿对周围的环境“视而不见、充耳不闻”，缺乏适应生活、适应社会的能力，对人的长远发展有弊无利。为了使幼儿能够早日适应小学教育的系统而牺牲儿童早期发展的机会，这种方式是不可取的。但从生态学的系统来看，为了能让幼儿在园本课程开发系统下适应小学教育体系，也是我们值得思考的问题，在期待乡村小学积极做出改变的同时，幼儿园在开发园本课程时对进入小学的入学准备同样需要作出相应的努力。

二、乡村幼儿园园本课程与乡村小学课程衔接的重心——儿童生命系统的发展

乡村幼儿园园本课程和乡村小学课程之所以产生这么多的冲突，无法做到有效衔接。从本质上来说，是两个课程系统没有很好地联合，来帮助儿童的生命系统良好发展。儿童的生命系统可以分为生理系统和心理系统。

（一）儿童生理系统发展方面的衔接

从儿童的生理系统的发展来看，儿童在幼儿和小学时期正处于身体刚刚发育的时候，需要充足的阳光、营养、空气和户外活动，他们适合的学习方式逐步从以幼儿园的活动教育为主转向小学的以集体教育课程为主。从时间上来看，目前乡村小学的课程主要以室内课程为主，内容比较抽象，重视纸质教学，因此，户外活动时间大大减少。乡村幼儿园园本课程要求儿童向大自然、大社会学习，有很多的机会跟自然和社会接触，且每天保持至少两个小时的户外活动时间，所以身体上能够得到比较充分的舒展。但是乡村幼儿园的课程学习基本上都是室内的学习，对于儿童身体的发展不利。所以，从儿童生理系统发展的衔接来看，主要是保证儿童的身体系统成长方面的需要，保证其充足的睡眠和户外活动时间。

（二）儿童心理系统发展方面的衔接

从儿童的心理系统的发展来看，主要有认知、语言、艺术、情感和社会性等方面的发展。首先，从幼儿园园本课程的认知方面来看，幼儿园比较强调幼儿用亲身感知、亲手操作的方式来探究周围的事物，并对其中的经验进行梳理，自己进行归纳总结，这是一种主动认知的整合性的学习方式，但是目前在乡村小学，往往采取的是教师讲授、学生听讲并背诵的方式，学习的内容也主要是分科的学习方式。所以，认知的内容和认知的方式都发生了很大的改变。其次，从幼儿园语言和小学的语文教育来看，幼儿园的语言学习比较重视儿童在具体的情境当中或者根据绘本进行故事汇编，重点培养儿童

语言的应用能力，而小学的语文则比较注重字词、语法的训练，重点培养儿童的语文基本功。再次，从幼儿艺术方面的发展来看，幼儿园的艺术领域主要是感知环境的美并且能够表达、创造美，而小学课程的艺术课程更多的是以教材为主，进行单元式的音乐、美术学习。最后，情感和社会性的发展方面，幼儿的情感和社会性的发展在教育活动当中建立，而乡村小学的教学活动很少提供给儿童交往的机会，学生的座位基本分散，且很少采用合作、小组的方式进行教学，所以教育过程中学生缺乏社会交流的机会，其情感的发展也会受到一些限制。

综上所述，儿童在幼小衔接的过程中，心理的发展也是渐进的，因此，应当重视儿童的心理发展的渐变性的过程，应当从幼儿发展的实际情况来进行活动的渐变，而不是简单地认为幼儿园教育和小学教育截然不同，实行一刀切的方法，从而让幼儿在其中感到无所适从。

三、乡村幼儿园园本课程与乡村小学课程衔接的实质——两个课程系统的幼小衔接

幼儿园和小学两个课程系统，是适应儿童不同身心发展阶段的学习系统。诚然，两个学习系统有各自的使命和要义，因此也应当保留自身的一些特点。这两个学习系统的根本区别在于：幼儿园主要以教育活动为主，幼儿主要是从直观的经验当中学习，并梳理直观经验，从而逐步进行抽象；而小学阶段的学习逐步以教学活动为主，比较注重知识的提炼和思维的发展，但同时仍然需要给学生提供适当的直观经验。所以，以往两个教学系统一刀切的做法实际上只看到两个学习阶段的差异，却没有看到两个学习阶段内在的联系，因此形成了两个似乎对立的学习系统，在对儿童的身心系统发展缺乏考查和研究的情况下，武断地决定幼儿和小学生的学习内容和学习方法，是一种忽略儿童身心发展规律的非科学的做法。

两个课程系统的衔接，要看到两个课程系统虽然侧重点不同，但是发展方向一致，所以需要各自靠拢，缩小差距，双向衔接。园本课程的开发充分体现了幼儿园的学习特点，幼儿主要从“大自然、大社会”中获取直观经验，进行经验梳理、表征，从而提升其抽象思维能力。因此，在园本课程往小学课程靠拢的过程中，需要注意帮助儿童积累在活动中的学习经验，逐步关注学科知识，比如说，学习大自然当中的形状、数量，是未来小学数学学习的

基础；同时，小学课程系统要看到此时儿童的抽象学习能力仍然需要以直观经验为基础，在分科学习的基础上，仍然需要保留一些整合式的学习。所以，应该增多小学生的户外学习时间，如学习气候，可以带儿童到户外感受气候带给我们的影响，再去学习相应的知识，或者调动幼儿园时学习到的关于气候的经验知识，联系儿童的前期经验，从而让儿童真正能够理解所学的知识。

两个课程系统的衔接，首先是两个课程系统在观念上的衔接，尤其是幼儿园教师和小学教师的课程观的衔接。园本课程应关注幼儿的生态位，关注幼儿发展的主体地位。两个课程系统在课程理念上的衔接，主要是指两个课程系统对课程对儿童的身心发展的目标和方向持基本一致的态度。因此，这涉及两个课程系统的课程观，尤其是幼儿园教师和小学教师的课程观的衔接。实际上，幼儿教育和小学教育同属于中国的教育层次系统，幼儿教育和小学教育虽然学习任务有所不同，但都是培养人的活动。不同的时代有不同的课程观。“课程即教学的科目”或“课程是教学内容和进展的总和”这种课程观最大的弊端是：教师向学生展示的知识世界具有严格的确定性和简约性，这与以不确定性和复杂性为特征的学生真实的生活世界不完全匹配，于是教育、课程便远离了学生的实际生活。在实践中，与知识、技能的传授无直接关系的校内外活动，往往被看作是额外的负担而遭到排斥。这种知识本位的课程显然不再符合时代的需要。美国课程学家麦克尼尔在其《课程导论》一书中将课程公认的、典型的功能归纳为四个方面：（1）共同的功能或普通教育功能，旨在使学习者具有参与社区公共事务，掌握健康、福利和保护所必需的最低能力，成为有责任心的人或公民；（2）补偿或补充的功能，针对个体的缺陷或独特才能而进行特别设计，是个体性的课程，与普通（共同）课程相对；（3）探究的功能，课程提供学生发现和发展个人兴趣的机会，使学习者发现自己是否具备从事某些类型活动的才能和热情；（4）专业化功能，课程要求学习者掌握熟练工人和学者所必需的技能，以达到某种行业、职业或学术研究所要求的标准。生态学的课程观应当注重课程的系统功能而非单一的功能，而幼儿园和小学课程应当具备以上三种功能，即普通教育功能、补偿的功能和探究的功能，在幼儿园和小学的课程功能上也需要进行衔接，尤其两者在儿童的个性化、社会化和认知发展方面要做好衔接。

第二节　乡村幼儿园园本课程与小学课程的具体衔接路径

关于幼小课程衔接，有很多学者对此问题非常关注，尤其随着学前教育宣传月“幼小衔接，我们在行动”的宣传活动的开展和《义务教育课程方案和课程标准（2022 年版）》的出台，幼小衔接活动在全国如火如荼地开展起来。学术界对此也有较多的讨论。如徐晨盈认为新课标从目标、内容、实施与评价等课程核心要素提出幼小衔接的具体要求，为教育工作者探索通过课程教学的设计与实施支持儿童过渡提供了方向性指导。① 刘曲认为幼儿园和小学双主体应协同一致，保持课程的连贯性，存在衔接意识淡薄、课程目标定位不准、课程内容领域缺失、课程活动形式单一、课程实施与生活割裂等问题，幼小衔接教育的“随意性”“片面性”“残缺性”比较明显。② 也有学者提出要实施多维课程评价，提高课程质量等措施来实现幼小衔接阶段课程的优化。关于幼儿园与小学的课程衔接的多方参与，目前还少有相关的有针对性的研究。主要的研究集中在课程的内容与进度上，如曹楠认为，家长容易有学科知识主义的固定式思维，产生对幼小衔接教育主体、小学“零起点教学”、幼儿园“去小学化”的误读与困惑。③

另外也有一些学者从各方的利益出发分析课程的受益者心态，从而关注到课程衔接中“谁受益谁改变”的原则。如王冬岩认为相关主体缺乏沟通与合作，各利益相关者应秉承“幼儿本位”的观念，建立多方合作的长效机制，构建多元化的幼小衔接体系等。④

已有学者对幼小衔接的现有问题进行了较多的分析，并提出了相应的对策建议，但还很少真正从乡村幼儿内在发展的逻辑来进行精准的分析，从而

① 徐晨盈，胡惠闵．幼小衔接：从课程与教学入手［J］．全球教育展望，2022.

② 刘曲，方红娣．政校园家”四位一体协同推进幼小衔接的实践进路［J］．早期教育，2022.

③ 曹楠，吴荔红．澄清与化解：基于家长视角对幼小衔接现实困惑的思考［J］．陕西学前师范学院学报，2021.

④ 王冬岩，丁坤，刘云．多方合作取向下科学幼小衔接的现状与对策——以承德市为例．教育观察［J］．2022.

建立幼儿园科学课程一体化的课程逻辑体系，因此，需要更多深入儿童视角的研究。同时，研究大部分看到的是幼小衔接中遇到的问题，并针对每个方面的问题分别提出对策，但是却少有从系统联动的角度来进行分析这些问题的关键和核心。

为了能够更好地从乡村园本课程系统过渡到乡村小学的课程系统，需要幼儿园和小学从以下几个方面作出相应的调整：

一、乡村幼儿园园本课程目标和乡村小学课程目标的衔接

首先，乡村幼儿园的园本课程是为了让儿童更多地了解环境并能够处理好与环境的关系。因此，在乡村幼儿园园本课程目标的设计中，可以把小学也纳入儿童环境认识的一部分，即帮助儿童了解进入小学系统学习的内容、学校的发展历史，让儿童对小学的学习目标、学习状态有一些探究和了解；其次，可以引导幼儿思考在小学如何好好学习，如果环境和自己的期待不完全相符的时候，可以采取哪些策略去适应环境。同时，可以帮助儿童在幼儿园逐步地从具体经验当中进行抽象，并进行表征。目前有些乡村幼儿园游戏化的结果就是儿童拥有了更多的游戏时间，但是这些游戏可能只是帮助儿童获得了更多对事物的感性经验和愉悦的情感体验，却忽略了儿童抽象能力和表征能力的提升。这样的游戏化课程将儿童从之前的死板的小学化教育当中抽离出来，能够有更多的时间和空间接触现实，具有很重要的意义，但是教师如果把游戏理解为儿童能力自然增长的过程，或者采取放羊式的方式让儿童随意地游戏，显然又走向另外一个极端。所以，在乡村幼儿园游戏以及各种生活活动中，帮助幼儿理解符号并使用符号、进行抽象能力的提升是必不可少的，这样兼顾了感性经验的获取和抽象能力提升的课程才是顺应了幼儿身心发展的需要。乡村小学可以同时开发校本课程，来帮助乡村幼儿适应小学课程。双向奔赴，是我国幼小衔接的基本理念，凌晓俊等人认为小学可以通过自觉践行“儿童本位”的教育理念以促进“新方案”“新标准”中幼小衔接要求的落实。[①] 目前幼儿园的教育理念发展比较快，而小学受应试教育的影响较大，课程理念反而更新得比较慢。其实，有些课程理念是可以贯穿幼

① 凌晓俊，姚玉香，于秀霞．小学在幼小衔接中的履责困境与对策—基于“新方案”“新课标”的分析［J］．天津师范大学学报（基础教育版），2022.

儿园和小学的，比如，幼儿园引进 STEAM 课程等来提升幼儿的综合学习能力，小学同样也可以用 STEAM 教育与幼小衔接阶段的课程进行衔接，改革传统教学来衔接幼儿园课程的变化。可以借鉴国外有益的幼小衔接的经验，为我国课程衔接提供启示：如课程衔接从学习取向转向成长取向，加强“连续性”幼小衔接课程编制，坚持贯通培养目标，关注素养与能力提升。①

二、乡村幼儿园园本课程和乡村小学课程内容的衔接

乡村幼儿园园本课程开发，课程的内容从教材中解放出来，让儿童更多地关注周围的自然界及社会环境，而乡村小学的课程内容是国家统一的，对国家的民族的甚至世界的内容关注比较多，对周围的环境关注和探究较少。因此，乡村幼儿园园本课程可以在内容上做一些衔接处理，即逐渐地扩展幼儿的视野，帮助幼儿从探究周围环境到探究本地区再到探究更大的地区，从探究本地传统文化到关注国家传统文化。所以，从生态系统的视角来看，从幼儿园到小学，课程的元素都会增多，而幼儿园需要在儿童和周围环境物质进行互动的过程中，引入文化或精神的元素，让儿童的活动更具有民族性和本土性。同时，也不能排除幼儿于世界之外，可以通过一些故事、活动逐步地让幼儿比较本国文化和他国文化的区别，从而扩展自己的文化视野。乡村幼儿园园本课程和小学课程内容的相互衔接要求幼儿园和小学根据儿童学习的内容的广度及以及各自在认知、能力、情感方面发展的深度来进行双方课程内容的调整。

三、乡村幼儿园园本课程和乡村小学课程实施的衔接

乡村幼儿园园本课程的环境与乡村小学的课程环境的差异，会造成幼儿对于小学的陌生感和不适应感。在我国，幼儿园和小学的课程环境本来就相差很大，而园本课程的实施更是要求幼儿有大量的时间去跟大自然、大社会接触。所以，园本课程在开发的过程中，需要把握动态的课程环境和静态的课程环境的交互使用。也就是说，“大自然、大社会”是活的教材，但是并不是让儿童整天泡在大自然、社区当中，就一定能获得好的学习结果。因此，

① 蔡美辉. 幼小衔接课程的经验与启示—基于日本五个都道府县幼小衔接课程指南的文本分析[J]. 教育研究与实验，2022.

“大自然、大社会”是学习场所，更是学习材料和学习资源，让儿童到户外去学习，需要关注儿童在其中的发展点，不管是体能的提升，还是合作能力的加强，或者是情绪的改善，幼儿园不一定有自己的教材，但幼儿却需要制作属于自己的教材。比如，外出观察自然界的各种变化，儿童可以用各种方式进行观察记录，重视学习表征，对数学、语言方面进行有意识的渗透和训练，这样，儿童在玩中学、做中学，抽象能力逐步提升，自然能更好地达到小学的入学要求。另外，小学也应当多注意向幼儿园的课程环境和实施方向靠拢，比如低年级的小学教室仍可以多放些玩具及大自然的植物，而不是采取一刀切的做法，一到小学就只注重抽象知识的学习，断绝了对具体事物的探究，这种做法是极其不科学的。

四、乡村幼儿园园本课程和乡村小学课程评价的衔接

“新课标”针对现行课程类型结构单一的状况，在新的学校课程结构中设计了与学科课程相对应的经验课程，与分科课程相对应的综合课程，与必修课程相对应的选修课程，并为开发与国家课程相对应的地方课程和校本课程提供了较大的空间。乡村幼儿园园本课程和乡村小学课程评价的衔接，需要对乡村幼儿园园本课程和小学课程进行课程评价方面的调整。幼儿园在课程中，需要注重幼儿在学习过程中学习品质的评价，尤其是学习专注力、学习的兴趣、表征能力的培养、思维能力、学习习惯等的评价，从而让幼儿能够较快地适应较为抽象和纸质化的小学阶段学习。而小学的课程评价则更多需要灵活性，增强儿童的自我评价和互评的意识，帮助儿童尽快适应小学生活。

第三节　生态学视域下乡村幼小教师课程观的整合策略

幼儿园教师是课程开发的主体，乡村幼儿园教师课程观和小学教师课程观是幼儿园课程衔接的基础。然而，在我国，幼儿园教师和小学教师的观点仍然存在许多模糊之处，需要进行联系和整合。高校作为幼儿园和小学教师的教师培训基地，应该调整现有的教师培训体系，与多方合作，以整合和衔

接课程的理念培养教师。教师课程观包含了一系列关于课程现象和课程活动的基本概念，是理解教师教育行为和课程实践的重要概念。借鉴其他国家的有益经验，如芬兰的国家核心课程计划以学前双向融合为主要指导原则，而日本则逐渐形成了培养持续学习能力的理念，注重学前与小学课程的融合。中国学前与小学课程整合还应建立在教育理念、培养目标、课程计划、教学实施等方面有序整合的基础上。高校教师培训制度责无旁贷，有必要积极调整方向，重构幼儿园和小学教师的培训方案。

一、乡村幼儿园和小学教师课程观的整合

在历史上，教师的课程观经历了许多变化。苏强提出了六种典型的教师课程观，分别是学术理性主义、技术理性主义、人文主义、社会责任主义、折衷主义和生态整合主义，新时期的教师可以比较、识别和整合这些课程观。研究发现，这六种课程观在幼儿园和小学呈现出较大的差异。要实现幼儿园园本课程和小学课程的有力衔接，幼儿园和小学教师的课程观首先要进行整合。

（一）乡村幼儿园和小学教师课程目标观的整合

首先，课程目标观需要回答课程的受益者和效益的具体内容。例如，学术理性主义和技术理性主义倾向于通过儿童知识和思维技能的学习来造福社会，折衷主义是人文主义和实用主义的平衡应用，既注重人的目标，也注重现实的目标。人文主义强调儿童是课程的受益者，课程应该使儿童拥有更快乐、更有意义的人生。社会责任课程观认为，受益者主要是社会，儿童应该帮助解决社会问题。生态系统理论考虑个人、社会和环境之间的利益平衡。综上所述，各种课程的观点要么从社会和个人两方面选择其一，要么从单一的知识中取平衡，从发展一种能力向拓展综合能力发展。因此，目前幼儿园教师的课程目标需要同时关注自然、社会和个体，整合各种知识、能力和情感元素。其中，幼儿园教师仍需深入能力目标，而小学教师则应注重情感目标的设定，帮助幼儿关注自然和社会。

（二）乡村幼儿园和小学教师课程内容观的整合

课程内容观是回答使用什么样的内容来实现课程的目标。学术理性主义

注重系统知识；技术理性主义关注的是更多的思考任务；人文学习内容是根据孩子和情况来确定的；社会责任导向的社会知识思维和社会问题解决能力；折衷主义认为研究性学习的决策能力非常重要；生态整合主义是以学科知识和解决问题的能力为基础的。历史上，学习内容的变化是随着时代的发展、社会问题或个人问题的突出而不断变化的。目前，幼儿园教师应该帮助孩子关注个人发展和社会问题，在学习过程中把知识的积累和能力的发展结合起来。其中，幼儿园教师应该为小学生知识学习提供更多的感知和表征的体验，小学教师应该让孩子更多地关注自然和社会。

（三）乡村幼儿园和小学教师课程实施观的整合

课程实施观回答了如何实现课程目标的问题。学术理性主义主要采取解释的方式；技术理性主义主要采用教育技术和启发式学习；人文主义强调教师与学生共同开展活动的方法；社会责任取向采用解决问题的教学方法，对存在的社会问题进行分析、调查和评价；折衷主义主要采用研究性教学，而生态导向则教授学科的基础知识，但也注重安排个人目标与群体目标相结合的活动。从以上形式来看，课程实施的方法多种多样，这些方法都可以根据具体的教学情况进行使用。同时，还可以采用探究的方法，让孩子了解社会问题产生的原因，采用问题解决的方式分析社会问题的解决方案。其中，幼儿园教师应适当采用讲解、启发、探究的方式开展深度表征学习，小学教师应多采用探究、解决问题的学习方式。

（四）乡村幼儿园和小学教师课程评价观的整合

课程评价观回答了如何评价课程目标、课程内容和课程实施的问题。学术理性主义主要考验学生对知识的掌握程度，考验学生的思维能力；人文主义更关注儿童在学习过程中的自我概念和情绪状态；社会责任取向主要评价儿童能否正确分析和解决社会问题；折衷主义关注儿童情境决策能力；生态学关注的是处理关系的能力。上述评价方法有的更注重结果评价，有的更注重过程评价，有的两者兼顾。教师可以从中得到启发，选择适合自己的评价方法。幼儿园教师在课程评价上要更加科学，小学教师在过程评价上要更加注重。

二、高等学校乡村幼儿园教师培养体系的应对

(一) 纳入学前教育的衔接目标，注重终身教育的理念

作为乡村幼儿园教师和小学教师的培养体系，师范院校培养的是未来为儿童发展助力的人才。孩子的成长不是碎片的拼凑，而是一个有机的整体，所以教师教育也要贯穿终身教育的理念。在幼儿园教师和小学教师的培养过程中进行终身教育，并研究了这两个阶段的异同。各阶段的教师培训制度应从终身教育的角度进行研究，加强对话，共同召开学术会议，借鉴各国经验，从教师课程理念的角度共同探讨幼儿园与小学衔接中的教师培训问题，从而重新调整高校的教师培训理念。

(二) 改变严格分割的培养方式，创造互通的课程培养模式

虽然分段培训确实有助于培养适应不同部分教学法的教师，但学习的各个阶段不应孤立地进行，而应进行对话。创建共享课程培养模式，加强幼儿园和小学教师共同教育课程的设计，如增加更多的通识和人文课程，帮助学生了解人的终身成长，而不仅仅是了解孩子某一阶段的特点。各个培养阶段的学生都应该参加一些活动，促进两个专业的共生发展。

(三) 多方合作，共同构建教师培训项目

高校与小学、幼儿园合作，共同培养乡村幼儿园和小学教师，从培养目标的制定、教学方案的设计、学生学业的评价等方面与幼儿园、小学进行全方位的深度合作。可以邀请乡村幼儿园和小学教师到高校共同制定培训计划，参与双方教师培训和培养的过程。同时，需要赢得社会相关部门和个人的合作，让连接儿童和儿童的课程理念深入教师培训中，从而打造更加成熟的教师培训方案。

主要参考文献

一、著作类

[1] 夏征农，陈至立主编. 辞海［M］. 上海：上海辞书出版社，2010.

[2] 泰勒. 课程与教学的基本原理［M］. 施良方译，北京：人民教育出版社，1994.

[3] 夏力主编. 学前儿童科学教育活动指导［M］. 上海：复旦大学出版社，2009.

[4] 施良方. 课程理论——课程的基础、原理与问题［M］. 北京：教育科学出版社，1996.

[5] 虞永平. 学前课程价值论［M］. 南京：江苏教育出版社，2002.

[6] 魏明霞. 幼儿教育概论［M］. 郑州：河南大学出版社，2002.

[7] 朱家雄. 幼儿园教育活动设计与实施［M］. 北京：高等教育出版社，2008.

[8] 刘占兰. 学前儿童科学教育［M］. 北京：北京师范大学出版社，2008.

[9] 帕蒂·博恩·塞利. 自然教育译丛儿童 自然体验活动指南［M］. 肖风秋等译，北京：教育科学出版社，2017.

[10] 卢梭. 爱弥尔［M］. 李平沤译，北京：商务印书馆，1978.

[11] 叶奕乾、何存道、梁宁建. 普通心理学［M］. 上海：华东师范大学出版社，2016.

[12] 牛翠平. 儿童自然教育理论与实践［M］. 武汉：武汉大学出版社，2023.

[13] 蒙台梭利. 儿童的自发成长［M］. 李芷怡译，北京：北京理工大学出版

社，2015.
[14] 蒙台梭利. 蒙台梭利早期教育法［M］. 李芷怡译，北京：北京理工大学出版社，2015.
[15] 教育部师范教育司. 教师专业化的理论与实践［M］. 北京：人民教育出版社，2003.
[16] 朱旭东. 教师专业发展理论研究［M］. 北京：北京师范大学出版社，2011.
[17] 周采，杨汉麟. 外国学前教育史［M］. 北京：北京师范大学出版社，1999.
[18] 薛烨，朱家雄. 生态学视野下的学前教育［M］. 上海：华东师范大学出版社，2007.

二、期刊类

[1] 王颖莉. 农村幼儿园开发利用乡土课程资源的困境与出路［J］. 教育探索，2015.
[2] 李晓梅. 幼儿园民族文化课程资源的开发——以甘肃省张家川回族自治县幼儿园为例［J］. 中国民族教育，2014.
[3] 江禹禹. 铜梁龙文化本土资源开发与园本课程构建［J］. 基础教育研究，2018.
[4] 王燕君. 本土资源在幼儿园园本课程中的应用［J］. 甘肃教育，2016.
[5] 许瑜瑜. 闽南本土文化与幼儿园园本课程开发［J］. 学前教育研究，2012.
[6] 陈大琴. 基于本土资源的园本课程开发［J］. 学前教育研究，2016.
[7] 王淑一，向芸灏. 江西省某幼儿园科学艺术整合园本课程开发现状研究［J］. 佳木斯职业学院学报，2018.
[8] 朱雪梅，周娟. 幼儿园安全教育园本课程构建之初探［J］. 江苏教育研究，2016.
[9] 接玉新. 关于幼儿园音乐园本课程开发的构想［J］. 课程教育研究，2015.
[10] 吴彩娟. "尚美乐心"幼儿音乐课程的开发与实施［J］. 上海教育科研，2017.

[11] 岳训涛. 海斯科普课程对幼儿园“园本课程”开发的思考 [J]. 现代教育科学，2011.
[12] 和江群. 基于儿童发展视域审视农村幼儿园园本课程开发——以 L 市农村幼儿园为例 [J]. 成都师范学院学报，2017.
[13] 张丽莉. 园本课程开发的现状分析与对策 [J]. 淮南师范学院学报，2007.
[14] 樊人利. 当前园本课程建设存在的问题及其解决策略 [J]. 学前教育研究，2015.
[15] 浙江省富阳市灵桥镇中心幼儿园具有民间特色的园本课程 [J]. 上海教育科研，2012.
[16] 虞永平. 试论园本课程的建设 [J]. 早期教育，2001.
[17] 袁圆. 解析“园本课程” [J]. 教育与教学研究，2010.
[18] 郑三元，姜勇. 论幼儿教师的课程参与——兼议园本课程的开发 [J]. 学前教育研究，2002.
[19] 李云淑. 对园本课程等概念的再思考——兼与幼教理论界学者商榷 [J]. 上海教育科研，2013.
[20] 全守杰，张恋. 论生活教育理论视野中的园本课程开发 [J]. 教育与教学研究，2018.
[21] 张颖，邹晖. 陈鹤琴“五指活动法”指导下的园本课程开发 [J]. 江西教育科研，2004.
[22] 朱虹. “活教育”理论对农村幼儿园园本课程开发的启示 [J]. 现代教育科学，2010.
[23] 虞永平.《幼儿园教师专业标准》的专业化理论基础 [J]. 学前教育研究，2012.
[24] 王立冬，张友. 研究式、渗透式教学方法探讨 [J]. 教育科学，2006.
[25] 秦金亮. “全实践”理念下高师学前教育专业实践整合课程探索 [J]. 学前教育研究，2006.
[26] 张亚妮，程秀兰. 幼儿教师专业自主发展的理论基础与价值审视 [J]. 西安文理学院学报（社会科学版），2012.
[27] 徐宇，何明蓉. 冲突与协调：对大学与幼儿园合作关系的文化考察 [J]. 学前教育研究，2010.

[28] 刘黎明. 论西方自然主义教育思想的形成、演变及历史贡献 [J]. 河北师范大学学报（教育科学版），2004.
[29] 李政涛. 教育学的生命之维 [J]. 教育理论与实践，2004.
[30] 张亚妮. 幼儿教师专业自主发展策略探析 [J]. 陕西青年职业学院学报，2013.
[31] 陈姝娟. 农村幼儿教师生态化培训模式的构建 [J]. 教育评论，2015.
[32] 王维嘉. 国内积极心理学视域下积极情绪的研究 [J]. 心理咨询师，2013.
[33] 党爱娣. 高校学前教育专业学生职业情感培养：内涵、现状与策略 [J]. 黑龙江教育学院学报，2014.
[34] 虞永平. 幼儿园课程发展与教师成长 [J]. 学前教育研究，2007.
[35] 单中惠. 蒙台梭利三大幼教经典的核心要义、主要特色和世界影响 [J]. 中国教育科学报，2019.
[36] 单中惠. “儿童”是谁？蒙台梭利如是说——蒙台梭利对儿童身份问题回答之初探 [J]. 湖南师范大学教育科学学报，2019.
[37] 胡金木. 生态文明教育的价值愿景及目标建构 [J]. 中国教育学刊，2019.
[38] 霍雨佳. 以“自然”为“学校”——儿童生态教育的实践与思考 [J]. 中国校外教育，2015.
[39] 李爱华. 幼儿园园本课程开发的策略 [J]. 吉林省教育学院学报（上旬），2012.
[40] 刘占兰. 农村学前教育是未来十年发展的重点——《规划纲要》确定普及学前教育的重点与难点 [J]. 学前教育研究，2010.
[41] 廖莉，袁爱玲. 农村学前教育课程改革的路径选择——复杂性思维的视角 [J]. 华南师范大学学报（社会科学版），2015.
[42] 赵燕. 小议幼儿的动物情结 [J]. 基础教育研究，2014.
[43] 岑秀华. 幼儿园班级自然角的布置 [J]. 文教资料，2019.
[44] 鲍亚. 蒙台梭利的自然教育 [J]. 学前课程研究，2007.

三、学位论文类

[1] 崔虹. 幼儿教师职业人格量表的编制及辽宁省城市常模的建立 [D]. 沈

阳师范大学，2011.
[2] 刘春. 建构主义的道德学习观及其教育学意义 [D]. 山东师范大学，2005.

四、报刊报纸

[1] 孙惠玲. 学前教育事业实现跨越式发展 [N]. 人民政协报. 2017-10-18.

附录：本书作者有关研究成果发表情况

[1] 李重阳. 积极心理学视角：家庭如何培养幼儿积极人格［J］. 今日南国，2010.

[2] 李重阳. 我国近30年农村教师政策研究的反思与展望——以中国期刊网录入论文为例［J］. 当代教育理论与实践，2011.

[3] 李重阳，陈杰. 我国高校教育学公共课参与体验式教学模式的探讨［J］. 知识经济，2012.

[4] 李重阳，陈杰. 高校教育学公共课参与体验式教学模式的探索——基本对湖南人文科技学院的调查思考［J］. 烟台职业学院学报，2012.

[5] 李重阳，周险峰. 我国农村教师30年政策研究历程回顾与展望——以中国期刊网录入论文为例［J］. 当代教育理论与实践，2013.

[6] 李重阳. “校-园合作”幼儿教师培养的新途径探索［J］. 学园，2015.

[7] 李重阳，陈杰. 幼儿园活动设计类课程“校-园合作”任务驱动式教学模式探讨［J］. 才智，2016.

[8] 李重阳，赵艳红. 学前教育“校-园合作”培养方式现状调查与思考——以湖南人文科技学院为例［J］. 才智，2017.

[9] 李重阳，赵艳红. “校-园合作”渗透式幼儿教师培养探析——以湖南人文科技学院学前教育专业为例［J］. 湖南人文科技学院学报，2019.

[10] 李重阳，李国强，施东城. 农村幼儿园园本课程与教师专业“互促”式发展探索——基于英国《教师专业发展标准》（STPD）的启示［J］. 知识经济，2019.

[11] 李重阳，李国强，施东城. 农村幼儿园园本课程资源开发与利用路径探析——基于《3-6岁儿童学习与发展指南》［J］. 教育导刊，2019.

[12] 李重阳，李国强，施东城. 农村幼儿园园本课程资源与开发探析——基于陈鹤琴的“活教育”思想［J］. 当代教育理论与实践，2020.

[13] 李重阳，李国强，施东城. 生态学视野下乡村幼儿园园本课程构建［J］. 教育评论，2020.

[14] 刘雨露. 李重阳. 民间艺术在乡村幼儿园游戏设计中的应用［J］. 喜剧之家，2020.

[15] 李重阳，王立群. 幼小衔接中教师课程观的整合与高校的培养策略［J］. 高等教育前沿，2023.

图书在版编目（CIP）数据

生态学视域下乡村幼儿园园本课程建设 / 李重阳著
. -- 湘潭 : 湘潭大学出版社, 2024.3
ISBN 978-7-5687-1417-4

Ⅰ. ①生… Ⅱ. ①李… Ⅲ. ①幼儿园一课程建设一研究 Ⅳ. ①G612

中国国家版本馆 CIP 数据核字 (2024) 第 071601 号

生态学视域下乡村幼儿园园本课程建设

SHENGTAIXUE SHIYU XIA XIANGCUN YOUERYUAN YUANBEN KECHENG JIANSHE

李重阳 著

策划编辑： 蔡林翰
责任编辑： 蔡林翰
封面设计： 李 平
出版发行： 湘潭大学出版社
社　　址： 湖南省湘潭大学工程训练大楼
电　　话： 0731-58298960 0731-58298966（传真）
邮　　编： 411105
网　　址： http://press.xtu.edu.cn/
印　　刷： 长沙创峰印务有限公司
经　　销： 湖南省新华书店
开　　本： 710 mm×1000 mm 1/16
印　　张： 16.75
字　　数： 280 千字
版　　次： 2024 年 3 月第 1 版
印　　次： 2024 年 3 月第 1 次印刷
书　　号： ISBN 978-7-5687-1417-4
定　　价： 68.00 元